뉴스의 종말

KI신서 2678

뉴스의 종말

1판 1쇄 인쇄 2010년 11월 22일
1판 1쇄 발행 2010년 11월 29일

지은이 켄 닥터 **옮김이** 유영희
펴낸이 김영곤 **펴낸곳** (주)북이십일 21세기북스
출판콘텐츠사업부문장 정성진 **출판개발본부장** 김성수 **경제경영팀장** 류혜정
기획·편집 최진 **해외기획팀** 김준수 조민정 **본문디자인** 박현정
마케팅영업본부장 최창규 **마케팅·영업** 김보미 김용환 이경희 허정민 우세웅 김현유
출판등록 2000년 5월 6일 제10-1965호
주소 (우 413-756) 경기도 파주시 교하읍 문발리 파주출판단지 518-3
대표전화 031-955-2100 **팩스** 031-955-2151 **이메일** book21@book21.co.kr
홈페이지 www.book21.com **블로그** blog.naver.com/book_21 **트위터** @book21

ISBN 978-89-509-2732-5 03320
값은 뒤표지에 있습니다.

뉴스의 종말

경제의 눈으로 본 미디어의 미래

켄 닥터 지음 | 유영희 옮김

21세기북스
www.book21.com

유용한 것은 지키고 그렇지 않은 것은 폐기하며,

저널리즘을 새롭게 창조하는

몽상가들과 설계자들에게 바칩니다.

새로운 저널리즘의 시대가 시작됐다

2009년, 저널리즘은 스스로를 갱신하는 것처럼 보였다. 우리는 예상 못한 것까지는 아니라도, 유례없는 언론의 부침을 지켜보았다. 오랫동안 굳건히 버텨온 비즈니스 모델이 여지없이 붕괴되었다. 많은 발행처들이 재편성이나 구조조정, 새로운 전략 설정이라는 그럴싸한 단어로 포장했지만, 그것은 모두 '공황'이라는 말을 살짝 비켜간 데 불과했다.

그것은 공황이었다. 최소 4000여 명의 저널리스트가 뉴스룸에서 해고되었고, 살아남은 자들은 죄책감을 가질 여유조차 없었다. 임금이 삭감되고 연금이 동결되었으며 일시 해고로 주 노동시간이 단축되었다. 더 나쁜 것은 발행부수나 판매량이 줄어든 만큼 스스로 벌충해야 했다는 점이다.

오직 독자들(우리 모두)만 타격을 입었다. 눈을 의심할 일이 아니다. 실제로 우리가 얻는 뉴스는 더 줄어들었다. 전보다 훨씬 더 적은 수의 사람들이 우리에게 뉴스를 전달하고 있다. 지난 10년간 미국 일간지들은 약

1만 개의 뉴스룸 일자리를 없앴다. 최고에 달했던 2001년의 5만 6400개에서 엄청나게 줄어든 것이다. 뉴스룸에서 과중한 업무에 시달리는 4만 5000여 명의 저널리스트들에게 동조하는 문제는 그렇다 치더라도 기사가 줄고 지역사회의 소식이 줄어드는 현실을 어떻게 받아들여야 할까?

신문은 두께가 얇아지고 소책자만 한 크기로 줄었다. 거의 100여 개에 달하는 미국의 일간지가 모순적이게도 더는 일간지가 아니다. 많은 기사가 보도되지 못했다. 단순히 기사를 취재할 기자들이 없었기 때문이다.

따라서 우리는 전보다 덜 알게 되었다. 얼마나 덜 알게 되었는지 궁금한가? 정확히는 알 수 없지만 몇 가지 지표는 확인할 수 있다. 지난 5년간 미국 신문사들은 지면을 40퍼센트까지 줄였다. 그중 절반은 광고이며 나머지 절반을 뉴스로 추정한다. 뉴스룸 인원의 20퍼센트 감축이 20퍼센트의 뉴스 보도 감축과 얼추 들어맞는다. 아래 '뉴스노믹스 : 숫자로 보는 뉴스 혁명'이 제시하는 수치를 통해 현재 우리가 겪고 있는 거대한 변화의 일부를 살펴볼 수 있을 것이다.

뉴스노믹스 : 숫자로 보는 뉴스 혁명 ●

- 세계 최대의 인터넷 검색엔진 기업인 구글은 2009년 1/4분기에 14억 달러의 영업이익을 얻었다. 같은 기간에 미국 최대의 미디어그룹 개닛은 총매출 14억 달러에 영업이익은 겨우 5800만 달러에 그쳤다.
- 미국의 5대 뉴스 사이트 순위에 야후, MSNBC, AOL, CNN이 이름을 올렸고, 신문사로는 유일하게 뉴욕타임스(New York Times)가 순위 안에 들었다.

- 퓨 리서치센터(Pew Research Center)의 자료에 따르면, 미국인의 40퍼센트가 국내외 뉴스를 얻기 위해 매일 인터넷 사이트를 방문하는 것으로 조사되었다. 이 수치는 신문(35퍼센트)을 처음으로 추월한 것이다. TV는 여전히 70퍼센트라는 막강한 점유율을 보였다. 30대 이하의 미국인 59퍼센트가 주요 뉴스 공급처로 인터넷을 선택했다.
- 미국의 일간지들은 지난 2년 동안에만 최소 8000개의 뉴스룸 일자리를 없앴다.
- 하루 평균 최대 6330만 부를 발행했던 1984년을 정점으로, 일간지 발행부수는 이후 단 한 번도 증가하지 않았다. 현재는 하루 평균 4300만 부까지 줄었다.
- 2000년, 490억 달러로 최고에 이르렀던 US데일리스(U.S. Dailies)의 광고수입은 2009년에는 280억 달러에 그쳤다.
- 네트워크 저녁뉴스 시청자의 평균 나이는 63세이며 신문 구독자의 평균 나이는 57세이다.
- 미국 10대들의 TV 시청시간은 부모 세대보다 60퍼센트 적으며, 600퍼센트 더 많은 시간을 인터넷을 하며 보낸다.
- 작년 한 해 미국의 32개 신문사가 워싱턴에 지국을 유지했는데, 이는 1980년대와 비교해 50퍼센트 줄어든 수치다.
- 타국 국적의 미디어들이 미국 시장에서 점유율을 높이고 있다. 가디언은 워싱턴에 다섯 명의 직원이 일하는 지부를 두고 있다. BBC에는 4년 전보다 33퍼센트 늘어난 50명의 직원이 일하고 있으며, 알자지라의 직원은 100명이 넘는다.

신문의 쇠퇴는 비단 미국만이 아니라 선진국에서 광범위하게 벌어지는 현상이다. 미국 신문사들보다 독자와 구독자에게서 더 많은 수입을 올리고 있는 유럽과 일본의 신문사들도 광고 수입의 하락을 경험하고 있다. 따라서 미국 신문사들만큼의 규모는 아니더라도 그들 역시 발행부수와 직원 수를 줄이고 있다. 급기야 니콜라 사르코지 프랑스 대통령은 언론의 위기를 선언하기까지 했다.

이처럼 기구 축소가 가파르게 진행되고 있는데도 우리가 전보다 적게 얻는 것이 무엇인지를 정확히 헤아리기는 매우 어렵다.

한마디로, 우리는 우리가 무엇을 모르는지는 모르지만 과거보다 덜 안다는 사실은 알고 있다.

그럼, 절망하고 포기해야 할까?

그건 아니다. 우리가 가진 것은 사치품이 아니다.

우리는 '뉴스에 관한 뉴스'를 새로 쓸 기회를 얻은 것이다.

우리가 아는 뉴스의 붕괴 속에 감춰진 이야기가 또 하나 있다.

우리는 디지털 뉴스 시대의 진입로에 서 있다. 21세기의 두 번째 10년 (2010~2019)에는 새로운 뉴스 시대를 맞을 것이다. 샌디에이고, 트윈시티스, 뉴헤이븐의 작은 신생 기업에서 CNN, 로이터, 블룸버그 같은 글로벌 멀티미디어 기업에 이르기까지 이곳저곳에서 뉴스 기업들이 약진하고 있다. 회색 귀부인(Gray Lady)으로 불리는 뉴욕타임스가 피바디 최고 방송상을 받고, 케이블방송사에서 시작해 뉴스 방송 사업에도 뛰어든 CNN이 텍스트 기사를 대량으로 만들어내고 있다. 활자화된 기사를 가리킬 때 '텍스트'라는 용어를 써야 하는 이유가 여기에 있다. '프린트(인쇄)'라는 용어는 이제 구식이 되었다.

21세기의 두 번째 10년은 첫 번째 10년(2000~2009)이 굉장한 변화를 이뤄낸 데 이어 진정한 디지털 뉴스의 시대가 될 것이다. 우리는 그동안 약간의 디지털을 가미한 신문사와 이제 막 온라인 서비스를 시도하는 방송사의 출현을 목격했다. 다음 시대에 이들 기업은 과거는 유산으로 남기고 주로 디지털에 의존하게 될 것이다. 신문과 저녁뉴스 방송은 여전히 살아남겠지만 이전의 영향력을 되찾을 수는 없을 것이다.

　결국, 우리는 이 특별한 뉴스 혁명의 끝점이 아니라 시작의 끝점에 도달한 것이라고 할 수 있다. '신문'은 '레코드 앨범'이나 '트랜지스터라디오', '단방향 TV'가 갔던 길을 따라가게 될 것이다. 하지만 뉴스는 멈추지 않는다.

　뉴스(신문)는 대신에 새로운 하이브리드 시대를 맞이할 것이다. 도요타의 프리우스(Prius)가 하이브리드의 모델을 제시해 차세대 하이브리드 차량의 비교 모델이 되는 표준으로 인정받을 때까지는 여러 해가 걸렸다. 바야흐로 하이브리드 뉴스의 시대(상당 부분 디지털화되고 약간의 지면이 가미된)가 온 것이다. 그리고 우리는 아직 프리우스를 발견하지 못했다.

　분명히 죽음과 탄생이 교차하는 힘겨운 시기이다. 웹 2.0 뉴스와 그 이상의 것에 환호하며 올드미디어의 소멸에 기쁨을 감추지 못하는 사람들이 있다. 나는 그들을 제임스 테일러의 노래 "나는 불을 보았고 비를 보았네. ……달콤한 꿈과 땅에 흩어진 비행선의 잔해들"에 등장하는 불과 비의 군중이라고 부르고 싶다. 한편, 올드미디어의 소멸을 '우리가 알던 서양 문명의 종말'로 여기는 사람들도 있다.

　진실은, 대개가 그러하듯이 그 사이의 어디쯤에 있다. 많은 것을 잃었지만 또 많은 것을 얻게 될 것이다.

나는 이 책의 제목을 '뉴스의 종말(원제: newsonomics)'로 결정했다. 2010년경 빠르게 변화하는 업계의 모습을 순간 촬영해 담은 이 책의 주요 이슈는 간단히 말해 뉴스노믹스, 즉 뉴스와 경제학(economics)이다. 뉴스는 어떻게 우리의 손에 들어오는가? 우리는 어떻게 돈을 내는가? 수많은 글과 사진과 영상이 변화하는 뉴스 세계를 알리고 있음에도 지금까지 미래를 구축하고 효율적인 비즈니스 모델을 만드는 일에는 진전을 이루지 못했다.

이 책은 미디어 비판서가 아니다. 우리는 저널리즘 사업의 화려함과 추함에 대해 토론할 수 있으며 사실 날마다 그 일을 하고 있다. 생산되는 저널리즘의 양이 얼마나 많고 적으냐에 상관없이 열띤 토론이 될 것이다. 이 책에서 나는 누가 우리에게 뉴스를 전달하고 우리가 어떤 뉴스를 받게 될지를 결정할 주요 경향에 초점을 맞추었다. 현명한 독자들이 변화하는 시대의 흐름을 읽어낼 수 있도록 가능한 한 전문용어는 쓰지 않았다.

뉴스 산업 분석가로서의 경험을 토대로 어떤 뉴스가 누구에 의해 만들어지는지를 결정하는 '뉴스노믹스 12법칙'을 선정했다.

이 12법칙은 단계별 지시사항이 적힌 매뉴얼에 따라 조립되는 공구가 아니라 블록 쌓기에 가깝다. 나는 이 12법칙이 다양한 뉴스 산업과 조직으로 변형될 수 있는 멋진 레고와 같다고 생각한다. 우리는 이것이 만드는 구조물의 일부를 볼 수 있다. 대개는 형성되는 과정이므로 무수히 많은 마을만 보일 뿐 완성된 뉴스 도시의 모습을 파악하기는 어렵다. 편집자와 판매담당자와 출판업자가 어떻게 이 법칙들을 결합하느냐(새로운 뉴스 DNA가 형성되고 있는 중이다)에 따라 일의 성패가 좌우될 것이다. 나는 요점들과 각 장의 연결성을 강조함으로써 12법칙이 새로운 뉴스 비즈니스의 토대를 쌓는 긴밀한 요소임을 확실히 할 것이다. 웹의 하이퍼링크에는 미치지 못하겠지만 지면을 통해 할 수 있는 노력은 다했다.

신문의 비즈니스 모델이 붕괴된 지금(바로 뒤에는 뉴스 방송이 있다), 한 가지 중요한 질문은 앞으로 뉴스에 돈을 내는 사람이 얼마나 큰 영향력을 갖게 될 것인가 하는 것이다. 12법칙을 다루면서 이 질문에 대한 답을 찾아볼 것이다. 누군가는 뉴스에 돈을 낸다. 그리고 그러한 지원은 늘 뉴스 조직이 누구를 선호하거나 두려워해야 하는지에 대한 논쟁을 불러왔다. 확실히 미국에서는 뉴스 생산 비용의 대부분(80퍼센트)을 오랫동안 광고주가 떠안았다. 자동차 회사는 기사가 맘에 들지 않으면 지역 신문에 광고를 싣지 않음으로써 신문사의 수입에 타격을 줄 수 있었다. 하지만 대부분의 신문사는 규모가 큰 다양한 광고주를 확보해놓음으로써 그러한 점에 크게 신경 쓰지 않고 사업을 해나갈 수 있었다.

이제 새로운 시대를 맞이해 저널리즘은 사회와 개인이 돈을 내는 체제로 전환될 것이다. 과거에는 광고주가 수백 명의 전문 기자가 일하는 지역 거대 신문사의 뉴스룸에 오랫동안 돈을 대왔다. 이제 그러한 관행은 행복했던 과거의 일로 사라지는 것처럼 보인다. 내가 21년간 몸담았던 나이트리더(Knight Ridder)의 전 CEO 짐 베튼은 1988년에 "미국 저널리즘협회는 수정헌법 제1조보다 백화점협회에 더 많은 빚이 있다"라고 말했다. 그가 정색하고 그 말을 하는 바람에 당시 그 자리에 모인 나이트리더의 고위 편집자들은 충격을 받았다. 우리의 가장 큰 자원이 헌법적 권리라고 믿고 싶은 모두의 소망을 무시한 그의 현실적인 발언 덕분에 모두는 한동안 입을 열지 못했다. 그리고 지금, 그의 말은 틀림없는 사실임이 증명되었다.

그동안 백화점들은 사업을 접거나 다른 기업에 합병되면서 광고를 대폭 줄였고 이에 신문사들도 자금난을 겪었다. 모든 도시의 신문사가 수백 명의 저널리스트에게 중산층이 받는 정도의 넉넉한 공무원 월급을 영원히 지급할 수는 없었다. 지구상에서, 그리고 역사상 가장 부유한 국가이자 인구가 3억이나 되는 미국은 분명, 우리의 지역사회와 도시에서 무슨 일이 벌어지는지를 샅샅이 파헤치는 5만여 명에게 생계를 유지할 정도의 임금은 지급할 수 있을 것이다.

새로운 비즈니스 모델이 생겨나면 뉴스 생산에 대한 새로운 사고방식도 나타난다. 신문사들은 오디오와 동영상을 통한 스토리텔링의 잠재력을 개발하고 있다. 지역 방송사에서는 직원들에게 텍스트 스토리를 쓰는 훈련을 시키고 있다. 법칙 11에서 우리는 갓 대학교를 졸업한 새내기 저널리스트부터 중견 뉴스 기자에 이르기까지 그들에게 필요한 새로운 기술을 살펴볼 것이다.

이 책은 오늘날 이러한 상황을 가져온 원인을 규명하는 한편, 전진을 위한 실제적인 시각을 제시할 것이다. 법칙 4, '과거의 뉴스 세계는 사라졌다'에서 우리가 어떻게 여기까지 왔는지를 설명할 것이다. 하지만 나는 원인을 파헤치기보다 앞으로 어떻게 나아가야 할지 방법을 모색하는 일에 관심이 많다. 여러분도 같은 생각일 것이다.

참담한 현실을 목격하고도 어떻게 하면 긍정적인 시각으로 책을 쓸 수 있을까? 우리에게는 선택의 여지가 없다. 프로-저널리즘이란 프로 정보와 프로 지식을 의미한다. 저널리즘이라는 소시지 공장에서 일해 봐서 알지만 거기에는 늘 유쾌한 과정만 있는 게 아니다. 하지만 한 가지 확실한 것은 우리의 고군분투 중인 여린 민주주의 안에서 정보와 지식은 우리가 숨 쉬는 공기와 같으며, 지금 그 공기가 약간 희박하다는 사실이다. 우리에게는 낙관주의 외에 대안이 없다. 당연히 할 수 있는 한 최선의 저널리즘을 지원해야 한다.

이 새로운 저널리즘은 아직 조화를 이루지 못했다. 귀에 익숙한 감미로운 합창이 아니라 불협화음에 더 가깝다. 티모시 크루스가 자신의 독특한 책 《버스를 탄 소년들(The Boys on the Bus)》에서 기자들의 집단사고를 포착했던 것처럼, 우리는 이제 체제순응적인 일간지에서 탈피하는 시대로 접어들었다. 여러 도시를 여행하다 보면 종종 너무 많은 일간지가 지루하고 일반적인 이야기를 쏟아내는 것을 발견하게 된다. 오늘날 빚에 허덕이는 독점 저널리즘은 수십 년간 유용했던 방식도 새로운 현실에 적응하지 못하면 무용지물이 된다는 사실을 깨닫게 되었다.

윌리엄 제임스(미국의 심리학자이자 철학자 — 옮긴이)의 표현을 빌리자면, 한 세기(21세기)에 접어든 이때 혼란스럽게 윙윙거리는 소리와 함께 꽃이 활짝 피어나려 하고 있다. 나는 그 변화를 기쁘게 맞이하려 한다.

인터넷 시대는 독자와 저널리스트 모두에게 뉴스를 생산하고 배포할 수 있는, 새롭고도 놀라운 도구를 선사했다. 이제는 누구나 어디서든, 생각할 수 있는 온갖 종류의 정보원을 통해 뉴스를 얻을 수 있다. 그럼에도, 평범하지만 근본적인 물음, 즉 질 좋은 뉴스의 생산 비용을 누가 감당할 것인가 하는 문제는 여전히 남는다.

중요한 사실은 이 책이 단순히 누가 미래의 승자가 되고 패자가 될 것인가에 초점을 맞춘 것이 아니라 새로운 전망을 결정할 가치에 대해서도 다룬다는 점이다. 뉴스 사업은 여타의 사업들(비누, 자동차, 약품을 판매하는 것)과는 다른 독특한 면이 있다. 뉴스 사업은 이익 추구와 공익 사이의 균형을 중시한다. 전 세계 시민이 지구촌에서 벌어지는 일을 알기 위해 뉴스 사업에 의존하고 있다. 중요한 것은 누가 우리에게 뉴스를 제공하느냐다.

언론 비평가 A.J. 리블링은 "언론의 자유는 오직 언론을 소유한 사람에게만 허용된다"라는 유명한 말을 했다. 언론의 생산과 분배가 거의 무료로 이뤄지는 시대를 맞이해 우리는 이러한 역사를 고쳐 쓰고 있다. 이제는 생산수단의 소유가 더 이상 중요하지 않게 되었다. 같은 목적을 위해 새로운 생산수단을 만들어내는 일이 중요해졌고, 다음 세대의 역사를 위해 역동적인 언론을 재창조하는 일이 중요해졌다.

이 책은 뉴스의 미래를 걱정하는 몽상가, 책략가, 계획가, 전략가, 투자가, 독자를 위한 안내서이다.

이제 새로운 뉴스의 바다에 뛰어들어 눈 앞에 펼쳐진 예상치 못했던 뉴스의 세계를 살펴보자.

NEWSONOMICS

진화하는 콘텐츠의 시대,
당신이 편집자다

놀랍게도 지구상에는 매일 신문 지면을 꼭 채울 만큼의 사건이 발생한다.

제리 세인필드, 코미디언

당신의 운명을 지배하라. 아니면 다른 누군가가 당신의 운명을 지배할 것이다.

잭 웰치, 전 제너럴 일렉트릭 회장 및 CEO

평상시에 정보를 얻을 수 있는 매체가 몇 가지 안 되던 시절이 있었다. 평범한 미국인들은 매일 신문을 읽고 저녁뉴스를 보며 몇 종류의 잡지를 구독했다. 운전할 때는 라디오로 뉴스를 들었다.

우리 아버지 세대에게 월터 크롱카이트와 쳇 헌틀리, 데이비드 브링클리는 무척 익숙한 이름이다. 그들은 쉴새없이 지껄이는 사람들이 아니었다. 그들은 편집자였다. 직원들과 함께 그날 저녁 시청자가 꼭 들어야 한다고 생각되는 뉴스를 골라 30분짜리 이야기로 깔끔하게 재구성했다. 주말은 물론 쉰다. 뉴스는 월요일부터 금요일까지만 나왔다.

신문사 편집자들이 하는 일도 비슷하다. 1994년에 나는 세인트폴 파이오니아프레스의 편집국장이 되었다. 뉴스룸에 200명 이상의 직원을 두고 세인트폴과 미니애폴리스에서 매일 20만 부씩 신문을 발행하는 신문사였다. 서열 2위의 편집자로 M.E.라고도 불리는 편집국장의 주요 책임은 다음 날 신문 전면에 무슨 기사를 실을지를 최종적으로 결정하는 일이었다. 처음에는 설렘과 불안을 동시에 느꼈다. 내가 승인한 기사를 다음 날 아침 40만 명이 처음으로 읽는다고 생각하니 중압감이 밀려들었다. 나는 게이트키퍼(gatekeeper, 뉴스나 정보의 유출을 통제하는 사람−옮긴이)였다.

오늘날 이 낯익은 게이트키퍼들, 즉 일간지 및 저녁뉴스 방송 편집국장들은 고객과 함께 영향력도 잃고 말았다. 지난날 신문사의 게이트키퍼는 독자에게 국내 뉴스, 국제 뉴스, 비즈니스 뉴스, 스포츠 뉴스, 연예 뉴스, 지역 뉴스를 전하며 다양한 세상의 이야기를 들려주었다. 하지만 이제는 지역 뉴스만이 그들에게 인터넷의 폭풍을 피하는 피난처가 되어줄 뿐이다.

지난 수십 년간 1500여 개 이상의 일간지(대부분 네트워크 기업의 형태인)에서 자신들만의 국내면, 국제면, 비즈니스면, 연예면 기사를 발행해왔다. 기업으로서 당연히 규모의 경제를 추구하는 일간 신문사들은 훨씬 적은 비용이 드는 중앙 발행 방식을 제안했다. 하지만 지역 신문 편집자들의 반발 때문에 기업으로서는 불필요하다고 생각되는 일을 꽤 오랫동안 유지해야 했다.

지역 편집자들은 "독자들에게 무엇이 중요한지를 말해주겠다"라고 큰소리쳤다. 사실, 편집 인력과 비용을 집중적으로 투자했음에도 독자들은 뉴욕타임스나 워싱턴포스트, 로스앤젤레스타임스 비슷한 신문 몇 개와 연합뉴스 조금, 그 밖의 뉴스 서비스를 구독했을 뿐이다. 바보가 아닌 독자들은 지역 편집자의 목을 조르는 인터넷 기사가 뜨자마자 그것을 금방 알아챈다. 그런데 왜 지역 편집자가 마음대로 자르고 편집한 프린트 버전의 뉴욕타임스를, 워싱턴포스트를, 로스앤젤레스타임스를, 그 밖의 수백 종의 정보지를 읽겠는가? 왜 뉴욕타임스 아류를 구독하겠는가?

그럴 이유가 있을까? 많은 사람들은 이제 어떤 정보를 알고자 할 때 최소한 정보의 일부분은 신문보다 인터넷 뉴스에 의존한다. 사실 많은 정도가 아니라 대부분이 그렇다. 2008년 말에 시장조사 전문기관인 퓨 리서치 센터는 국내외 뉴스 공급처로서 인터넷이 처음으로 신문을 추월했다고 발표했다(앞에 나온 '뉴스노믹스 : 숫자로 보는 뉴스 혁명' 참조).

한 세대도 못 되는 10년이라는 짧은 기간에 인터넷이 이 정도의 변화를 가져온 것이다. 이제 독자들은 어디서 찾아야 할지만 알면 온갖 종류의 출판물과 더 많은 정보를 실시간으로 접할 수 있다. 그것도 공짜로!

이 책에서 법칙 1 '진화하는 콘텐츠의 시대, 당신이 편집자다'를 가장 먼저 소개하는 이유가 여기에 있다. 이제 우리는 스스로 게이트키퍼의 역할을 하게 되었다. 이제 뉴스의 세계는 더는 통제된 커뮤니티가 아니다.

우리는 뉴스 거품 시대에 살고 있다. 뉴스가 우리를 따라잡는 만큼 뉴스를 따라잡지 못하고 있다. 직장에서나 차 안에서나 가정에서, 심지어 엘리베이터나 주유소에서도 뉴스가 우리를 따라다닌다. 이제는 오히려 세상에 무슨 일이 벌어지고 있는지를 모르기가 어려워졌다.

2008년 1월, 배우 히스 레저의 사망 소식은 바이러스 뉴스의 속성에 딱 맞게 순식간에 전 세계로 퍼졌다. 내 친구는 할머니가 이메일로 그 소식을 전해왔다며 놀라워했다. 이제 우리는 과거에는 분리되었던 세계들, 다시 말해 신문과 방송, 뉴스와 영화, 뉴스와 블로그, 아주 심각한 것과 아주 재미있는 것 사이를 자유롭게 오간다.

뉴욕타임스를 집어들 수도 있고, 댈러스 모닝뉴스(The Dallas Morning News)나 시카고트리뷴(Chicago Tribune)을 볼 수도 있다. CNN이나 ABC를 볼 수도 있고, 시간 여유가 있다면 NPR(National Public Radio)의 '세상만사

(All Things Considered)'나 아이라 글래스의 '미국인의 생활(This American Life)'이라는 훌륭한 저널리즘 프로그램을 볼 수도 있다. AFP와 로이터는 전 세계에서 벌어지는 사건을 낱낱이 취재하고 BBC와 이코노미스트(The Economist)와 가디언(The Guardian)은 수백 년을 거슬러 올라가 자신들의 기사로 다시 한 번 미국을 식민지화한다. 진보 성향의 허핑턴포스트(The Huffington Post)와 보수 성향의 레드 스테이트(Red State)로 대변되는 블로그 촌에서는 매일 수십 가지의 다양한 관점들을 쏟아내고 있다.

'짐 레러의 뉴스아워(NewsHour with Jim Lehrer)'를 다시 보고 싶은가? 레이첼 메도 쇼를 빠짐없이 보고 스튜어트와 콜버트의 최근 안티뉴스도 챙겨보고 싶은가? 아무 때고 인터넷으로 보면 된다. 그것들 전부를 포함해 더 많은 프로그램이 24시간 내내 뒤섞여 경쟁하듯 대기하고 있다.

이러한 뉴스 혁명을 가능하게 한 것은 어떤 커다란 변화였다. 과거에는 자신의 주머니 사정이나 사는 지역에 따라 꼭 그만큼의 뉴스와 정보를 얻었다. 이 부족함의 지점에서 이제는 거의 무한대의 뉴스를 거의 무료로 얻을 수 있는 지점으로 엄청나게 도약했다. 마찬가지로, 한때 고객에게 접근할 수 있는 제한된 접점을 두고 서로 경쟁을 벌이던 광고주들도 이제는 거의 무한대의 '재고목록'을 보면서 마음껏 고를 수 있게 되었다. 이러한 현상은 다음과 같은 아이러니를 낳았다. 부족함에서 풍족함으로 도약함으로써 소비자들은 더 많은 선택권을 얻었지만, 동시에 그러한 선택권을 제공하는 뉴스 생산자들의 능력은 제한된 것이다.

뉴스 생산이 줄었다는 사실을 어떻게 알 수 있을까? 가장 손쉬운 방법은 보도되지 않은 사건들을 살펴보는 것이다. 다음 '뉴스노믹스 : 보도되지 않은 82만 8000건의 사건이 가져온 충격'을 보자.

뉴스노믹스 : 보도되지 않은 82만 8000건의 사건이 가져온 충격 •

　미국 전역에서 최소한 20퍼센트의 지역 기사가 사라진 것으로 추정된다. 하지만 사라진 기사를 추적하기란 거의 불가능하다.

　2009년 봄, 보스턴글로브(The Boston Glove)가 폐간될 위기에 처하자 글로브와 사이가 좋지 않았던 보스턴피닉스(Boston Phoenix)조차 글로브가 실제로 폐간될 때 발생하게 될 손실을 우려하고 나섰다. 피닉스는 다음과 같이 지적했다. "글로브는 보스턴 내 유일한 종교 담당 전임 기자 한 명과 건강 및 과학 담당 기자 5명, 도시 담당 기자 36명을 포함해 뉴스룸에 122명의 기자를 보유하고 있다.…… 그리고 지역 여론의 중심이 되는 좋은 기사, 가끔은 보기 드물게 훌륭한 기사를 보도하기도 했다." 또한 덧붙여 이렇게 말했다. "글로브의 쇠퇴로 피닉스를 비롯한 여러 뉴스매체가 반사이익을 얻으리라는 점은 분명하다. 하지만 뉴스 그룹 차원에서 글로브가 남긴 거대한 공백을 메우는 일은 남아 있는 우리에게 매우 험난한 도전이 될 것이다."

　2009년 2월 말, 150년 전통의 로키마운틴뉴스(Rocky Mountain News)가 폐간된 일은 우리가 무엇을 잃고 있는지를 구체적으로 확인해주었다. 그것은 그냥 사라져버렸다. '온라인 뉴스'도, 다른 형태의 로키뉴스도 없었다.

　최고의 미디어 비평 프로그램인 WNYC(미국 뉴욕 공영 라디오 방송국 – 옮긴이)의 '온더미디어'는 가장 중요한 질문에 답했다. 로키가 사라져 독자들이 잃을 것은 무엇인가? 덴버포스트(The Denver Post)가 계속 발행되고 있지 않은가.

　다음은 온더미디어의 사회자 브룩 글래드스톤과 로키마운틴뉴스 기자로라 프랭크가 나눈 인터뷰이다.

브룩 글래드스톤 폐간되던 주에 어떤 기사를 내보낼 예정이었습니까?

로라 프랭크 폐간되는 바람에 내보내지 못한 최초의 토요일 기사를 말씀하시는 거죠? 공금을 횡령한 정부기관과 주 정부의 보호감호를 받는 아동들이 학대받고 있다는 내용의 기사를 실을 예정이었습니다. 또 덴버 시의 어느 버스 기사가 노부인과 노부인의 딸이 길을 건너는 것을 돕다가 다른 차에 치였는데, 주 경찰이 그에게 무단횡단으로 범칙금을 물린 사건을 내보낼 예정이었어요. 사건을 취재한 기자는 버스 기사가 건널목으로 길을 건넜기 때문에 그에게 범칙금을 물려서는 안 된다는 기사를 작성하고 있었습니다.

브룩 글래드스톤 미안하지만, 그런 기사는 덴버포스트에서도 볼 수 있지 않나요?

로라 프랭크 아니요, 제가 말한 사건 전부 다른 매체에서는 보도하지 않았습니다.

로라 프랭크가 언급한 세 가지 사건은 어느 날 하루, 네 명의 기자가 기사로 작성한 것이었다. 이제 계산기를 들고 계산을 해보자. 미국뉴스편집자협회(American Society of News Editors)의 자료를 보면 공식적으로 뉴스룸 일자리는 2007년에서 2008년 사이에 8300개가 줄었다. 그중 3분의 2, 즉 5520개가 기자, 작가, 칼럼니스트의 일자리였는데, 이들(보도와 편집 인력)은 1년에 각자 150개의 기사를 작성한다. 1년이면 82만 8000개의 기사가 만들어진다는 얘기다. 그것도 매년. 그런데 그러한 기사가 쓰인 적도 읽힌 적도 없이 사라지는 것이다.

로라 프랭크의 이야기는 신문이 발행되었더라면 세상에 나왔을 구체적인 사례라는 점에서 인상적이다. 1년에 100만여 개의 기사가 흔적도 없이 사라진다는 사실이 잘 믿어지지 않는다.

다음을 생각해보자.

- 야후 뉴스는 오랫동안 미국 내 최고의 뉴스 사이트 가운데 하나로 자리 매김해왔다. 야후는 일찌감치 사람들이 선택의 자유를 원한다는 점에 주목했다. 새로운 정부 정책이나 그날의 연예 뉴스에 대한 다양한 기사를 보고 싶을 때 야후 검색창에 몇 개의 단어만 치면 367개 이상의 글이 뜬다. 검색엔진은 국경을 모른다. 롤리(미국 노스캐롤라이나주의 주도 – 옮긴이), 로마, 라왈핀디(파키스탄 펀자브주에 있는 도시 – 옮긴이)의 뉴스도 클릭만으로 얼마든지 볼 수 있다.
- 자고 일어나면 새로운 뉴스 사이트가 생기는 것 같다. 폴리티코(Politico), 허핑턴포스트, 살롱(Salon) 같은 사이트들은 거대한 열혈 독자층을 확보하고 있으며, 그 외에 규모가 작은 수천 개의 사이트도 고정적인 두터운 독자층을 보유하고 있다.
- 깜박 잊고 ABC의 '디스 위크(This Week)'를 보지 못했거나 NPR의 '모닝 에디션(Morning Edition)'을 듣지 못했는가? 이제는 마우스를 한 번 클릭하는 것으로 당신이 원하는 시간에 방송을 보거나 라디오를 청취할 수 있다.
- 이제 우리는 미국 중심의 선택권만 가졌던 시대에서 전 세계의 선택

권을 갖는 시대로 옮겨왔다. 미국 신문사들이 규모를 축소하는 동안에도 세계 언론은 워싱턴 지국의 규모를 오히려 늘렸다. BBC는 워싱턴 지국에 50명의 직원을 두고 있는데 이는 2005년보다 3분의 1이 늘어난 수치다. 아랍 케이블방송사인 알자지라는 워싱턴 지국에 100명 이상의 직원을 두고 있다. 우수 저널리즘 프로젝트(Project for Excellence in Journalism) 자료를 보면 현재 전 세계 113개국의 언론이 워싱턴에 796개의 지국을 두고 있다. 79개국이 507개의 지국을 두었던 1994년과 비교되는 수치다.

- 뉴스 동영상이 대세를 이루고 있다. 최소한 미국인의 절반이 적어도 한 달에 한 번은 뉴스 동영상을 시청한다. '뉴스' 뿐만 아니라 유튜브 동영상을 즐겨 보는 이들까지 포함한 수치이기는 하지만, 미국인의 4분의 1이 이미 휴대전화로 동영상을 보는 데 익숙하다.
- 블로그는 뉴스 축소의 주요 측면이다. 예전에 내가 분석가로 일했던 아웃셀의 조사를 보면 미국인 네 명 중 한 명은 최소한 일주일에 한 번은 블로그 기사를 읽는 것으로 나타났다.

하루에 몇 번이나 뉴스 기사나 블로그 포스트, 팟캐스트(아이팟과 방송이 결합된 말. 라디오방송을 MP3형태로 듣게 하는 서비스-옮긴이), 또는 다양한 종류의 웹 기사가 링크된 이메일과 트윗, 페이스북(Facebook)의 월 포스팅을 접하는지 생각해보라. RSS 리더는 다양한 뉴스의 시냇물을 끊임없이 흐르는 거대한 강물로 바꿔놓았다. 우리는 뉴스레터가 도착했다는 신호음을 시도 때도 없이 듣는다. 이메일이 도착하면 휴대전화에서 정보 수신을 알리는 신호음이 울린다. 지나치다 싶을 수도 있지만 이것이 바로 우리가 창조한 세계다.

그렇다고 전혀 낯선 것만은 아니다. 이 세계는 구전되어 오던 옛 마을이, 내가 요술이라고도 부르는, 우리 시대의 기적에 의해 확대된 것으로 비유할 수 있다. 현대 기술은 그것을 포장했던 것, 즉 신문, 라디오 방송, TV에서 뉴스를 해방하고, 보존하며, 자유롭게 흐르게 했다. 이와 관련해서는 법칙 7에서 좀더 깊이 살펴볼 것이다.

일간지와 TV 방송처럼 기존의 명령하고 통제하던 방식의 미디어가, 영향력이 줄긴 했어도 여전히 굳건한 게이트키핑 기능을 유지하고 있다면, 우리 모두에게 열린 다른 게이트들을 생각해보자. 그중에는 블로그, 팟캐스트, 트위터 피드, 페이스북 뉴스피드, 링크드인(LinkedIn) 메시지, 위성 라디오, 틈새 케이블 뉴스, 그리고 종종 그 자체가 뉴스인 뉴스 패러디가 있다. 이들은 새로운 정보원으로 전달력이 약하다. 가끔은 스스로 찾기도 하지만, 우리는 대개 뉴스와 정보를 우리가 아는 사람들에게서 얻는 경우가 많다.

따라서 우리는 자유롭게 뉴스를 선택하는 동시에 다른 이들의 편집자가 되고 있다. 지금까지는 앵커와 편집자들이 매일같이 해주던 일을 이제는 직접 하게 된 것이다. 결국 볼품없고 포장도 엉성하며 요점을 찾기도 어려운 것이 되기 일쑤다.

평균적으로 우리는 10년 전과 거의 같은 정도의 시간인, 하루에 약 60분을 뉴스를 보는 데에 소비한다. 하지만 뉴스 소비 시간을 계산하는 일은 정말로 어려워졌다. 우리는 더 많은 선택권을 가지는 데 그치지 않고 뉴스 멀티태스킹을 하는 국민이 되었다. 아이를 돌보고 일을 하면서 라디오와 인터넷으로 뉴스를 듣는 것이다.

사람들이 뉴스를 소비하는 데 전과 비슷한 시간을 들이면서도 훨씬 더 다양한 선택권을 갖게 되었다면, 무한한 뉴스는 한정된 시간을 두고 서로 다투게 되었다.

따라서 우리는 진화하는 콘텐츠라는 개념에 이르렀다. 이전의 게이트 키퍼들은 자신이 입수한 뉴스의 어느 부분을 독자에게 전달할지 결정했다. 매일 뉴스룸에 전달되는 뉴스의 약 10퍼센트만 기사화되었고, 나머지는 읽히지도 않고 공중으로 사라져버렸다.

이제는 개인이 거의 무한대의 뉴스 선택권을 가지게 되었다. 이전 시대의 신문과 방송을 옭아맸던 족쇄가 풀렸다. 하지만 우리 시대에도 제한은 있고, 따라서 투쟁은 계속된다. 뉴스의 어떤 콘텐츠가 살아남고 어떤 콘텐츠가 죽을 것인가?

적자생존식으로 얘기해보자. 오직 최적의 뉴스만이 살아남을 것이다. 그렇다면 최적의 요건은 무엇일까? 우리는 지금도 그 답을 찾고 있다.

진화하는 콘텐츠의 전쟁에서 단순히 최고의 콘텐츠만 살아남는 것은 아니다. 이것은 실력주의 경쟁이 아니다. 가장 빨리 적응하는 뉴스 기업이 살아남을 것이다. 저널리즘의 질은 물론 그 전망에 따라 달라질 것이다. 똑같이 중요한 사항은 콘텐츠를 만드는 뉴스 기업이 웹 방식에 얼마나 잘 적응하는가 하는 것이다. 이 책에서 우리는 떠오르는 승자는 경쟁 기업보다 효율적으로 기술을 활용하는 법, 웹 뉴스와 관련된 사회적 속성을 이용하는 법, 특정 독자층을 겨냥해 초점을 맞추는 법, 거기에 물론 뉴스와 관련된 광고를 파는 법을 배우는 기업들이 되리라는 점을 확인할 것이다.

그러한 일에 뛰어난 기업들이 승자가 될 것이다. 그리고 우리는 이들이 제공하는 뉴스를 읽고 보게 될 것이다. 인터넷으로의 전환을 통과하지 못한 기업들은 뉴욕의 헤럴드트리뷴(Herald Tribule)이나 라이프(Life) 뮤추얼 방송 시스템의 뒤를 이어 사람들의 기억에서 사라질 것이다.

그것을 TV에 변화를 가져온 리얼리티 쇼 시대의 연장으로 봐도 좋을 것이다. 이것은 자신만만한 참가자가 이기기 위해 수단과 방법을 가리지 않는 새로운 '리얼리티 뉴스 쇼'이다. 시청자 중에는 그렇게 자신만만한 태도를 좋아하는 사람들도 있지만 싫어하는 사람들도 있다. 누군가는 탈락하고 만다. 더는 고정된 것도 불변하는 것도 없는 세계, 그것이 바로 새로운 뉴스 세계이다. 여기서는 누구든 등 떠밀려 추락할 수 있다.

우리가 선택의 자유를 향한 혁명의 초입에 있다고 생각해보자. 1990년대 중반, 막 인터넷으로 뉴스를 읽기 시작했을 무렵 우리는 커다란 데스크톱 컴퓨터에 매여 있었다. 디지털 뉴스를 읽게 해주는 유일한 매체에 매달릴 수밖에 없었지만, 이제는 다양한 매체를 선택할 수 있게 되었다. 데스크톱에 이어 노트북 컴퓨터가 등장했고, 이제는 아이폰(iPhone)이나 킨들(Kindle), 소니 리더(Sony Reader)를 이용할 수 있다. 올해는 종이 신문의 느낌이 나는 새로운 스크린도 대거 출시될 전망이다.

이러한 선택권에 과거의 종이 신문도 포함될 수 있을까? 짧게 대답하면 '그렇다'이다. 모두는 아니지만 대부분의 도시와 마을에서 당분간은 그럴 것이다. 스타벅스 커피를 돈을 내고 사 마시는 것처럼, 돈을 내고 신문을 살 것이다. 전보다 4배는 더 비싼 스타벅스 커피 값에 버금가는 가격이겠지만. 사람들은 편안함과 습관, 신문 용지의 느낌을 소중히 여기는 이들(대부분 베이비붐 세대이거나 그보다 나이가 많은)을 겨냥해 만든 틈새 뉴스 상품을 구매할 것이다.

그렇다. 종이 신문은 쇠퇴기에 있지만, 읽을거리에 대한 선택권은 빠르게 다변화하고 있다. 사실 새로운 매체는 대부분 뉴스, 정보, 연예의 소비자로서 우리를 겨냥한 것이다. 그것을 우리가 무언가를 생산하도록 돕는 '컴퓨터'라고 불리는 기계, 데스크톱과 노트북 컴퓨터에 대입해보자. 그렇다, 우리는 먼 길을 돌아서 신문과 같은, 우리를 소비자로 보는 상품으로 되돌아가는 중이다.

이 신세계에서 소비자인 우리는 이전에는 행사할 수 없었던 판단력을 행사하며 훨씬 더 선택적이 되어야 한다. 그 말은 익숙한 지역 신문이나 지역 방송국에서 보내주는 것보다 더 나은 뉴스와 정보를 찾겠다고 결심해야 한다는 의미다. 다시 말해, 콘텐츠가 전에는 한 번도 해보지 못한 방식으로 경쟁한다는 뜻이다.

진화하는 콘텐츠의 원칙이 지켜지는 분야는 영화평론이다. 어느 정도 규모가 되는 신문사들은 물론 전속 평론가를 두고 있었다. 대개가 그랬다. 당신이 만약 신문사 편집자라면 당신은 최고의 영화평론가를 고용하고 싶을 것이다. 그리고 신문사가 만약 연합신문사라면, 선택에는 생각보다 시간이 오래 걸릴 것이고, 일단 선택되면 영화평론가의 지위는 보통 여러 해 동안 유지될 것이다.

1980년대, 나는 파이오니어프레스의 영화평론가에게 전체 영화에 대해 별 넷의 등급을 매기는 시스템을 도입할 생각이라고 말한 적이 있다. 그러자 그녀는 한눈에 볼 수 있는 별점제를 도입하면 독자들이 자신의 영화평을 읽지 않을 거라며 반발했다!

세월이 흘러 이제 그 일은 독자의 몫이 되었다. 메타크리틱(Metacritic, 미국 영화 평론 사이트로 영화, DVD, 텔레비전, 음악, 게임에 대한 리뷰를 제공한다-옮긴이)이나 로튼 토메이토스(Rotten Tomatoes, 영화 및 비디오 게임의 뉴스, 비평, 정보를 제공하는 웹사이트 – 옮긴이)를 통해 독자들은 주요 일간지와 방송사, 개인 평론가들의 평가를 한눈에 볼 수 있다. 우리는 이미 집단 가치에 익숙한데, 이와 관련해서는 법칙 5에서 자세히 다룰 것이다.

영화 별점제는 어떻게 되었을까? 영화 별점제는 미국 전역의 영화평론가들이 최고의 개봉작으로 꼽는 영화들을 한눈에 비교해볼 수 있는 100점 만점의 등급제로 발전했다.

파이오니어프레스의 그 영화평론가는 어떻게 되었을까? 그녀는 그곳을 그만두었거나 또는 해고된 뒤, 지금은 지역 뉴스 기사를 쓰고 있다. 인터넷은 일간지 영화평론가들이 독자들의 관심을 독점하다시피 한 현상을 제거했다. 최고의 지역 평론가만이 살아남을 것이기 때문에 다시 한 번 읽을거리의 민주화라고 할 만하다. 독자들이 최고라고 여기는 영화평론가만이 살아남아 자신이 일한 대가로 돈을 받는 것이다.

영화평론가에 대한 진실은 TV 평론가, 국내·국제 뉴스 편집자, 여행 부문 편집자, 그 밖의 무수한 저널리스트의 진실과도 통한다. 오늘날 그들의 일은 언제 어디서나 즉각적으로 알려진다.

그렇다면 이렇게 거의 무한한 선택의 자유가 있는 세상에서 독자인 우리는 어떻게 최선의 판단을 내릴 수 있을까?

먼저, 지금의 상황은 뉴스의 바다 한가운데서 부표 없이 표류하는 것에 비유될 수 있다.

한마디로 우리는 아직 뉴스의 아이튠즈를 갖추지 못했다. 이것은 뉴스 선택의 세계를 열어줄 단순한 인터페이스로, 우리는 이것을 통해 기기와 프로그램을 관리하고, 구성하고, 등급을 매기고, 분류하고, 내려 받고, 들을 수 있다.

대신에 우리는 야후뉴스와 구글뉴스 같은 첫 세대 뉴스 수집기를 가지고 있다. 이것들은 일정한 체계나 양식 없이 마구잡이로 뉴스를 수집해서, 한 페이지에 최소한 4000개 이상의 출처를 링크해 놓는다. 수많은 프로그램 중에서 무엇을 볼지 선별하기 어려운, 혼란스럽기 그지없는 케이블 가이드와 비슷하다고 할 수 있다.

우리는 물론 한편으로 새로운 게이트키퍼를 찾고 있다. 모든 걸 해체하고서 다시 조립하듯이 우리의 입맛에 맞는 뉴스 수집가 또는 뉴스 큐레이터를 찾고 있다.

이전의 세대가 벤 브래들리나 월터 크롱카이트, 폴 하비에 의존했던 것과 마찬가지로, 뉴스 소비자들은 자신에게 맞는 게이트키퍼를 찾기 시작했다. 그중에는 뉴욕타임스, 타임(Time), 워싱턴포스트의 편집자같이 친숙한 이들도 있고, 영향력이 줄긴 했지만 여전히 건재한 지역 신문사 편집자들도 있다. 또, 이 책에서 보게 될 새로운 얼굴들, 마켓플레이스(Marketplace)의 카이 리스달, 뉴웨스트(New West)의 조너선 웨버, 시애틀 포스트인텔리전서(Seattle Post-Intelligencer)의 니콜로시, 폭스의 빌 오라일리, 민포스트(MinnPost)의 조엘 크레머, 살롱의 조앤 월시, 빅머니(Big Money)의 짐 레드베터, 허핑턴포스트의 아리애나 허핑턴, 페이드콘텐트의 라팟 알리도 있다.

웹이 우리에게 스스로 편집자가 될 수 있는 여건을 만들어줬음에도, 우리 대부분은 사실 다른 사람, 옛말로 편집자의 의견이나 평가를 좋아한다.

편집자 말고도 어떤 것이 읽을 만한지 판단해주는 새로운 정보원이 있다. 그들을 추천인이라고 부르기로 하자. 우리는 특별한 이야기나 의미 있는 이야기를 찾아 다른 사람에게 전달하는 일에서 점점 더 친구나 지인들에게 의존한다. 이메일 메시지나 트위터, 페이스북에는 흥미로운 링크가 걸린다. 게다가 한 번도 만난 적 없는 추천인이 있다. 뉴스 사이트마다 가장 많이 읽힌 기사나 이메일에 '가장 많이 첨부된 기사'를 만드는 주체, 바로 대중의 지혜다. 링크를 따라가면 날마다 훌륭한 교육을 받을 수 있다.

조금 색다르고 낯설게 느껴진다면, 컴퓨터가 발명되기 전이나 그보다 더 오래전인 전기가 발명되기 이전에 어떻게 뉴스를 접했는지 생각해보라. 입소문. 사람들은 공동체를 이뤄 함께 살기 시작할 때부터 그 일을 해왔다. 사람들은 새로운 소식이나 경고, 조언, 소문, 그 외에 관심 있는 모든 것을 다른 사람에게 전달했다. 어떤 마을에서는 알리는 사람을 고용해 마을 사람들이 새로운 소식을 들을 수 있게 했다. 인터넷은 재미있는 상표명과 즉시성을 가진, 엄청나게 과열된 입소문의 장이라고 할 만하다.

현대를 살아가는 우리는 대부분 링크를 따라가는 데 익숙하다. 하지만 웹과 관련한 모든 일이 그러하듯이 우리를 선도하는 것은 젊은이들이다. 사람들은 오바마 선거 진영이 바이러스처럼 번지는 정보의 속성을 일찌감치 파악했음을 눈치 챘다. 가령, 2008년 1월 조지 부시 대통령이 연두교서를 발표하자마자 버락 오바마 상원의원이 방송에 나와 민주당의 견해를 밝혔다. 옛날 같았으면 뉴스는 거기서 끝났을 터였다. 방송이 나간 후 다음 날 관련 기사가 나오면 끝이었다.

하지만 오바마 진영은 자신들의 견해를 즉시 유튜브에 올렸다. 동영상은 올라가자마자 조회 건수 100만 건 이상을 기록했다. 그 밖에도 500여 개의 블로그에 게시되었으며 셀 수 없이 많은 이메일 링크가 걸렸다. 2008년 선거에서 케이티 쿠릭이 세라 페일린과 나눈 인터뷰를 기억하는가(다음의 '뉴스노믹스 : 쿠릭/페일린 웹 프리머' 참조)? 방송이 나간 후, 인터뷰는 방송에서보다 온라인에서 더 많은 시청자를 끌어들였다. 그리고 우리들에 의해 다른 사람들에게로 전달되었다.

뉴스노믹스 : 쿠릭/페일린 웹 프리머 ●

CBS 뉴스 진행자인 케이티 쿠릭이 세라 페일린과 나눈 인터뷰는 알래스카 주지사에 대한 대중의 여론 형성에 막대한 영향을 끼쳤다. 프로스트/닉슨 인터뷰를 상기시키는 일대일 인터뷰는 예전 방식이 디지털 시대에도 여전히 결정적일 수 있음을 다시 한 번 증명했다.

재미있는 것은 인터뷰가 첫 방송부터 반응이 오긴 했지만, 더 큰 영향력은 웹에서 바이러스처럼 퍼져 나가면서 발휘되었다는 점이다.

쿠릭/페일린 인터뷰는 방송이 나간 주에만 600만 명의 시청자를 끌어모았다(호황을 누리던 시절, 네트워크 뉴스 방송은 그보다 2~3배 많은 시청자를 모으곤 했다). 똑같은 인터뷰가 온라인에서는 800만 명 이상의 뷰어를 끌어모았다. 하지만 CBS뉴스닷컴(CBSNews.com)을 통해 인터뷰 동영상을 본 사람은 15퍼센트에 불과했고, 나머지는 유튜브와 다양한 소스들을 통해 해적판 동영상을 보았다.

이제 그러한 관점에서 이 뉴스노믹스를 살펴보자.

CBS가 전국에 나가는 저명한 인터뷰의 '프리롤'(동영상 재생 전 광고노출을 말한다-옮긴이) 광고료로는 평균인, 뷰어 1000명당 30달러의 요금을 부과한다고 가정하자. CBS가 만약 자사 사이트의 프리롤 광고에(일부 뉴스 동영상 재생 전에 짧은 광고를 내보내기도 하지만 매번 그렇게 하는 것은 아니다)

150만 명의 뷰어 수를 적용해 돈을 받으면 약 4만 5000달러의 수입을 올릴 수 있다. 만약 전체 800만 뷰어에 대해 돈을 받는다면 수입은 24만 달러까지 오르게 된다.

이것을 CBS의 방송 수입과 비교해보자. 케이티 쿠릭의 3등급 뉴스 방송에 나가는 16초에서 30초짜리 광고당 4만 달러, 나이트 쇼를 전부 합해 약 64만 달러를 받는다고 볼 수 있다(보통 프로그램 30분당 8분짜리 광고가 나간다).

그러므로 2008년경 영상 광고 시장이 아직 무르익지 못한 초창기에는 해적 행위를 막을 수만 있었다면 웹이 CBS에 많은 돈을 벌어다 주었을 거라고 짐작해볼 수 있다. 사실 CBS는 작년 한 해 자사 뉴스 상품에 대한 권리를 더 많이 주장했다.

아직은 방송 수입이 온라인 수입보다 훨씬 큰 것이 사실이다. 하지만 방송 시청자들(평균 연령 60세)의 숫자는 꾸준히 줄고 있다. 온라인 뷰어와 온라인 광고 영상은 빠르게 성장하고 있다.

쿠릭/페일린 인터뷰를 하나의 교훈으로 삼자. 방송 관련자들, 특히 전 세계를 무대로 활동하는 사람들은 자신이 만든 뉴스에 귀중한 가치를 부여할 수 있다. 그것으로 전 세계 웹 광고에 연결해보자. 진일보할 수 있는 새롭고 엄청난 기회를 잡을 수 있을 것이다.

전통주의자들은 뜻밖의 발견을 허용하지 않는 인터넷 시대를 비방하곤 한다. 과거에는 매일 발행되는 신문의 한쪽 구석에서 어떤 것을 발견할지 짐작도 못했다. 우리는 이제 친구들이 보낸, 스스로는 찾아보았을 리 없는 이야기에 놀라며, 이야기가 맘에 들면 그것을 다시 다른 사람에게 전달한다.

전통주의자들이 간과하는 중요한 사실이 있다. 독자들이 오랫동안 저널리스트로 대변되는 게이트키퍼들을 용인한 것은 사실이지만, 또 그들을 완전히 신뢰한 것도 아니라는 점이다. 몇 년에 걸쳐 계속된 조사에서 저널리스트는 '신뢰할 만한 사람은?' 차트에서 거의 매번 낮은 점수를 받았다. 그들보다 높은 점수를 받은 이들은 의사, 교사, 경찰, 판사, 2008년 금융위기 이전의 은행원들이었다. 그들 아래로는 늘 변호사와 배우, 정치인, 여론 조사원이 있었다.

지금까지 우리는 디지털 뉴스가 시작되는 10년을 맞이하여 우리가 어떻게 행동해야 할지를 살펴보았다. 우리는 분명히 선택의 자유를 선호한다. 동시에 무한한 인터넷 유통의 경이로움과 보편적이며 시공간을 초월한 뉴스의 편재(遍在)에 열광하는 유치한 단계를 벗어났다. 이제 디지털 뉴스의 장점은 무엇이고 단점은 무엇인지, 그것을 우리의 아이와 부모에게 그리고 다른 사람들에게 어떻게 설명해야 하는지 차분히 숙고해볼 때이다. 앞으로 몇 년 동안 전 세계인이 씨름해야 할 문제이다.

그러는 동안 활짝 열린 문으로 돌아가자. 무질서한 것처럼 보이지만, 웹 뉴스에서는 규모와 크기가 중요하다는 사실을 잊지 말자. 이제 규모와 크기가 중요한 세계로 곧장 뛰어들자. 세계 최대의 뉴스 미디어로 이동해 뉴스의 미래를 위해 그들이 어떤 계획을 구상하고 있는지 살펴보자.

NEWSONOMICS

디지털 12기업이
지배할 것이다

이민자 이야기를 하리라고는 생각도 못했다. 하지만 텍사스주 빅토리아의 버려진 냉장 트레일러에서 죽은 19명의 이민자 이야기가 실린 뉴욕타임스 기사를 읽는 순간, 그 광경이 머릿속에 그려졌다. 트레일러가 보였고, 사람들이 트레일러 위를, 울창한 정글 속을 걷고 있었다.

케리 조지 후쿠나가, 영화감독

투견장에서 중요한 것은 개의 크기가 아니다. 중요한 것은 개가 가진 투혼이다.

마크 트웨인, 소설가

데이비드 포그는 몬테레이의 무대 위를 성큼성큼 걸었다. '엔터테인먼트 회의(Entertainment Gathering)'에 모인 청중은 수백 명의 사상가, 예술가, 미래학자, 여러 계통의 지식인들이었다. 그는 약 18분 동안 강연을 할 예정이었다. 하지만 뉴욕타임스의 IT 전문 칼럼니스트는 입을 열지 않았다. 대신에 피아노로 다가가 연주를 하며 아이폰에 관한 노래 한 소절을 불렀다. 그리고 약간의 파워포인트를 곁들여 재미있는 강연을 한 뒤, 주머니에서 작고 편리한 아이폰을 꺼냈다. 약간의 노래. 약간의 춤. 주머니 속의 작고 더할 나위 없이 멋진 디지털 기기.

온라인 뉴스 사업부를 운영하다 작년 9월에 문화부 편집자가 된 타임스의 존 랜즈먼은 그를 가리켜 "재능과 열정과 재치를 모두 갖춘 사람이다. 미디어 기업들이 가장 고용하고 싶어하는 저널리스트 중 한 명이다"라고 칭찬했다.

데이비드 포그는 저널리스트다. 그는 맥월드(Mac World)에 글을 쓰기 시작했고 IDG북스(IDG Books)에서 일했으며, 더미 시리즈(For Dummies) 제작에 참여해 일곱 권의 책을 썼다. 2000년에는 뉴욕타임스로 스카우트 되었다.

뮤지컬 배우의 끼가 넘치는 46살의 데이비드 포그는 확실히 1인 미디어 기기라고 할 만하다. 그의 목요 칼럼은 뉴욕타임스의 비즈니스 섹션 인쇄판과 온라인의 첫 페이지에 실린다. 그의 개인 블로그 '포그의 포스트'는 뉴욕타임스 내 가장 인기 있는 블로그 중 하나다. 그가 뉴욕타임스 사이트에 올리는, 스스로 '엉터리'라고 말하는 동영상도 수많은 팬을 확보하고 있다. CNBC나 CBS, 디스커버리 채널에서 그가 진행하는 시리즈 '뭐가 뭔지 모르겠어(It's All Geek to Me)'에서도 그를 만날 수 있다. 그는 더미 시리즈에 이어 애플의 입문서인 미싱 매뉴얼(Missing Manual) 시리즈를 통해 맥, 아이폰, 아이팟과 관련해 사용자들이 궁금해하는 기초적인 질문들에 답했다.

그는 트위터에서도 많은 인기를 모으고 있다. 정기적으로 글을 올리는데 팔로어가 수십만이나 된다. 포그의 뉴욕타임스 동료인 데이비드 카는 천성 글쟁이로, 나와 마찬가지로 대안(代案) 신문 출신이다. 전에 그는 기억할 수 있는 것만 신문기사로 쓰고 편집했다. 하지만 뉴욕타임스에서 일하는 지금은 매달 정신없이 바뀌는 작업 스케줄을 소화하고 있다.

물론 칼럼도 쓴다. 월요일자 비즈니스 섹션의 첫 페이지에 실리는 그의 칼럼은 많은 독자를 확보하고 있다. 블로그 활동도 꾸준히 하여, 개인 블로그(davidcarr.org)와 뉴욕타임스 블로그를 운영한다. 뉴욕타임스 블로그의 주제는 코커스(The Caucus)에 올리는 정치 문제부터 오스카상에 이르기까지 다양하다. 이제는 그는 뉴욕타임스 동영상 인터뷰에까지 손대기 시작했다. 집필, 편집, 보도, 블로깅, 동영상. 이렇게 다양한 활동을 하는 카를 뮤지컬 경력을 갖춘 사람과 혼동하기란 쉽지 않다.

데이비드 카와 데이비드 포그, 두 사람 모두 멀티미디어와 멀티플랫폼에 능숙하다. 두 사람은 이 분야의 선구자이면서도 전혀 고독하지 않다. 새로운 미디어의 세계에서 각자 자신의 영역을 개척하는 수많은 저널리스트와 매주 만나기 때문이다. 우리는 다시 저널리스트 개개인에게 초점을 맞춰, 뉴스노믹스가 그들을 위한 새로운 기술을 어떻게 정의하는지 법칙 11 '저널리스트여, 멀티태스커가 되라'에서 살펴볼 것이다.

우선 여기서는 거대 미디어 기업들이 떠오르는 저널리스트 스타들과 이들이 만들어내는 다채로운 결과물을 어떻게 활용할 수 있는지부터 살펴보자.

세계에서 가장 유명한 뉴스 기업 중 하나이면서 이제 곧 5만 5000호 발행을 앞둔 뉴욕타임스를 신문사로만 아는 사람들이 많다. 뉴욕타임스 하면 가장 먼저 신문 전면의 유명한 로고부터 떠올리는 것이다. 아직은 수입의 85퍼센트 이상을 신문에서 거두고 있지만, 뉴욕타임스는 온라인으로 한 달에 2000만 명 이상의 '독특한 방문객'을 끌어들이면서 디지털 기업으로 변화하고 있다.

뉴욕타임스는 디지털 기업으로 변화하면서 데이비드 포그와 데이비드 카를 비롯해 톰 프리드먼과 폴 크루그먼, 타라 파커 포프 외 수많은 저널리스트의 재능을 활용하기 시작했다. 뉴욕타임스는 신문에, 데스크톱과 노트북에, 아이폰과 블랙베리에, 차량 모니터와 주유소 스크린에, 케이블방송에 '콘텐츠'를 전달하면서 서서히 그리고 힘겹게 멀티미디어 기업으로 변화하고 있다. 그것은 소위 말하는 '멀티플랫폼'이 되는 것으로, 소비자가 언제 어디서 어떤 형태의 뉴스를 원하든 그대로 전달하는 것을 의미한다.

뉴욕타임스나 뉴스 상품을 재창조하기 위한 혁명은 아직 걸음마 단계에 있다. 하지만 뉴욕타임스가 과거에 방송과 케이블, 포털, 심지어 통신사의 영역이었던 곳까지 영역을 확장하면서, 뉴스노믹스 법칙 2 '디지털 12기업이 지배할 것이다'의 미래상은 보다 쉽게 그려볼 수 있게 되었다. 비록 12개보다 조금 많긴 하지만, 뉴스 사업을 지배하고자 서로 경쟁하게 될 세계적인 기업들을 디지털 12기업으로 부르기로 하자.

굉장한 뉴스의 변화와 저널리스트들에 대한 집단 사형선고에 대해 글을 쓰고 숙고하는 동안에도, 이러한 참사가 주로 지역과 지방에서 벌어진다는 사실을 기억하자. 전국적 또는 국제적 기반을 둔 기업들은 변화의 물결에서 살아남기 위해 시련을 겪기는 해도, 더 큰 기회를 노려볼 수 있다.

이들 기업은 당신이 익히 들어보았거나 앞으로 훨씬 자주 듣게 될 기업들이다. 뉴스 세계에서 이들의 지위는 몇 년 전에 비해 향상되었다. 간신히 현 상태를 유지하는 수준이라 하더라도, 많은 지역 및 지방 기업들이 빠르게 무너지는 상황에서 이들 기업만은 우뚝 서 있을 것이다. 그리고 대부분은 현 상태를 유지하는 것 이상으로 잘해낼 것이다.

디지털 12기업은 웹의 진부한 문구 '한 번 생산하고 무한히 배포한다'에 변화를 가져올 것이다. 가령 예전 신문의 시대에는 신문 1부를 더 발행하는 것은 곧 추가 비용의 발생을 의미했다. 광고를 위해 더 많은 페이지를 찍지만, 그러려면 인쇄 비용이 증가했다. 하지만 인터넷에서는 비용증가의 폭이 미미하다. 전체 비용에서 디지털 생산과 유통에 드는 비용이 5~10퍼센트를 넘지 않기 때문이다. 이전 아날로그 방식의 세계에서 신문사와 방송사는 비용의 25퍼센트 이상을 생산과 유통에 사용했다.

그것만이 아니다. 디지털 12기업은 다른 뉴스 미디어보다 훨씬 더 많은 소비자를 확보할 여력을 갖추고 있다. 아래 '뉴스노믹스 : 디지털 12기업의 곱셈'에서 간단한 계산으로 그것을 확인해보자.

뉴스노믹스 : 디지털 12기업의 곱셈 ●

어떠한 곱셈이 디지털 12기업에 영향을 미치는지 살펴보자.

데이비드 포그의 작업을 보자.

포그의 글 하나(스토리 또는 포스트라고 하자)가 한 페이지를 차지하고 한 명의 독자가 그 페이지에 접근했다고 치면, 그것이 바로 페이지뷰이다. 그 페이지에 평균적으로 세 개의 광고가 붙고, 각각의 광고에 페이지 뷰어 1000명당 12달러의 광고료($12 CPM)를 받는다고 가정하자. 기술 콘텐츠치고는 금액이 적다고도 할 수 있지만 대략 그렇게 잡아보자. CPM은 '1000명당 비용'을 뜻하는 업계 용어다. 베스트바이(Best Buy, 전자제품 및 컴퓨터 관련 제품을 종합적으로 판매하는 미국의 대형 유통업체 – 옮긴이)에 따르면, 뉴욕타임스는 그 페이지를 보는 1000명당 12달러의 비용을 광고주에게 청구할 수 있다.

따라서 뉴욕타임스는 그 세 개의 광고로 그 페이지를 보는 사람 1000명당 36달러의 수익을 거두는 것이다.

디지털 12기업 중 한 곳에 일하는 포그의 글은 웹사이트나 전화, TV, 각종 회의를 통해 대중에 많이 노출된다. 그가 한 달에 200만 명의 페이지뷰를 끌어모은다고 가정하자. 충분히 가능한 일이다. 그의 개인 블로그도 100만 명 이상의 뷰를 끌어모으고 있으며 매주 발행되는 칼럼의 독자 수도 상당하므로 수치는 오히려 적게 잡은 것이다.

페이지뷰 200만에 한 페이지당 3개의 광고로 계산하면, 수입은 7만 2000달러가 된다. 상당한 금액이다.

이제 시카고트리뷴이나 마이애미헤럴드의 IT 전문 칼럼니스트의 경우를 보자.

이들도 포그만큼이나 괜찮은 글을 쓰겠지만, 이들의 글은 대중에게 훨씬 더 적게 노출된다. 물론 누구든 웹에서 그들의 글을 볼 수는 있다. 하지만 디지털 12기업의 마케팅 및 유통의 영향력을 감안할 때 시카고트리뷴이나 마이애미헤럴드의 IT 전문 칼럼니스트들은 포그의 10분의 1, 즉 한 달에 약 20만 명의 페이지뷰를 끌어모은다는 계산이 나온다.

하지만 그것은 IT 콘텐츠의 이야기이고, 트리뷴이나 헤럴드가 그 분야에서 타임스만큼 공신력을 갖고 있지 못하므로 CPM은 그보다 떨어질 것이다. CPM이 8달러라고 가정하자. 페이지당 광고 수는 똑같이 세 개.

페이지뷰 20만에 페이지당 세 개의 광고로 계산하면, 수입은 4800달러가 된다. 나쁘지 않은 금액이지만 뉴욕타임스의 수입 7만 2000달러에는 훨씬 못 미치는 금액이다.

웹 비즈니스는 피라미드 형태를 이룬다. 최상위 기업들(국제적 규모와 마케팅 능력을 갖춘 디지털 12기업을 의미한다)이 수익의 상당 부분을 독식한다. 그들은 그렇게 얻은 수익으로 최고의 인재를 고용하고 더 많은 페이지뷰를 끌어 모은다. 당연히 광고를 더 많이 유치하고 시간이 흐를수록 광고 수익도 증가한다.

이러한 현상은 계속될 것이다. 미디어 기업들은 기존의 저널리스트들에게는 불편한, 콘텐츠 단위이라는 용어를 생각해보게 될 것이다. 물론, 어떤 뉴스 기사나 비디오 클립, 팟캐스트는 다른 것보다 훨씬 더 가치가 있다. 그리고 여기서도 물론 디지털 12기업은 유통과 광고에 있어 커다란 강점을 가지고 있다.

인터넷에서 각각의 콘텐츠 단위는 독특한 식별기인 콘텐츠 SKU에 의해 구별된다. 콘텐츠 SKU는 상점에서 구매하는 쿠키나 크래커 포장지에 찍히는 바코드와 같다. 콘텐츠 단위는 대개 광고와 결합해 디지털 세계를 떠돌게 되므로, 그것의 경제적 가치를 추적하고 수익을 거두기가 훨씬 쉽다.

이것은 마치 저널리즘의 빅뱅 이후를 살아가는 것에 비유될 수 있다. 일탈된 인터넷 조각, 다시 말해 전에는 표준이었던 뉴스 비즈니스 모델의 잔해를 주워들고 거기에 라벨을 붙이는 법을 배우는 것이다.

왜?

우선 뉴스가 전국적인 그리고 점점 더 국제적인 성격을 띠기 때문이다.

그들의 잠재 고객은? 전 세계 9억 명에 달하는 영어 사용자들이다. 다국어나 자동 번역을 지원하는 미디어를 더하지 않더라도 그렇다. 그러므로 디지털 12기업은 단 하나의 기사나 단 하나의 동영상, 단 하나의 포스트를 만들어 전 세계에 유포할 수 있다. 물론 광고를 붙여서 말이다. 뉴스와 광고가 국경과 대양, 미디어 관행을 넘어서 회사에 훨씬 큰 활동 영역과 수입을 안겨줄 수 있는데, 왜 겨우 수십만 또는 수백만의 신문 구독자나 저녁뉴스 시청자에 안주한단 말인가?

디지털 12기업에는 신문사와 방송사, 케이블방송사와 통신사가 포함되어 있다. 우리는 지금 영리하게 뉴스를 수집하는 기업뿐만 아니라 뉴스를 생산하는 기업에 관해 이야기하고 있다. 전자에 대해서는 법칙 5에서 자세히 다룰 것이다.

비록 이들 기업의 기원은 서로 다르지만, 떠오르는 멀티플랫폼과 멀티미디어 국제 저널리즘 사업의 승자가 되려고 노력하는 동안 이들의 목표는 하나일 수밖에 없다. 다음 '뉴스노믹스 : 신문, 글과 사진을 넘어서다'를 보자.

뉴스노믹스 : 신문, 글과 사진을 넘어서다 ●

다음의 이름을 눈여겨보자. 월스트리트저널 동영상 네트워크. 최근까지만 해도 신문에 사진만 실리면 충분히 현대적이라고 여겼던 월스트리트저널이 이제는 동영상 네트워크를 운영하고 있다.

웹은 빛의 속도로 매체들을 변화시키고 있다. 월스트리트저널의 변화도 그 일부다. 월스트리트저널 동영상 네트워크는 다우존스(월스트리트저널의 모기업-옮긴이)의 여러 자산(월스트리트저널, 마켓와치, 배런스 등)을 효과적으로 늘려준다. 비록 비즈니스 뉴스쇼에서 흔히 보는 대표자 대담 형식을 따르고는 있지만 매일 수많은 뉴스 동영상이 새로 올라간다.

뉴스 동영상, 특히 비즈니스 콘텐츠 관련 동영상은 뉴스 기업들이 온라인에서 얻을 수 있는 가장 높은 광고 수익을 가져온다.

많은 신문사들이 동영상을 활용하려고 노력하는 이유가 여기에 있다.

월스트리트저널의 주요 경쟁 상대인 뉴욕타임스도 노력하고 있다. 뉴욕타임스는 동영상 부서에 18명의 직원을 두고(이들은 종이 신문 편집부도 지원한다) 이라크 전쟁에서부터 음식 칼럼니스트 마크 비트먼의 요리 정보까지 일주일에 25개 이상의 뉴스 동영상을 만들고 있다.

뉴욕타임스도, 직원의 4분의 1 이상을 동영상 교육에 투입하는 워싱턴 포스트 같은 신문사도 아직 갈 길이 멀다.

"현대 저널리스트들이 플래시, 동영상, 오디오 기술을 고루 갖춰야 한다는 것은 잘못된 생각이다." 4년간 온라인 뉴욕타임스의 책임자로 일했던 조너선 랜드먼의 말이다. 뉴욕타임스는 적극적인 기자를 찾으며, 그 적극성에 기대한다. 기본적인 기사작성처럼 특정 분야의 전문화가 더 나은 모델임을 입증할 것으로 믿는 것이다. "우리는 합리적인 방식으로 직원들을 교육하고 있다."

필라델피아(온라인 '나이틀리 비즈니스 쇼Nightly Business Show')에서 로스앤젤레스(영화 리뷰)에 이르기까지 신문사들은 그런 일을 하고 있다. 게다가 AP 온라인 비디오 네트워크는 소속 신문사들이 제작한 뉴스 동영상을 공유하거나 연합하기 위한 방법을 찾고 있다.

신문과 방송의 결합 가능성에 주목할 필요가 있다. 뉴욕타임스는 NBC와의 제휴에 박차를 가하고 있다. 처음에는 동영상과 텍스트의 교환에 그쳤지만 지금은 점점 더 다양한 방식으로 발전하고 있다. 실제로 NBC는 자신들이 취재하지 못한 기사를 타임스 기자들이 취재하면 타임스의 동영상을 가져다 쓰기도 한다. 그뿐만 아니라, 타임스 통신원으로 뉴스쇼를 제작하기도 한다.

대개 미디어 기업의 브랜드하면 그 기원(텔레비전인가 신문인가 라디오인가)을 떠올리기 마련이지만, 2015년쯤에 나타날 게임의 승자는 하나같이 우리가 거대 뉴스 브랜드라고 알고 있는 기업들이 될 것으로 예상된다. 이들은 뉴스를 얻는 모든 형태, 즉 읽고 보고 듣는 기능을 모두 갖춘 기업들일 것이다.

이들 기업은 모두 거대한 변화에서 살아남으려고 필사적이며, 이 책에서 논의하는 뉴스노믹스의 법칙을 적극 이용하고 있다. 그들은 곧 있을 전투에 대비해 운영상 불필요한 요소들을 과감히 정리하고 있다. 고난의 시대를 맞아, 새로운 사업을 적극 도입하고 과거의 사업을 신중하게 폐기하고 있다.

디지털 12기업 역시 그들 나름의 힘겨운 도전을 맞이하게 될 것이다.

뉴욕타임스가 겪었던 고난을 떠올려보자. 뉴욕타임스는 웹에서 가장 인기 있는 뉴스 사이트를 갖고 있으며, 아이폰에 연결되는 가장 인기 있는 최신 어플리케이션을 만들어냈다. 작년 4월에는 퓰리처상을 다섯 개나 받았다. 그리고 그다음 날, 역사상 가장 큰 분기 손실을 발표하는 쓰라린 경험을 했다. 손실액은 7400만 달러였다.

이 극단적인 사실이 보여주는 것은 이들 기업이 직면한 도전이다. 최고의 성취가 최악의 재정 실적을 가져온 난제를 어떻게 해결할 것인가.

그럼에도 뉴욕타임스를 비롯한 디지털 12기업이 얻게 될 기회는 엄청난 것이다.

디지털 12기업의 뉴스노믹스는 인상적이다. 제대로만 실행하면 같은 이야기나 포스트, 동영상을 가지고('뉴스노믹스 : 디지털 12기업의 곱셈' 참조) 10배 이상의 수익을 거둘 수 있다.

한때 분리되었지만 지금은 통합된 것들을 생각해보자.

- 닐슨(Nielsen, 세계적인 리서치 기업-옮긴이)이 발표한 미국 최고의 뉴스 웹사이트 20위 안에 신문사와 방송사, 케이블방송사, 심지어 뉴스 수집 매체가 포함되어 치열한 경쟁을 벌이고 있다. 미국 온라인 뉴스 시청자 수를 기준으로 한 최고의 사이트 6위 안에 케이블방송사 3곳(폭스, MSNBC, CNN)이 포함되었다.

- 그곳은 더는 과거의 대양이 아니다. 과거 영국에서 자국의 시장만 기능을 유지했던 것과 마찬가지로, 지금까지 미국의 뉴스 시장을 주도해온 것은 미국의 뉴스 기업들이었다. 하지만 인터넷이 태평양을 물웅덩이로 바꿔놓았다. 온라인 뉴스 독자들은 마우스를 몇 번 클릭하면 대양을 건널 수 있다는 사실을 확인했다. 현재 영국의 주요 미디어 기업들은 조직적이고도 거대한 규모로 성장한 미국 시청자들을 노다지 시장으로 전환하기 위해 새로운 노력을 기울이고 있다. 뉴욕타임스와 월스트리트저널 역시 유럽에서 그 일을 어떻게 이뤄낼 수 있을지 방법을 연구하고 있다.

- 뉴요커(The New Yorker)의 만평 '인터넷에서는 아무도 당신이 개라는 사실을 모른다'를 기억하는가. 인터넷에서 그 기원을 확인할 수도 있겠지만, 독자들은 그것이 신문사인지 통신사인지 방송사인지 신경 쓰지 않는다. 그들은 기사를 원하고, 동영상을 원하고, 오디오를 원한다. 그들은 분리되어 있었던 미디어의 통합을 요구하고 있는 것이다.

- 지난해 피바디 최고방송상은 누가 수상했을까? 1851년에 창간된 뉴욕타임스이다.

• 작년에 텍스트 와이어 서비스를 새롭게 선보인 곳은? 케이블 TV로 출범한 CNN이다.

디지털 12기업은 누구인가?

먼저 뉴욕타임스 같은 신문사들부터 살펴보자. 뉴욕타임스는 웹에서 최고의 뉴스사이트를 운영하는 기업으로서의 지위를 굳건히 지키고 있다.

미국의 일간지로는 겨우 두 개가 더 있다. 가장 먼저 월스트리트저널이 있다. 루퍼트 머독의 뉴스코퍼레이션(News Corporation)이 2006년 말에 인수한 이후, 월스트리트저널은 광고를 수주하기 위해 뉴욕타임스와 보다 직접적인 경쟁을 벌이고 있다. 뉴스코퍼레이션의 보유주식(그리고 자원)은 물론 월스트리트저널의 모기업인 다우존스를 훨씬 능가한다. 세 개 대륙(북미, 유럽, 호주)에 신문사를 두고 있으며, 신문 외에도 다양한 사업을 벌이고 있다. 종종 개닛 컴퍼니(Gannett Company)의 자회사로만 인식되는 USA투데이(USA Today)도 빠트릴 수 없다. 미국 내 발행부수 1위이며, 세계 2위의 신문사가 그 뒤를 쫓고 있다. 그다음은 워싱턴포스트다. 비록 주력 사업이 부유한 워싱턴 지역의 독자들을 겨냥하고 있지만, 온라인 독자의 70퍼센트 이상이 미국 전역과 해외 독자들로 이뤄진 디지털 사업 부문의 영향력은 세계적이다.

대서양에 가로막혔다고 해서 여정을 그칠 수는 없다. 가디언과 텔레그래프(The Telegraph, '인터뷰: 크리스 로이드' 참조), 타임스온라인(영국의 명망 있는 3대 브랜드)이 미국에 빠른 속도로 들어오고 있다. 이들 역시 비디오와 팟캐스트, 모든 종류의 블로그를 시험 중이다.

다음은 방송사를 살펴보자. 미국의 3대 거대 기업인 NBC, ABC, CBS

는 매일의, 예정된 텔레비전 프로그램에서 한 걸음 더 나아가고 있다('뉴스노믹스 : 쿠릭/페일린 웹 프리머' 참조). NBC를 살펴보자. MSNBC, NBC, CNBC, NBC로컬이 서로 함께(또는 독립적으로) 나아가는 것을 보면, 이 기업이 프로그램과 브랜드를 결합했을 때의 시너지 효과를 배워나가고 있음을 알 수 있다. 2008년에 새롭게 재결성된 NBC로컬 부서는 네트워크의 12개 대도시 TV방송국 웹사이트에 다양한 뉴스와 정보, 그리고 물론 광고를 게재하며 좀더 신문처럼 꾸미려고 노력하고 있다.

CBS는 얼리 쇼(The Early Show), 이브닝뉴스, 페이스 더 네이션(Face the Nation)을 어떻게 웹으로 옮길지 고민하고 있다. 2008년에는 온라인 미디어 선구자 CNET를 18억 달러에 인수하면서, 새로운 기술을 배우려고 노력하고 있다.

ABC에서는 굳이 티보(TiVo, 시청자가 원하는 시간에 원하는 프로그램을 볼 수 있게 해주는 기능을 가진 셋톱박스－옮긴이)를 이용하지 않고도 깔끔하게 구성된 '나이틀리 뉴스(Nightly News)'와, 유머리스트인 캘빈 트릴린이 '안식일의 허풍쟁이(Sabbath gasbag)'라고 부르는 호스트 조지 스테파노풀러스의 토크쇼를 시청할 수 있다. ABC의 뉴스 사이트는 놀랄 만큼 신문과 흡사한데, '정치 때리기(Political Punch)'나 '캠퍼스 수다(Campus Chatter)' 난을 두어 블로그 형태로 구성했기 때문이다.

다시 한 번, 대서양 반대쪽에 있는 BBC를 잊지 말자. 상업 광고 없이 시청료로 재정을 충당하는 BBC는 광고를 팔 수 있는 미국을 겨냥한 프로그램을 준비 중이다.

이제 케이블방송을 살펴보자. 부활한 MSNBC와 함께 CNN과 폭스뉴스가 디지털 12기업에 들 수 있을 것이다.

미국 최대 케이블 뉴스 채널인 CNN은 2008년 대선 당시, 다른 방송사들이 뉴스를 보도하지 않는 시간대의 공백을 메우며 최고의 뉴스 채널로 떠올랐다. 직원 수는 현재 3800명 이상으로, AP나 로이터통신과 비슷하다. 2008년 12월에는 새로운 통신 서비스를 출범하겠다고 발표했다. 처음에 엄청난 통신 서비스 콘텐츠를 이용했던 CNN은 이제 거대하게 성장해 통신사들과 치열한 경쟁을 벌이고 있었다.

같은 타임워너 계열사라는 점에서 CNN은 타임(Time Inc.)과는 가까운 사이다. 타임이 발행하는 포춘(Fortune)의 웹사이트는 CNN머니로 통합되었는데, 타임은 현재 자기만의 고유한 색깔을 되찾으려 노력하는 중이다. 피플(People), 엔터테인먼트 위클리(Entertainment Weekly), 선셋(Sunset), 서던 리빙(Southern Living) 등, 시대를 선도하는 매거진 브랜드를 갖춘 타임은 디지털 12기업에 들 자격이 충분하다.

뉴스코퍼레이션의 로저 에이릴스가 출범시킨 폭스뉴스는 그동안 CNN에 맞서는 강력한 경쟁 상대로 인식되어왔는데, 이제 비즈니스 뉴스 채널까지 갖추었다. CNN과 마찬가지로 폭스도 사용자생성콘텐츠(UGC)의 매력에 주목하고 있다. CNN의 'i리포트'와 마찬가지로 폭스의 'U리포트'는 전 세계 사용자가 만든 콘텐츠를 모으고 정리하고, 그것으로 돈을 번다.

물론 AP와 로이터는 자신의 영역을 침범하려는 CNN의 도발에 적극 맞서고 있다. '기적 같은' 전신선의 시대에 탄생했던 그들은 원래 텍스트 기반의 서비스를 제공했지만 이제 동영상 제작에 많은 투자를 하며 멀티미디어 상품을 만들어내고 있다. 여전히 다른 미디어들에 수많은 콘텐츠를 공급하고는 있지만, 두 기업 모두 독점적인 디지털 12기업의 일원으로 편입되고 있다. 로이터는 정보산업계의 거대 기업 톰슨로이터(Thomson

Reuter)와 합병되어 더욱 큰 영향력과 자원을 갖게 되었다.

로이터의 전략은 두 가지다. 뉴스 전산망을 전 세계 메이저 미디어에 제공하는 동시에 자사 웹 사이트를 구축해 독자적인 정체성을 갖는 것이다. 로이터는 단순히 디지털 12기업에 뉴스를 제공하는 데 만족하지 않고, 직접 그 일원이 되고자 한다.

AP의 미래는 불투명하다. AP는 미국 신문·방송사들이 설립한 비영리 협동조합으로, 근본적으로는 뉴스를 제공하는 역할을 해왔다. 하지만 회원사들(비용 절감을 위해 필사적인 지역 일간지들)은 AP가 부과한 뉴스 사용료에 반발해 다른 통신사로 옮기려 하고 있다. 일부 회원사들은 대안으로 심지어 CNN에 기대를 모은다. 수익의 75퍼센트를 지역 신문사들이 아닌 콘텐츠 판매로 얻는 AP는 메이저 통신사의 자리를 지키기 위해 독자 노선을 택할 필요하다고 결심한 듯하다('인터뷰: 짐 케네디' 참조).

디지털 12기업을 언급하면서 공영 라디오 방송 NPR을 빠뜨릴 수 없다. NPR의 청취자 수는 꾸준히 증가하고 있다. 매주 약 2750만 명이 평균 4.5시간을 청취하며, 청취자 수 증가율은 거의 10퍼센트에 이른다. 이는 굉장한 수치로, 이들을 만약 인터넷에 데려올 수만 있다면 NPR은 지금보다 훨씬 더 막강한 매체가 될 것이다.

변덕스러운 광고에 휘둘리지 않고 운영비의 상당 부분을 기금으로 충당하는 NPR은 방송과 인터넷 프로그램 양쪽에서 성장세를 이어왔다. 작년 여름에는 온라인 사이트(NPR.org)를 재런칭했다. 무엇보다 NPR은 일을 하거나 웹서핑을 하거나 이메일을 쓰면서 라디오를 듣는 미국인들의 멀티태스킹 중독증을 잘 활용했다. NPR은 2008년 말 뉴욕타임스의 디지털 부문 베테랑 비비안 실러를 CEO로 영입하면서, 디지털 12기업에 들어설 준비를 마쳤다.

마지막으로 경제 뉴스와 정보를 제공하는 거대 매체들이 있다. 광고료가 비싼 비즈니스 뉴스는 웹에서 가장 수익성 좋은 사업 부문이다. 이와 관련해서는 법칙 8에서 다시 설명할 것이다. 자금이 이동하면, 독자들은 자금 이동에 관한 정보에 기꺼이 돈을 낸다.

그러므로 영국의 월스트리트저널에 비유되는 파이낸셜타임스(Financial Times)도 추가하자. 파이낸셜타임스는 뉴스 기업으로서는 월스트리트저널을 제외하고 유일하게 온라인 유료화에 성공했다.

이제 블룸버그를 보자. 실시간 금융정보를 받아보기를 원하는 기업들에게 전용 단말기를 제공하는 사업으로 출발했던 블룸버그는 점차 텔레비전과 라디오, 온라인 사이트를 아우르는 거대 제국으로 발전했다. 블룸버그의 뉴스룸에서는 기자들이 단말기 앞에서 기사를 타이핑해 전 세계로 실시간 전송한 뒤, 뒤돌아 TV 카메라를 향해 미소를 지으며 생중계하는 모습을 볼 수 있다.

지금까지 언급한 기업은 16개로 모두 모기업들이다. 여기서는 편집자가 꼽은 12기업이라고 부르도록 하자. 이들 기업이 그룹차원에서 인수 합병을 단행하면 몇 년 안에 정확히 12기업이 되리라고 예상한다.

디지털 12기업의 브랜드는 스타 저널리스트들로 더욱 부각된다. 의학 전문기자 산제이 굽타를 불러내는 식이다. CNN은 뉴욕타임스의 유명 인사들에 맞서 굽타와 쿠퍼, 킹(King), 아만포어, 자카리아(Zakaria)를 세운다. 폭스의 오라일리, 해너티, 벡은 MSNBC의 매튜, 올버만, 매도를 상대한다. ABC에는 태퍼, 맥파든, 배셔가, NBC에서는 윌리엄스, 토드, 그레고리가, NPR에서는 워타이머, 엘빙, 코넌이 수비한다.

이들은 이름만으로도 엄청난 시청자와 독자를 모은다. TV 앵커에서부터 신문 칼럼니스트까지, 유명 저널리스트들은 오랫동안 뉴스의 전면에 서왔다. 오늘날까지도 뉴스 보도를 담당하는 그들이지만, 이제는 뉴스를 팔기 위해 트위팅을 하고 전 세계를 여행하는 일까지 하며 뉴스 홍보와 디지털 뉴스의 시대를 여는 선구자 역할을 하고 있다.

이들이 독자를 모을 때면 수십만 명의 일반 저널리스트들이, 사람들의 삶에 뉴스 브랜드의 영향력을 전파하는 스타 저널리스트들과 보조를 맞춘다. 저널리스트들은 뉴스 전달에 필요한 충실한 사진과 음성과 문자로 사람들을 유혹하며 점점 더 멀티미디어에 능숙해지고 있다.

우리는 디지털 12기업을 멀티미디어와 멀티태스킹이라는 프리즘을 통해 바라볼 수 있다. 기자들에게는 같은 날 같은 내용의 멀티미디어 기사가 반복적으로 나가는 일이 익숙하다. 블룸버그는 끊임없는 멀티태스킹 게임의 선두 주자이다. 기자들은 블룸버그에 게재하기 위해 영문 400단어의 기사를 작성한다. 여기서는 먼저 쓰는 것이 가장 중요하다. 기자는 방송 인터뷰가 끝날 때까지 기사를 몇 번이고 '고쳐 쓴다'. 블룸버그 라디오 방송을 위해 음성 녹음을 하고 팟캐스트와 블룸버그 TV 팝업에 맞게 인터뷰도 한다.

멀티미디어는 종종 한 매체가 다른 매체에 등장하는 것을 의미한다. 뉴욕타임스와 월스트리트저널의 기자들은 NPR에 기사 관련 인터뷰를 자주 요청한다. 워싱턴포스트의 칼럼니스트들은 케이블 TV 간담회가 가장 선호하는 게스트이다.

마치 멀티플랫폼(종이 신문, TV, 라디오, 웹)과 상호 촉진 광고에 초점을 맞춘 미디어 시장 같다. 시장은 하루 24시간 1년 내내 운영되고 기획된다. 화폐는 브랜드 인지도를 높이고 더 많은 손님, 즉 독자를 자신의 가게에 데려오는 것이다. 손님이 많을수록 광고를 더 많이 팔 수 있고 수익을 남길 수 있다.

인터넷은 다양한 기원을 가진 거대 뉴스 기업들의 훌륭한 회합장임이 입증되었다. 뉴스 기업들의 동영상 혁명은 1990년대 후반에 산발적으로 시작되었다. 여기저기서 실험이 이뤄졌고, 인쇄 기반의 기업들은 서투르게나마 자체 동영상을 생산하거나 방송사들과 제휴했다. 물론 오늘날 우리는 광대역 통신망을 통해 원하는 시간에 얼마든지 유튜브 동영상을 즐기고 뉴스를 시청할 수 있지만, 당시 소비자들은 아직 동영상을 온라인에서 볼 수 없었다.

이러한 추세에 따라 워싱턴포스트는 뉴스룸 직원의 4분의 1 이상에 대해 동영상 제작 관련 교육을 시키고 있다. 뉴욕타임스는 한 달에 100편 이상의 동영상을 제작하고 있다('뉴스노믹스 : 신문, 글과 사진을 넘어서다' 참조). 영국의 온라인 매체 텔레그래프TV는 영국인들이 가장 많이 보는 뉴스 사이트이다.

방송사와 케이블사로서는 문자의 역습이라고 할 수 있다. CNN의 방송기자들은 이제 웹사이트에 올릴 기사를 쓰고 있다.

소비자들은 점점 최고 중의 최고의 뉴스 사이트를 기대한다. 가끔은 동영상을, 가끔은 오디오를, 또 가끔은 텍스트를 선호하지만, 세 가지가 결합된 최고의 상품을 원할 때가 많다. 오늘날 디지털 12기업의 사이트에서 그들이 가장 강조하며 보여주는 것을 보면, 매체의 기원을 알 수 있다. 방송사는 비주얼에, 신문사는 텍스트에 집중한다. 하지만 디지털 뉴스의 시대가 지속되는 한, 그러한 현상은 오래가지 못할 것이다.

멀티미디어에 대한 소비자의 기대가 높아감에 따라 디지털 12기업들은 하루 24시간 연중 내내 뉴스를 내보내야 한다.

우리는 편집자나 프로듀서가 뉴스를 방송이나 신문에 '내보낼지' 고민하던 시대(1990년대 말)를 지나왔다. 하지만 지금은 뉴스가 나오자마자 웹에 올라간다. 2009년 4월의 어느 토요일, 멕시코에서 시작된 돼지독감이 '잠재 전염병'이라는 말이 돌았다. 물론 AP와 로이터는 이 소식을 바로 내보냈고, 워싱턴포스트와 타임, 가디언, 허핑턴포스트, 알자지라 같은 수많은 매체들도 즉시 그 기사를 다뤘다.

지난 10년간 전 세계 뉴스룸이 겪은 질풍노도를 상상하기 어려울 것이다. 인쇄판 부서와 웹 부서가 통합되었다 분리되고, 다시 통합되기를 반복하는 바람에 저널리스트들은 정신을 차릴 수가 없었다. 구조조정은 여전히 진행 중이다. 하지만 우리는 웹이 우선하는 저널리즘, 그리고 점차 웹만이 유일한 저널리즘의 시대로 나아가고 있으며, 거기에 예외는 없다.

개성. 멀티미디어. 시의성(時宜性). 다음으로 국가적 기반을 초월하는 능력은 디지털 12기업이 거쳐야 할 또 하나의 시험이다.

우리는 지금 처음으로 기업들이 진정한 국제적 기업이 되는 단계에 와 있다. BBC, 가디언, 텔레그래프 같은 영국의 메이저 미디어 온라인 방문객의 약 3분의 1은 미국인이다. 그럼에도 이들이 미디어 기업에 안겨주는 수익은 5퍼센트 미만이다. 비슷하게 뉴욕타임스 고객의 3분의 1이 외국인이지만 이들이 주는 수익은 고작 4퍼센트에 지나지 않는다.

여기에 굉장한 기회가 있다. 승자가 된 디지털 12기업은 두 가지 문제를 해결하면서 이들 해외 고객을 붙잡을 것이다. 하나는 판매 문제이다. 중요한 광고 구매자와 새로운 관계를 맺는 데 어떤 직원을 활용할 것인가? 다른 하나는 기술 문제이다. 프리미엄 광고를 모든 고객에게(그들이 어디에 있든) 효과적으로 노출하려면 광고 기술을 어떻게 활용할 것인가?

둘 다 쉽지는 않지만 해결될 문제들이다.

해외 독자들이 관심을 가질 뉴스 상품 개발에 점점 더 많은 관심이 쏟아지고 있다. 작년에 월스트리트저널은 '독자를 위해 좀더 지역적인 경험'을 만들어내기 위해 온라인 사이트(WSJ.com)에 유럽 지역 섹션을 개설하기로 결정하여, 유럽 내 입지를 강화했다. 뉴욕타임스는 유럽 중심의 인터내셔널 헤럴드트리뷴(International Herald Tribune) 웹사이트를 대체할 국제판을 선보였다. 동영상, 멀티미디어, 그리고 광고 타깃에 맞춰 점점 복잡해지는 플랫폼을 보강하기 위한 조처였다. 이는 뉴욕타임스를 진정한 국제 브랜드로 만들기 위한 최초의 중요한 시도였다. 가디언은 2007년 워싱턴 지국에 직원 5명을 배치하여 미국판 발행을 시작했다.

디지털 12기업이 자사의 영향력을 활용하는 또 다른 방안은, 자신들끼리 협력하거나 먼 곳에 있는 주요 뉴스 공급업체와 협력하는 것이다. 뉴욕타임스와 NBC는 파트너십을 체결했다. 이로써 뉴욕타임스는 동영상을 얻었다. NBC는 뉴욕타임스의 기자들과 칼럼니스트를 방송에 활용하는 한편, 웹사이트에 게재할 귀한 '텍스트'를 얻었다. 훨씬 적은 비용으로 뉴스 공급원을 확장한다는 점에서 이와 같은 일상의 파트너십은 꼭 필요하다.

하지만 뉴스 교환의 가치에 관해서라면 할 얘기가 많다. 2008년에 있었던 대담한 뭄바이 테러를 보자. 인도의 뉴욕이라고 할 수 있는 도시가 포위되었다. 무차별 공격으로 아수라장이 된 곳을 배경으로 굉장한 드라마가 펼쳐졌다. 당시 CNN에서는 CNN의 앵커가 소식을 전하기도 했지만,

대부분 인도의 케이블 채널인 IBN의 방송을 내보냈다. MSNBC를 틀면 다른 인도 방송인 NDTV가 나왔다. 사실 NDTV는 소셜 네트워킹을 통해 시청자들이 자사 프로그램에 기여하도록 하는 부문에서 업계의 선두 자리를 지켜온 기업으로, 이 때문에 테러 기간에 큰 이익을 얻었다. CNN과 MSNBC는 일찌감치 제휴를 맺어둔 덕분에, 테러 공격 뉴스를 보도하는 주요 매체가 될 수 있었다. 이러한 제휴는 물론 과거의 뉴스 세계에도 존재했다. 그러나 이제 미디어 기업들 간에 제휴가 새롭게 맺어지고 있다. 항공사들이 오래전 효율적인 방법이라고 여겼던 공동운항을 뉴스에 적용한 것이라 할 만하다.

뉴스 상품을 만드는 것과 뉴스 상품을 판매하는 것은 다르며, 대개 후자가 더 중요하다. 따라서 일찍이 해외 독자와 판매 경로를 확보한 기업이 경쟁력을 갖기 마련이다. 파이낸셜타임스는 미국에서 적은 수의 틈새 독자와 판매 경로를 확보했다. 비슷하게, 글로벌 기업의 면모를 갖추고 다양한 글로벌 버전의 상품을 제공하기 시작한 CNN은 새로운 국제 교역어를 마스터하며 다른 미디어 기업들보다 앞서나가고 있다.

승자와 패자를 가르는 또 다른 요인이 있다. 광고가 신문과 잡지, TV에서 웹 기반 마케팅으로 이동하는 상황에서, 또 다른 요인은 미묘하지만 굉장히 중요한 의미를 갖는다. 이에 대해서는 법칙 4에서 다시 거론할 것이다. 규모가 크고 다양한 사업을 하는 기업에 속한 뉴스 기업들이 강점을 갖는다.

뉴욕타임스와 월스트리트저널의 경쟁을 살펴보자. 두 기업은 모두 뉴욕에 본사가 있으며, 멀티미디어·멀티 플랫폼 기업으로 성장해가는 디지털 12기업의 선두 주자이다. 둘은 과거에는 전혀 성격이 달랐다. 뉴욕타임스가 미국과 뉴욕 내 일반 기사에 초점을 맞추었다면 월스트리트저널은 경제전문지로 출발했다. 본격적인 싸움은 이들의 사업은 시간이 흐를수록 점점 비슷해져갔다. 인터넷이 사업의 경계를 흐릿하게 하고, 광고주들이 두 기업의 독자층이 상당 부분 겹친다는 점에 주목하면서부터다.

하지만 루퍼트 머독의 뉴스코퍼레이션이 2007년 12월에 다우존스와 월스트리트저널을 인수하고 뉴욕타임스와의 경쟁을 선언하면서, 시작되었다. 이때부터 두 기업은 경제와 기술 보도를 강화하는 동시에, 공통의 부유한 광고주를 잡기 위해 치열한 경쟁에 돌입했다. 월스트리트저널은 일반 뉴스와 함께 스포츠 뉴스를 보강했는데, 그 과정에서 어느 정도 타임스의 성격을 닮아갔다.

두 기업 간에 커다란 차이가 하나 있다. 뉴욕타임스는 거의 전적으로 뉴스 사업에 의존한다. 비(非)뉴스 인터넷 사업으로 얻는 수익은 전체 수입의 5퍼센트 미만이다. 반면 월스트리트저널은 규모가 크고 다양한 뉴스 기업의 일부이다. 세계 최대 뉴스 기업인 월스트리트저널은 영국, 호주, 미국의 메이저 언론을 소유한 뉴스코퍼레이션(News Corporation)의 사업 부문에 불과하다. 사실 뉴스 사업이 뉴스코퍼레이션에 안기는 수익은 전체 수익의 20퍼센트 정도다. 나머지는 위성방송과 케이블, 20세기 폭스를 포함한 영화 산업에서 나온다. 따라서 뉴스코퍼레이션은 1년에 벤 스틸러의 흥행 영화 한 편만 있어도 월스트리트저널의 미미한 광고 수익을 충분히 보충할 수 있다.

비슷하게, 규모가 크고 다각화된 타임워너의 사업 부문인 점에서 경쟁력을 갖는 CNN은 케이블 시청료로 광고 수입의 불안정성을 보완한다. MSNBC는 제너럴일렉트릭(GE) 소유의 NBC에 속해 있다. ABC는 디즈니 계열사이다. 로이터는 적은 수치이기는 하지만 톰슨로이터가 지분의 10퍼센트를 소유하고 있다.

블룸버그는 어떨까? 블룸버그는 비록 독립적으로 운영되지만 막강한 그룹이다. 라디오와 TV, 무료 웹 마켓에 적극적으로 참여하고 있으나, 수입의 90퍼센트는 여전히 전 세계 금융기관, 기업 사무실, 홍보실, 언론사 사무실에 놓인 블룸버그 단말기에서 얻는다. 일간지와 뉴스위크(Newsweek) 사업에서 어려움을 겪는 워싱턴포스트는 수입의 50퍼센트 이상을 교육부문 자회사인 카플란(Kaplan)에서 얻고 있다.

신문사 중 가장 취약한 기업은 뉴욕타임스나 텔레그래프같이 인쇄판에 전적으로 또는 상당 부분 의존하는 기업들이다. 공익 재단인 스콧 트러스트(Scott Trust)가 완충 역할을 해주고는 있지만 가디언도 여기에 속한다고 볼 수 있다. AP도 비(非)뉴스 기업들과의 라이선스를 통해 약간의 완충역(域)을 만들어놓기는 했지만, 전적으로 뉴스에 의존하고 있다.

NPR은 어떨까? 강력하고 지속적인 동력을 제공하는 멤버십 모델이 사라질 경우, NPR은 경쟁에서 뒤쳐질 수밖에 없다.

모기업과 재정이라는 중요한 문제를 이야기하면서 '미디어'라는 단어를 살펴보지 않을 수 없다. 이 책에서 나는 뉴스 사업과 미디어를 구분해 사용했다. 불과 30년 전만 하더라도 저널리즘과 뉴스와 미디어는 모두 같은 것으로 통용되었다. 미디어라고 하면 으레 뉴욕타임스와 워싱턴포스트, 지역 신문, CBS뉴스, ABC뉴스, NBC뉴스를 떠올렸다. 이제 미디어는 훨씬 더 광범위하게 정의되고 있다.

자사 포트폴리오에 뉴스 사업을 포함하는 뉴스코퍼레이션, 디즈니, 타임워너, GE 같은 대기업이 등장했다. 이들 기업은(GE를 제외하고) 주 사업이 엔터테인먼트인 미디어 기업들이다. 거기에, 실제 대량의 콘텐츠와 정보를 전달하는 유통업체이면서도 스스로를 미디어 기업으로 여기는 기업들이 있다. 컴캐스트(Comcast)와 ATT, 버라이즌(Verizon) 같은 기업을 생각해보자. 그뿐만이 아니다. 구글이나 아마존(Amazon), 야후처럼 뉴스를 취급하는 다수의 미디어 기업들이 있다.

중요한 사실은 규모를 막론하고 뉴스를 자사의 주요 사업 부문으로 생각하는 기업이 거의 없다는 점이다. 대기업이 지원하는 든든한 재정은 뉴스 생산자와 소비자에게 좋은 소식이라고 할 수 있다. 아니면, 이익 추구가 주요 동력원이고 '공익'은 여유가 되면 하는 자선사업 정도로 치부되는 더 큰 비즈니스 세계에 포섭되면서 '뉴스'가 방향성을 완전히 잃었다고 생각할 수도 있다.

크기와 규모는 디지털 12기업에 들기 위해서도 중요하지만, 그 지위를 유지하고 번성하기 위해서도 중요하다. 물론 어느 기업이 12기업에 들고 어느 기업이 탈락할지 미리 알 수는 없다. 어쩌면 작은 뉴스 기업이 거대 기업으로 성장할 수도 있다. 더 가능성 있는 시나리오는 디지털 12기업과 떠오르는 뉴스 생산 업체의 제휴가 빈번해지는 일이다.

최근 로이터와 빠르게 성장하는 허핑턴포스트 웹사이트와의 제휴는 법칙 5에서 보게 될 통합화의 좋은 예이다. 로이터는 더 많은 콘텐츠를 전 세계 유통 시스템에 공급할 수 있게 되었고, 허핑턴포스트는 더 많은 독자와 브랜드 인지도를 얻게 되었다(이후 허핑턴포스트는 정치 뉴스 콘텐츠와 광고를 지역 신문 사이트들과 공유하기 위해 허핑턴포스트 네트워크를 설립했다). 이러한 제휴를 통해 뉴스 기업들은 수익을 나누고 더 많은 독자를 확보하게 된다.

지역적 입지를 다질 필요가 있던 CNN은 지역 방송국과의 제휴를 통해 더 많은 트래픽과 콘텐츠 교류라는 이득을 챙겼다.

이런 종류의 제휴는 앞으로 빈번하게 이뤄질 것이다. 글로벌포스트(GlobalPost) 같은 신생 뉴스 브랜드(법칙 8에서 논의할 것이다)는 이미 BBC나 CBS와 제휴를 맺고 있다. PBS의 '뉴스아워'도 온라인 서비스를 시작할 예정이다. PBS는 지난해 드디어 자사 임시 웹사이트를 개설했다. PBS는 디지털 미래를 적극 수용함으로써 찰리 로즈 쇼 같은 프로그램을 더 잘 활용할 수 있게 되었다. 웹에서 구현된 이들 장·단편 동영상은 현재 PBS와 제휴사들에게 귀중한 자료가 되고 있다.

지금 우리는 진정한 에코시스템의 출현을 목격하고 있다. 이 시스템을 다수의 형제·자매, 셀 수 없이 많은 친척으로 구성된 새로운 미디어 가계도로 바라보면 이해가 빠를 것이다.

디지털 12기업의 본격적인 경쟁은 아직 시작도 하지 않았다. 유통과 광고 기술은 복잡하고 다국적이며 멀티미디어와 멀티플랫폼을 활용한 시장이 가능한지 시험해보는 단계에 이르렀을 뿐이다. 시련은 선수들의 속도를 조금 늦춰놓았다. 그들은 다음의 싸움을 준비하며 신중하게 힘을 축적했다.

이제 그날이 오고 있다. 디지털 12기업은 각자 자신의 전략을 펼쳐 보일 것이다. 그들의 전략 안에서 우리는 뉴스노믹스의 모든 원칙을 발견하게 될 것이다. 이미 비즈니스, 기술, 의료, 여행 부문에서 구매력 있는 틈새 독자를 잡기 위한 싸움이 벌어지고 있다. 스마트폰에 맞는 최적의 모바일 어플리케이션을 갖추기 위한 경쟁도 치열하다. 경쟁사나 블로고스피어(blogosphere, 인터넷 개인 홈페이지를 의미하는 blog와 장소, 공간 등을 의

미하는 'sphere'의 합성어로 인터넷 커뮤니티나 소셜 네트워크 역할을 하는 블로그를 총칭한다 – 옮긴이)를 가리지 않고 최고의 인재를 영입하려는 노력이 진행 중이며, 블로그와 소셜 네트워크 같은 저널리즘 친화적인 툴을 비즈니스에 통합하려는 움직임도 거세다. 기술에 전보다 곱절의 투자를 함으로써 노동력을 줄이고 소비자의 만족도를 높일 수 있는 능력을 갖추려 노력하고 있다.

디지털 12기업이 적극적이지 않은 분야는 지역에 다가가기 위한 노력이다. 엄청난 비용이 드는 데 비해 결실이 적은 분야로, 디지털 12기업이 지배하게 될 글로벌한 환경의 이면이다. 가장 깊고 가장 빠른 변화를 목격하게 될 곳, 그곳은 지역이다.

크리스 로이드(Chris Lloyd)

크리스 로이드는 런던에 본사가 있는 텔레그래프의 편집 부국장이다. 그는 업계 최초로(2006년) 대대적인 멀티미디어 뉴스룸 개혁을 단행, 물리적으로나 조직적으로 다 함께 콘텐츠 제작에 협력하는 분위기를 조성한 것으로 유명하다. 그의 노력으로 디지털 비즈니스 성장의 토대가 마련되어, 업계를 선도하는 웹퍼스트(Web-first) 정책과 동영상 콘텐츠, 독자 참여가 가능해졌다. 텔레그래프TV는 영국에서 주요 뉴스 동영상 서비스를 제공하는 매체 중 하나로, 웹사이트 전체 방문객 수는 미국 내 독자의 3분의 1에 달한다.

Q 뉴스룸 개혁과 동영상 부문에서 선구자 역할을 하셨는데요, 자신의 개혁으로 텔레그래프의 준비가 잘되어 보다 큰 사건에서 능력을 발휘할 수 있었다고 생각되는 사건이 있습니까?

A 2006년 여름에 발생한 히드로 공항 테러 사건 때 처음으로 우리가 바른 방향으로 나아가고 있다는 확신이 들었습니다. 하루 동안 일이 급박하게 돌아갔고, 텍스트 기사뿐만 아니라 동영상과 오디오 기사가 많은 도움이 되었죠. 많은 사람들이 항공기 예약 취소 등으로 영향을 받고 있었기 때문에 사건이 진행되는 동안 계속해서 내용을 업데이트하는 게 중요

했습니다. 온라인 뉴스를 보강하려고 카메라 기자를 현장에 내보내 동영상을 찍게 한 최초의 사건이었습니다.

Q 텔레그래프 웹사이트를 찾는 독자들이 이제 텔레그래프를 단순히 신문사 이상으로 인식하게 되었다고 보십니까? 독자들의 반응은 어떻던 가요?

A 사람들의 인식이 바뀌는 데는 오랜 시간이 걸리지만, 점점 그렇게 바뀌고 있다고 생각합니다. 상업적인 고객들(광고 에이전시와 광고주)은 확실히 우리를 단순한 신문사 이상으로 인식하기 시작했습니다. 독자들의 경우는 시간이 좀더 걸리겠지만, 더 많은 콘텐츠를 온라인에서 볼 수 있다는 사실을 알리기 위해 다각적으로 노력하고 있습니다.

Q 10년 후 텔레그래프와 일반 방송사가 내보내는 뉴스 콘텐츠에 차이가 있으리라고 보십니까?

A 훨씬 좁은 범주의 뉴스 기사에 초점을 맞춰온 기존의 뉴스 방송사들보다 훨씬 깊이 있고 광범위한 콘텐츠를 지속적으로 제공하리라 봅니다. 모든 기사를 다 그렇게 하지는 않겠지만, 기사에 현실감을 부여할 필요가 있다고 생각되면 동영상 콘텐츠를 제작할 것입니다.

Q 디지털 미디어와 관련해 더 빨리 배웠더라면 좋았을 거라고 생각되는 교훈이 있나요?

A 어떻게 하면 디지털 미디어가 그 자체로 수익을 내게 하는가 하는 것이죠.

NEWSONOMICS

지역, 재배치와 재장전

나는 하루에 여덟 가지의 신문을 읽는다. 어느 마을에 갔는데 그곳에 신문이 단 하나뿐이라면, 그것을 여덟 번 읽는다.

윌 로저스, 배우

우리는 일간지를 대체하려는 것이 아니다.

앤드루 도너휴, 보이스오브샌디에이고의 편집자

　조엘 크레머는 아침에 일어나면 습관적으로 뉴스부터 챙겨본다. 스타트리뷴(Star-Tribune)과 뉴욕타임스를 읽은 뒤에는 온라인 뉴스 사이트인 민포스트(Minnpost)를 방문한다. 그러고서 50~60시간이 예정된 그 주의 일을 시작한다. 그중 4분의 3은 가능성 있는 후원자와 기부자와 재단을 찾아가 대화를 나누는 데 쓴다. 전에 그는 자신이 이런 일을 하리라고는 예상하지 못했다. 이 일을 택한 것이 자신도 놀라운 듯했다.

　올해 61세인 그는 민포스트의 편집자이자 발행인이며, 모금 책임자이자 회사를 대표하는 얼굴이다. 트윈시티스의 새로운 뉴스사이트를 이끌 사람으로서 그보다 적임자를 찾기는 어려울 것이다. 크레머는 미니애폴리스와 세인트폴 지역의 유력 일간지였던 스타트리뷴의 발행인으로 있다가 은퇴했다. 1983년에 미니애폴리스로 와서 스타트리뷴의 편집자가 되었는데, 그 1년은 저널리스트의 시간 개념으로 몇 광년은 지난 일처럼 여겨졌다. 크레머는 매클래치(McClatchy) 그룹이 오랫동안 소유주로 있던 카울스(Cowles) 가문으로부터 기업을 인수한 1992년에 스타트리뷴의 발행인이 되었다가 1997년에 은퇴했다. 그 후 그는 그로스앤저스티스(Growth & Justice)의 싱크탱크를 이끌며 바쁜 나날을 보냈다.

그를 다시 그 세계로 불러들인 것은 신문의 사이렌 경보가 아니라 알람벨이었다. 스타트리뷴과 파이오니어프레스를 보는 다른 독자들과 마찬가지로, 그는 신문에서 기자들의 이름이 하나둘씩 사라지는 것을 놀라움 속에서 지켜보았다. 직원 수만 줄어드는 게 아니라 신문의 크기와 중량, 무엇보다 뉴스량이 줄어들고 있었다. 그래서 그는 다시 저널리즘의 세계로 돌아가야겠다고 결심했는데, 이번에는 살짝 다른 방식으로였다.

그는 새로운 저널리즘 사업에 투자 가치가 충분하다며 아내 로리를 설득했다. 그리고 다른 세 가족도 설득했다. 그렇게 85만 달러의 자금이 모아졌고, 2007년 12월에 민포스트가 탄생했다. 민포스트는 한 달에 수백만 페이지를 탐독하는 '독특한 방문객' 50만 명을 끌어모으며 폭발적으로 성장했다. 민포스트의 인터넷 페이지에는 스타트리뷴과 파이오니어프레스에서 밀려났거나 해고된 수십 명의 익숙한 이름들이 있었다.

민포스트는 시장에 적시에 뛰어들어 재능 있는 직원을 싼값에 고용한 것만이 아니었다. 그들이 시장에 뛰어든 것은 앨 프랭컨과 놈 콜먼의 끝없는 대결로 미니애폴리스가 정치적으로 팽팽한 긴장감에 휩싸였을 때였다. 민포스트는 시시각각 변하는 사안에 대해 자세한 정보를 알아내기 위해 점점 더 많은 시간을 투입했다. 이와 관련해서는 '뉴스노믹스 : 와치독을 위한 새로운 환경'에서 다시 언급할 것이다.

행운이든 아니든, 우리는 민포스트의 비즈니스 모델에서 지역 온라인 뉴스의 미래를 엿볼 수 있다.

민포스트는 12명가량의 베테랑 기자에게 트윈시티스의 평균 임금 정도를 지급하는 소규모 기업이다. 그 유명한 기자들이 만족할까? 그들은 다시 한 번 진정한 저널리스트 집단이자 성장 중인 집단에서 일하게 된 것을 기뻐했다. 하지만 일부는 이전 신문사에서 받았던 5000달러에 훨씬 못 미치는 1000달러의 급여에 만족해야 했다('뉴스노믹스 : 신생 비즈니스 모델' 참조).

그렇다면 훌륭한 기자들을 민포스트에 보낸 셈이 된 두 신문사는 어떻게 되었을까? 그들은 지역 신문의 재난이 낳은 포스터 차일드(선전용 포스터 따위에 등장하는 대표 이미지나 캐릭터, 심벌을 말한다 - 옮긴이)다. 스타트리뷴, 일명 스트립은 파산 상태에서 간신히 되살아났다. 2007년 새로운 소유주가 지나치게 많은 금액을 들여 회사를 인수한 탓에 벌어진 일이었다. 나의 이전 직장이기도 한 파이오니어프레스 역시 파산보호신청의 언저리를 못 벗어나는 미디어그룹의 자회사이다.

두 가지 경우 모두 이전의 그들 자신이 드리운 불행이라고 볼 수 있다. 한때 뉴스룸 직원이 425명에 달했던 스트립은 275명까지 줄어들었다. 파이오니어프레스도 내가 편집장으로 있던 1990년대 중반에는 225명에 달했던 뉴스룸 직원을 120명으로 줄였다.

대체 무슨 일이 벌어진 것일까?

교육 수준이 높고 교양 있는 트윈시티스 지역의 두 신문사는 미국 대도시에서 벌어지는 언론의 몰락을 상징적으로 보여준다. 디지털 12기업이 풍랑을 맞아 돛을 정리하는 동안 지역 언론은 자신들의 배에 뚫린 커다란 구멍을 확인했다. 의료 붕괴와 그린 산업 정책, 차터스쿨(주 정부의 예산으

로 설립되지만 학교에 독립적 권한을 주어 자율적으로 운영되는 공립학교 – 옮긴이)
정책, 심지어 뉴스의 미래에 대해서까지 국내외적으로 많은 논의가 이뤄
졌지만, 지역 뉴스의 쇠퇴에 대해서는 아무도 관심을 기울이지 않았다.
지역 뉴스를 살릴 보급로가 차단된 것이나 마찬가지였다.

몇 년 동안 몰아닥친 인터넷 경쟁의 거센 바람은 전국지보다 지역 신문
에 심각한 피해를 입혔으며, 그 뒤에 찾아온 불황은 강력한 폭풍이 되어
그나마 남은 나뭇가지를 사정없이 흔들어댔다. 미국의 언론사가 오랫동
안 대부분 지역 언론사였다는 점에서 그것은 큰 문제가 아닐 수 없다(지리
적으로 훨씬 좁은 영역인 유럽은 오랫동안 전국지 독자를 다수 확보해왔기 때문에 저
널리즘의 전망도 미국과는 다를 수밖에 없다).

미국 내 1500여 개의 일간지 가운데 순수 전국지는 뉴욕타임스, 월스트
리트저널, USA투데이 단 세 개뿐이다. 나머지는 광역 및 도시 신문이다.
수십 년간 이들 지역 신문들이 대다수 도시의 절반 이상의 가정에 뉴스를
공급해왔다. 대부분의 광역 도시에서 뉴욕타임스와 월스트리트저널은 5퍼
센트 미만의 가정에 신문을 보급해왔는데, 대개는 그보다도 적었다.

요지는, 대다수 미국인에게 일상의 뉴스를 전달해온 것은 지역 신문이
었다는 점이다. 지역 언론의 쇠퇴가 우리에게 심각한 영향을 미치는 것도
이런 이유에서다.

대부분의 독자에게 그 영향이 어느 정도인지를 측정하기란 무척 어렵
다. 지역사회에서 생산된 기사가 줄었다는 얘기가 심심치 않게 들린다.
당신이 지역 봉사 클럽이나 지역의 주요 개발 논의에 참여하고, 예술 단
체를 위한 기금 모금 운동을 벌였는데도 신문에 아무런 기사가 실리지 않
는다. 그제야, 어둠 속을 더듬는 수준이긴 하지만, 다른 많은 일이 신문

에 보도되지 않는다는 사실을 알아차리는 것이다.

우리가 놓치는 것이 무엇인지 알아볼 수 있는 표지들이 있다.

다음을 생각해보자.

- 지역 저널리즘이 가장 큰 고통을 받았다. 최소한 일곱 개의 지역 신문이 파산했으며, 나머지 신문도 사업을 하는 시간만큼이나 은행과의 협상에 많은 시간을 쏟았다. 앞서 본 숫자들을 다시 한 번 살펴보자. 최소 20퍼센트가 줄어든 기사는 최소 20퍼센트는 줄어든 뉴스룸 직원들에 의해 작성되었던 것이다. 디지털 12기업에서 일하는 저널리스트의 숫자가 1000명을 헤아리는 데 반해, 지역 일간지들은 오랫동안 100명 이하에 머물렀다. 2001년 5만 6900명으로 정점에 도달한 이후, 미국 뉴스룸 일자리는 22퍼센트 또는 1만 2900명 감소했다. 지난 2년간 8000개의 일자리가 줄어든 것을 고려하면, 독자들은 수만 년 분량의 지역 정보를 손실한 셈이다. 나이가 많고 경험이 풍부할수록(당연히 급여가 높다) 조기 퇴직이나 해고 대상이 된다(법칙 4의 '뉴스노믹스 : 신문의 냉각 정책, 쿨(C-O-O-L)이야말로 신문의 전략이다' 참조).

- 큰 규모로 방대한 사업을 펼쳤던 광역 신문이 가장 크게 실패했다. 2009년, 새너제이 머큐리 뉴스(San Jose Mercury News)와 댈러스 모닝 뉴스, 애틀랜타 저널 컨스티튜션(The Atlanta Journal-Constitution), 마이애미헤럴드(The Miami Herald)를 비롯한 대다수 광역 신문의 발행부수가 10퍼센트대로 감소했다. 이는 4년간 3퍼센트 이상 감소한 후 추가로 감소한 것이다. 한때 전 세계에 기자를 파견하고 베이징에서 멕시코 시티와 모스크바에 이르기까지 곳곳에 지국을 운영했던 신문사들이 원

거리 취재를 획기적으로 줄였다. 이제 그들은 신문사 건물 꼭대기 층에서 내려다봤을 때 보이지 않는 지역에 대한 기사는 싣지 않으려 한다.

• 2009년, 하이브리드 저널리즘이 탄생했다. 100년의 역사를 자랑하는 크리스천 사이언스 모니터(Christian Science Monitor)가 업계 최초로 주말 인쇄판을 제외한 종이 신문 사업을 접고, 온라인 뉴스에 주력하겠다고 발표했다. 84개 이상의 일간지가 최소한 일주일에 하루, 대부분은 그보다 더 많이 발행을 쉰다. 독자들에게는 온라인 뉴스를 보라고 권유한다. 일간지가 더는 일간지가 아닌 현상이 나타나고 있다('뉴스노믹스 : 새로운 지역 신문과 온라인 하이브리드의 등장' 참조).

• 일부 신문은 종이 신문 사업을 완전히 포기하고 있다. 허스트(Hearst)는 2009년 초, 시애틀에서 두 번째로 큰 일간지인 시애틀 포스트인텔리전서를 포기하겠다고 발표했다. 뉴하우스(Newhouse)는 작년 여름 앤아버뉴스(The Ann Arbor News)를 폐간했다. 두 신문사 모두 시범적으로 온라인 뉴스 서비스만 제공하기로 한 경우다.

• 지역 방송사들은 온라인에서 빠른 속도로 독자수와 수익을 늘리며 지역 신문을 따라잡고 있다. 신문보다는 약간 늦게 출발했지만 둘은 같은 길에 있다. 지역 방송사들은 시청자가 줄고 광고수입이 주춤하자 시장이 충분히 '성숙'했다고 판단하고 새로운 길을 모색하는 중이다. LIN TV, 그레이 텔레비전(Gray Television), 메러디스 브로드캐스팅(Meredith Broadcasting) 같은 방송 체인은 이 분야의 선도 주자이다. 월드나우(WorldNow), 인터넷 브로드캐스팅(Internet Broadcasting), 브로드캐스트 인터랙티브 미디어(Broadcast Interactive Media)처럼 지역 방송사들을 위해 웹사이트를 제공하는 미디어 네트워크도 있다. 지역 방송사들은 동

영상과 텍스트, 다수의 광고를 제공한다. 미디어 네트워크에서는 기술과 다양한 국내 소식(주식시세, 국내 뉴스, 교통 정보, 의료 정보 등), 광고 판매와 지원 등을 제공한다('뉴스노믹스 : 이제 지역 방송의 시대다'에서 이 새로운 경쟁력을 살펴보자).

- 소규모 지역 신문의 사정은 조금 낫다. 소규모 지역 신문 역시 독자 수와 광고의 감소를 겪으며 몸집을 줄이긴 했지만, 광역 신문보다는 수월하게 위기를 넘기고 있다. 오직 지역에만 초점을 맞춘 그들은 인터넷 경쟁에서 살아남기에 더 적합하다. 하지만 거대 일간지들이 더욱 '지역적'이고자 노력하는 가운데 그들도 새로운 경쟁에 직면해 있다.

- 신생 뉴스 사이트들이 대중의 관심과 재정 지원 가능성 속에 우후죽순 생겨나고 있다. 뉴헤이븐에서 샌디에이고까지, 시애틀에서 워싱턴까지, 당신이 사는 도시에 아직 독립적인 온라인 뉴스 사이트가 없다면, 조만간 생길 것이다.

이러한 변화가 어떻게 일어난 것일까? 법칙 4 '과거의 뉴스 세계는 사라졌다'에서 뉴스 경제학의 중대한 변화를 자세히 살펴볼 것이다.

새로운 경제학은 지역 뉴스를 근본적으로 재정의하도록 요구한다. 변화의 충격은 저널리즘의 방향을 어떻게 잡을 것인가, 가령 좀더 웹과 멀티미디어와 개성에 치중할 것인가에 초점을 맞추는 디지털 12기업보다 지역 뉴스에 훨씬 더 크게 다가온다.

지역 뉴스 기업들의 고민은 더 근본적이다. 무엇을 기사화할 것이며 어느 지역까지 기사화할 것인가? 기본적으로 과거의 뉴스 공식과 정의는 버려졌다. 우리는 지금 혁신의 한가운데 있다.

지역 뉴스 기업들은 점점 더 지역 관련 콘텐츠 제작과 지역 판매라는 두 가지에 초점을 맞추려 하고 있다. 소음을 내며 돌아가는 과거의 인쇄기와 트럭 배달과 대형 금융 기관은 그만 잊자.

지역 뉴스의 성격을 바꾸는 두 가지의 분명한 움직임이 목격된다.

대규모 지역 뉴스 기업들, 특히 신문사는 단순히 혁신만 하는 것이 아니라 빠른 속도로 몸집을 줄이고 있다. 그 일은 끊임없이 계속될 것처럼 보인다. 반면, 대체로 신생 기업인 소규모 지역 뉴스 기업들은 규모를 키울 새로운 방법을 찾는다. 큰 기업은 점점 규모를 줄이고 작은 기업은 점점 늘리는 것이다. 여기서 중요한 질문은 이것이다. 두 가지 추세가 서로 만나게 될까? 그런 일이 일어난다면 어디서일까?

뉴스노믹스 : 새로운 지역 신문과 온라인 하이브리드의 등장

2009년, 뉴스(신문)의 하이브리드 시대가 맹렬하게 다가왔다. 3월, 미국에서 여덟 번째로 크며 인구가 1000만이나 되는 미시건주 지역 소식이 전보다 훨씬 적게 보도될 것이라는 발표가 나왔다.

디트로이트 프리프레스(Detroit Free Press)와 디트로이트 뉴스(Detroit News)가 신문을 일주일에 세 번만 발행하는 '일간'으로 전환하고, 그날만 배달하겠다고 발표한 것이다. 나머지 나흘 동안에도 인쇄판을 발행하긴 하지만 한두 개의 섹션에 32페이지를 넘지 않을 거라며, 독자들에게 최신 뉴스를 보려면 온라인판을 구독하라고 요청했다. 요양원에서 생활하지 않는 한 분량이 줄어든 신문을 볼 수 있는 유일한 곳은 신문 가판대뿐! 요양원 사람들에게는 전과 다름없이 일주일 내내 신문이 배달되었다. 자선과 타깃마케팅의 중간쯤 되는 전략이라고나 할까.

그들은 종이 신문의 붕괴에 속도를 더했고 수많은 기업이 여기에 동참했다. 84개 이상의 일간지들이 발행일수를 줄였다. 목표는 명확하다. 주 사업 영역을 디지털 비즈니스로 전환하되 인쇄판 광고를 가능한 한 유지하는 것이다. 가령 일요일이나 금요일, 혹은 수요일이나 목요일로 정한 발행일자에 광고주들을 억지로, 또는 구슬리거나 묶어서 밀어 넣고 요금을 부과하겠다는 것이다. 월요일과 화요일판은? 그 요일은 별로 인기가 없으니 건너뛰고!

같은 달에 디트로이트 외 지역에서도 축소 소식이 들려왔다. 플린트, 새기노, 베이시티의 일간지들이(일간지라는 명칭을 바꿀 필요가 있다) 주7일 발행에서 주3일 발행으로 정책을 바꿨다. 그들은 또한 웹을 우선하고 웹에 알맞은 콘텐츠를 다양하게 공급하겠다고 약속했다.

궁여지책에서 시작된 일(가능한 한 비용을 줄이는 것)이 전략으로 진화하고 있는 것이다.

다음은 뉴스노믹스의 기본 원리이다.

• 현재 인쇄판에 싣는 광고를 가능한 한 많이 유지한다. 대부분의 신문사는 수입의 85퍼센트를 여전히 인쇄판 광고에서 얻는다. 즉 발행일이 판매가 이뤄지는 날이며 광고주들이 가장 선호하는 날이라는 뜻이다. 일요일 수입은 다른 날 전체 수입의 50퍼센트를 넘을 때가 많으므로 결코 무시할 수 없다. 발행일이 줄더라도 부족한 발행일수로 인한 손실을 최소화하려고 노력하면서, 발행일에 광고를 내도록 광고주를 설득하고 합리적인 광고 단가를 제시해야 한다.

• 과거에 쓰였던 비용을 빠르고 획기적으로 절감해야 한다. 종이 신문을 발행하지 않으면 인쇄소 운영비와 인쇄업자 인건비를 절감할 수 있다. 신문용지와 배달트럭을 움직일 필요가 없고 배달 인건비도 줄일 수 있다. 인쇄 및 배달에 드는 비용은 전체 비용의 25~30퍼센트를 차지한다.

기본 개념은 간단하다. 절약된 비용이 이전의 인쇄판 광고 수익보다 적으면 실패할 수밖에 없다.

이 간단한 전략은 단기적으로 효과가 있다. 광고주들은 한 번 시험해보려고 할 것이고 비용은 즉시 절감될 것이다. 하지만 이러한 전략을 실행하는 데 있어 가장 큰 위험은 일주일에 며칠 독자들을 웹으로 옮겨가게 할 경우 얼마나 많은 독자가 단기간에 종이 신문을 읽던 습관을 버릴 것인가 하는 점이다. 독자들이 온라인으로 이동하면 구독률은 더 떨어질 것이고, 여전히 대부분의 비용을 대는 인쇄판 광고주들은 그들을 따라 온라인으로 옮겨갈 것이다. 온라인에서 광고주들은 광고에 더 적은 비용을 내므로 새로운 악순환이 생겨난다.

미국 내에 수십 개의 지역 신문사를 소유한 거대 뉴스 그룹의 한 임원은 내게 이런 말을 했다.

"지역 신문을 앵클바이터(ankle biter, 발목을 무는 사람이라는 뜻으로 어린아이를 가리키는 호주식 표현이다 – 옮긴이)로 봐야 할지 그보다는 더 컸다고 생각해야 할지 솔직히 잘 모르겠습니다."

실리콘밸리의 교훈은 여기서도 발견된다. 아이는 빠르게 성장해 곧 강한 이빨을 갖게 될 것이다.

나는 뉴스노믹스의 세 번째 법칙을 '지역, 재배치와 재장전'으로 이름 붙였다. 지역은 재배치를 통해 근본적으로 재정의될 것이다. 재장전은 지역 언론을 우리가 알던 대로의 모습으로 탄탄하게 지켜내는 하나의 싸움에는 패배했지만, 다른 싸움이 눈앞에 있음을 인식하고 무기를 재장전 하는 것이다. 새로운 싸움에 대비해 탄약을 재장전해야 한다. 저널리즘을 누가 담당할 것인가, 무엇을, 어떻게, 누가, 어디서 보도할 것인가, 심지어 왜 그 일을 해야 하는가에 대한 새로운 방향을 모색해야 한다.

우리는 이 책의 나머지 장에서 이들 기업(크건 작건, 신문사든 방송사든)이 어떻게 재장전을 하는지 다시 한 번 살펴볼 것이다. 그러는 동안 이들이 어떻게 지역사회와 연계하고 어떻게 블로그를 활용하며, 어떻게 틈새 독자층을 공략하는지 알아볼 것이다.

재배치. 우리는 지역이 무엇인지를 안다. 도시가 무엇인지도 안다. 디트로이트나 포트마이어스와 포틀랜드가 그들이다. 하지만 웹에서는 지역이 하나로 뒤섞인다. 여기에는 두 가지 이유가 있다.

첫째, 웹에서는 우리 마음대로 '지역'을 정의할 수 있다. 도시는 줌 기능으로 확장하거나 축소할 수 있는 대형 구글 지도와 같다. 구역이나 동 이름, 우편번호를 모르는가? 발달한 기술 덕택에 토픽스(Topix)나 아웃사이드인(Outside In), 또는 구글의 자체 시스템을 이용해 원하는 것을 찾을 수 있다. 도시나 어떤 지역을 알고 싶은가? 마우스로 원하는 만큼 크게 또는 작게 경계를 설정해주면 그곳의 뉴스, 연예, 가족 행사, 공원 정보 등을 얻을 수 있다.

둘째, 인터넷은 지역 미디어 기업들로 하여금 스스로를 재정의하게 했다. 이제 더는 지역 편집자가 비(非)지역 기사를 선별해 깔끔하게 재구성하는 일이 필요 없어졌다. 고맙게도 NY타임스(NYTimes.com)나 마켓와치(MarketWatch), ESPN을 비롯한 수백 개의 사이트에서 우리가 직접 기사를 골라볼 수 있다.

이제 발행인과 편집자, 방송 제작자와 프로듀서는 지역의 경계가 정확히 어디인지를 고민하기 시작했다. 누군가에게 지역 뉴스는 도시 내 학교, 범죄, 지방 정부에 관한 소식을 의미한다. 다른 누군가에게는 상세한 이웃 소식을 의미한다. 누군가에게는 그야말로 초지역(超地域, hyperlocal) 소식을 의미한다. '초지역'이란 아주 가까운 곳 또는 동네를 뜻한다. 지역의 경계를 정하는 일이 어렵고 지역 기사를 내보내는 일은 더 어렵지만, 어쨌든 그 일을 하는 기업들이 있다.

지역을 재정의하는 문제와 관련해 혁신적인 운영방식을 만들어나가는 사람들은 대량 해고와 줄어든 기사, 축 처진 의욕 가운데서도 새로운 전략을 짜기 위해 애쓰고 있다. 그들은 뉴스노믹스의 법칙을 적용하려고 노력하는데, 특히 전문 저널리스트들의 활동과 지역 구성원이나 블로거의 활동을 결합해 틈새 고객을 잡고 멀티미디어 상품을 내놓고자 한다. 애석하게도 결과는 아직 많이 미흡하다.

케이트 메리먼트는 베테랑 저널리스트이다. 미국 최대 신문 그룹인 개닛의 가장 혁신적인 편집자 중 한 명으로 꼽히는 그녀는 능력을 인정받아 미국 최대 일간지 개닛뉴스의 부회장 자리에까지 올랐다. 그녀는 개닛의 계획들이 꾸준히 실행 중이라고 단언한다. "우리가 발전할 수 있었던 것은 모두가 모든 일에 능할 수 없다는 사고방식 덕분이었습니다. 우리는 인쇄, 이동통신, 디지털 분야의 전문가를 대우합니다."

개닛은 미국 전역에 82개의 일간지와 영국에서 세 번째로 큰 신문사인 뉴스퀘스트(Newsquest)를 소유하고 있다. 또한 22개 방송국의 소유주로서 지역 방송에도 강력한 영향력을 발휘하고 있다. 미국 최대의 발행부수를 자랑하는 USA투데이도 발행한다. 개닛은 오랫동안 업계에서 가장 능숙하게 운영되는 기업으로 인식되어 왔다. 월스트리트저널로서는 늘 부러운 부분이었다. 경기가 좋았던 시절, 개닛은 능숙한 운영 덕분에 30퍼센트가 넘는 영업이익을 올릴 수 있었다. 저널리스트들에게 개닛은 최고의 저널리즘을 구현하며 탄탄하게 사업을 유지해나가는 훌륭한 기업으로 여겨졌다. 개닛은 경쟁기업들보다 중앙 집중식 운영 방식에 능숙했다. 다른 기업들이 '지역 자치'의 개념을 신성한 법으로 받아들인 데 반해, 개닛은 (고용과 콘텐츠에 관한) 다양한 지침을 제시하는 데 거리낌이 없었다. 개닛은 뉴스의 기획 의도와 기사의 길이까지 챙기며 다른 신문사들보다 훨씬 까다롭게 굴었다.

그러나 이제 개닛은 재앙의 시기가 다가왔음을 직감하고 역사상 가장 큰 변혁에 자발적으로 뛰어들었다. 거의 매달 새로운 계획안이 발표되었다. 대부분 미숙하고 단편적인 계획안에 불과하지만, 전체적으로 재배치와 재장전의 기본 틀이라고 할 만한 계획안들이 갖춰지고 있다. 개닛의 혁신은 정보 센터에서 시작된다. 2007년에 모습을 드러낸 개닛의 정보 센터는 그 자체로 지역 신문(그리고 지역 방송) 뉴스룸의 개혁을 상징한다.

개닛의 만트라에는 다음 일곱 가지 주문이 포함되어 있다.

• **지역, 지역, 지역** 이 부분에서 개닛은 자신들의 패배를 인정하고 독자들

이 비(非)지역 뉴스를 어디서든 얻을 수 있다는 사실을 인정한다.

• **공익** 목표는 지역 주민의 삶에 변화를 가져올 수 있는 기사를 공급하는 것이다. 작년에 개닛의 프리프레스(Free Press)는 디트로이트 전 시장 콰미 킬패트릭의 성 추문 시리즈 보도로 퓰리처상을 수상했다.

• **주문형 콘텐츠** 개닛은 마이크로사이트 기술 회사인 리플식스(Ripple6)를 인수하면서 새로운 '마이크로사이트'를 표방하게 되었다. 리플식스의 맘스라이크미(MomsLikeMe.net)와 하이스쿨스포(HighSchoolSports.net)는 제8장 '틈새를 공략하라'에서 살펴보게 될, 지역을 가리지 않는 새로운 상품이다. 이들 사이트는 특정 독자층을 공략하며, 그들을 겨냥한 광고는 개닛 디지털 미디어 네트워크를 통해 판매된다. 2009년에는 과거 개닛뉴스 서비스를 콘텐트원(ContentOne)으로 통합했다. 재치 있는 명칭에서도 개닛의 지향점은 확실히 드러난다. 종이 신문, 방송, 디지털 등 모든 콘텐츠를 한곳에 모을 것, 광고주에 친화적인 대량의 틈새 상품을 내놓을 것.

• **멀티미디어** 개닛은 자사 저널리스트들은 텍스트와 음성, 영상 보도에 모두에 능해야 한다고 보고 기자와 사진기자들을 교차 교육하고 있다. 하지만 케이트 메리먼트가 지적했듯이 대상을 신중히 골라야 한다. 어떤 기자들은 교육받은 대로 훌륭한 동영상을 찍기도 하지만, 어떤 기자들은 떨려서 카메라 앞에 서지도 못하기 때문이다.

• **데이터** 정보 센터는 뉴스가 아닌 '정보'에 초점을 맞춘다. 개닛은 독자들이 자신이 사는 지역에서 무슨 일이 어디서 벌어지고 있고, 서비스는 어떻게 받을 수 있는지 알고 싶어한다는 점에 주목했다. 개닛이 운영하는 지역 사이트 '데이터 센트럴(Data Central)'은 공무원의 월급에서 연방항

공청의 조류(鳥類) 충돌 기록과 공립학교 성적까지 온갖 다양한 공공 데이터 자료를 제공한다. 개닛의 연예 사이트인 메트로믹스(Metromix)는 새로운 소식의 주요부분을 '일정표'에 올린다.

- **의사소통** 개닛은 자사 사이트에 소셜 네트워킹 툴인 플럭(Pluck)을 활용함으로써 독자들의 댓글과 공개토론, 블로그 포스트, 사진 및 동영상 업로드를 가능하게 했다. 또한 개닛의 기자들과 칼럼니스트들의 블로그 참여를 활성화했다.

- **디지털** 개닛이 총체적으로 추구하는 대상이지만 말처럼 쉽지는 않다. 개닛은 종이와 컴퓨터, 휴대전화 등 다양한 매체로 뉴스를 전달하며 미디어 불가지론자가 되려 하고 있다.

웨스트체스터에 있는 저널뉴스(Journal News)는 사전 취재, 집중적인 블로깅, 기자의 역할 바꾸기 등을 적극적으로 도입하며 개닛 정보 센터가 추구하는 정책의 전형을 보여준다(법칙 7 '기자, 블로거가 되다' 참조).

이러한 일들이 어떠한 결과를 가져왔을까?

사실을 말하자면 개닛의 성과를 논할 수가 없는데 이는 다른 기업들의 경우도 마찬가지다. 아직은 너무 이르다. 개닛을 포함한 거대 일간지들의 발행부수는 계속 떨어지고 있다. 미국 전역에서 수천만 명의 독자가 지역 일간지 온라인 사이트를 방문하지만, 그곳에 오래 머무르지는 않는다. 지역 일간지 웹사이트에 방문한 독자들이 한 달 평균 12분 이상을 머물렀다면 다행인 수준이다. 과거에 종이 신문을 읽는 데 매주 몇 시간씩 소비했던 것과 비교해보라. 이것이 개닛을 포함해 비슷한 처지에 놓인 기업들의 현 주소이다. 새로운 '지역'은 이제 시작일 뿐이다.

모든 신문사는 같은 대본의 서로 다른 페이지를 채워나가고 있다. 개닛이 좀더 공개적이고 진보적일 뿐이다. 스크립스(Scripps)는 지역 신문과 지역 방송 사이트를 함께 밀고 있는데 이는 유례없는 일이다. 매클래치는 직원들의 블로그를 중시한다. 허스트는 지역 주민의 블로그에 관심을 기울인다.

확실히 이곳저곳에서 편집자의 역할이 변화하고 있다. 어떤 편집자는 글을 다루는 일보다 커뮤니티 관리자 역할을 더 많이 한다. 하트퍼드쿠런트(The Hartford Courant)는 여섯 명의 편집자에게 도심 근교의 여섯 군데 지역 커뮤니티를 맡아 관리하도록 했다. 적은 비용으로 더 많은 지역 뉴스를 얻으려는 방안이다.

미국 전역에서 일간지들은 쿠런트의 전략을 다양하게 변형해 시도 중이다. 워싱턴포스트는 교외와 준(準)교외 지역에서 이미 시행해봤지만, 투자비용이 너무 많이 든다는 것을 확인하고는 다시 탄약을 장전한 뒤 방향을 약간 수정했다.

사람들은 훌륭한 지역 기사를 원하지만, 그 일을 전문 저널리스트에게 맡기려면 비용이 만만찮다. 시민에게 그 일을 하게 하려면 많은 지원과 격려, 자극이 필요하다. 백펜스(Backfence)는 초지역 사이트를 발전시켜 네트워크로 연결하는 일을 5년 동안 해오고 있다. 300만 달러의 투자를 받아 백펜스를 설립한 마크 파츠는 그 일의 어려움을 블로그에 이렇게 썼다. "초지역은 정말 이루기 어렵습니다. 결코 만만한 일이 아니에요. 사이트를 열자마자 사람들이 몰려드는 게 아닙니다. 우리는 처음부터 그 점을 알고 있었어요. 커뮤니티를 만들기까지 많은 노력이 필요합니다. 초지역 사이트들을 잘 살펴보세요. 포스팅이 얼마나 많이 올라가는지, 특히 운영자와 비교해 회원들이 올리는 포스팅이 얼마나 되는지 보세요. 초지역 사이트 운영자라면 누구나 활발한 온라인 커뮤니티가 형성되기까지 몇 년은 기다려야 한다고 말할 겁니다. 안정적인 사업으로 정착하려면 그보다 훨씬 더 걸릴 수도 있어요. 불행히도 백펜스는 그 정도 수준에 오를 때까지 버티지 못했습니다."

지역 일간지들은 그 교훈을 주의 깊게 듣고 거기서 무언가를 배울 수 있기를 바랐다. 그들은 이렇게 생각했다. 줄긴 했지만 아직 남아 있는 직원들로 하여금 지역 뉴스에 집중해 지역 기사만 쓰도록 하자, 그리고 커뮤니티 회원들과 활발히 교류해 그들이 약간의 보수를 받거나 거의 무료로 '콘텐츠'를 제공하게 하라고 하자. 그렇게 효율적인 보도를 하자. 그렇게 되면 어떤 주제는 전보다 훨씬 많이 다뤄지지만, 어떤 주제는 거의 다뤄지지 않을 수도 있다.

기자가 적으면 특종도 적다. 당신이 개인적으로 그 사건에 대해 알고 있거나 사건과 관련이 있는 경우라면 '그 신문사'가 기사를 제대로 썼는지, 또는 전부 다 썼는지 알 수 있을 것이다.

디지털 뉴스의 시대에 접어들면서 우리는 점점 더 블로그, 독자 참여, 동영상을 다루지 않는 신문이나 지역 방송 사이트를 찾기가 어려워지고 있다. 하지만 진짜 문제는 디지털 시대의 이 모든 양상이 핵심적인 것인지, 아니면 그저 살짝 유행하고 마는, 진부하면서도 여전히 너무 방대하게 다른 용도로 쓰이는 온라인판 신문의 첨가물에 불과한 것인지 가려내는 일이다. 워싱턴포스트(WashingtonPost.com), 로허드(LoHud.com), 크론(Chron.com, 휴스턴 소재), 라스베이거스선(LasVegasSun.com), 보스턴(Boston.com) 같은 몇몇 독보적인 사이트들이 차세대 '지역'을 창조하는 일에 선두를 달리고 있다.

내가 신문사 사이트에 불완전한 등급을 매기는 이유가 여기에 있다. 신문사 사이트들은 인간 삶의 새로운 본질을 찾으려고 애쓰고 있다. 독자에게 이러한 본질이 중요하다면, 그것은 광고주에게도 근본적으로 중요한 요소가 된다. 다른 대규모의 지역 혁명이 지역 판매를 중심으로 일어나는 것도 이런 이유에서다('뉴스노믹스 : 진정한 지역 판매 되살리기' 참조). 신문사와 방송사에게 이것은 사업을 계속해나가기 위해 필요한 일이다. 민포스트 같은 신생 기업들에게는 성장하기 위해 필요한 일이다.

2년 전만 하더라도 새롭게 탄생하는 지역 저널리즘은 고작 수십 개가 전부였다. 이제는 지도를 놓고 살펴야 할 정도다. 일간지들의 규모가 축소되면서 많은 사업가, 해고된 저널리스트, 관심 있는 시민, 괴짜들이 새로운 도시 사이트를 개설하기 시작했다. 이들이 만든 사이트는 비록 저널리즘 형식으로 블로그를 이용하기는 해도, 블로그는 아니다. 이들은 각 도시에 새로운 기사와 새로운 시각을 제공한다. 2009년 중반에 이들 신출내기 그룹이 모여 포캔티코 선언문(Pocantico Declaration)을 발표했다. 목표는 '와치독 사이트'의 새로운 전국 네트워크였다('뉴스노믹스 : 와치독을 위한 새로운 환경' 참조).

오늘날 대도시의 뉴스룸을 방문한 사람들은 그 규모에 깜짝 놀랄지도 모른다. 그리고 빈 책상이 많은 것에도. 반면, 도시 사이트의 신생 기업을 방문한 사람들은 저널리스트 몇 명이 좁은 공간에 모여 있는 모습(특히 나 그 기업이 어떤 사람의 거실에서 출발한 것이라면)을 보게 될 것이다. 아니면 최신 커뮤니케이션 도구로 무장한 편집자들이 집에서 일하는 것이 분명한 자유기고가와 이야기를 나누는 모습을 볼 수도 있다.

아무도 쓰지 않은 이야기를 쓰고 싶어하는, 저널리즘을 위한 저널리즘을 추구하려는 야심 찬 시도는 대체로 중시된다.

민포스트의 조엘 크레머가 70세가 될 무렵, 겨우 서른 줄에 들어선 스콧 루이스는 조엘과 전혀 다른 지역에 살고 있었다. 현재 그는 33세로 보이스오브샌디에이고(Voiceofsandiego.org)의 공동 편집자이다.

보이스오브샌디에이고의 행운을 그 도시의 유력지 샌디에이고 유니언트리뷴(The San Diego Union-Tribune)과 비교해보자. 유니언트리뷴은 1928년부터 코플리(Copley) 가문이 오랫동안 소유해왔다. 캘리포니아에서 두 번째로 큰 도시인 샌디에이고가 후기 산업시대의 풍요 속에 호황기를 맞이하면서, 유니언트리뷴은 많은 신문 기업들이 사고 싶어하는 기업이 되었다. 최고였을 때 기업의 가치는 거의 10억 달러로 평가되었다. 하지만 지역 언론의 붕괴와 경기 침체를 겪으면서 유니언트리뷴은 2009년 3월, 5000만 달러에 매각되었다. 새로운 주인은 기술 기업의 부실한 자산을 집중 매입해온 로스앤젤레스 플래티넘 이퀴티(Platinum Equity)로, 인수 의도는 유니언트리뷴이 가진 부동산이었을 것으로 추정된다. 플래티넘 이퀴티가 유니언트리뷴을 인수하는 동안 신문사와 도시, 독자를 위한 기사는 거의 나오지 않았다. 실제로 아무것도 공개되지 않았다. 공익은 논의에서 배제된 채, 사적인 거래가 사적인 목적을 위해 이뤄졌다.

유니언트리뷴 복합건물에서 5킬로미터 떨어진 곳에 1350제곱미터 규모의 보이스오브샌디에이고(VOSD) 본사가 자리하고 있다. 13개의 책상이 모두 전면을 바라보는 이 건물은 외형적으로는 그저 평범한 사무실이다.

VOSD 건물에서 느껴지는 것은 공익에 대한 열정과 공언(公言)이다. VOSD는 2005년 공익에 관심이 많은 은퇴한 벤처 투자가 버즈 울리가

33만 달러의 소자본을 들여 시작한 사업으로, 작년에는 기업 예산 100만 달러로 최고를 기록하면서 점점 유명세를 타고 있다. 여기에 도움을 준 것은 "은밀한 보너스 시스템을 비롯해 과거 정부 시스템의 맹점을 파헤치는" 공공 부패 시리즈로 전미 탐사보도협회(IRE, Investigative Reporters and Editors) 상을 받은 경력이었다. IRE는 수십 년간 사회 악행을 없애고자 노력해온 진지하고 엄격한 저널리스트들의 주류 저널리즘을 지원하는 단체다.

VOSD의 CEO이자 핵심 블로거인 스콧 루이스의 말을 들어보면 지역 저널리즘의 변화와 걸어온 길을 이해하기가 쉽다. "많은 사람이 지금 벌어지는 상황을 걱정하느라 정작 중요한 해결책을 찾는 일에 신경을 쓰지 못하고 있습니다. 어떤 이들은 신문이 살아남아 다시 전과 같은 전성기를 누리길 바라죠. 하지만 그런 일이 일어나지 않을 수도 있다는 점을 깨달아야 합니다."

그래서 루이스와 그의 파트너 겸 편집자인 31세의 앤드루 도너휴는 자신들이 할 수 있는 일을 하고 있다. 루이스는 선구자로서 재단과의 협력과 점점 증가하는 기업 인지도를 관리한다. 루이스와 도너휴는 둘 다 기존과 다른 저널리즘을 추구하는 것을 강조한다.

"우리는 동물원에서 태어난 새끼 한 마리에 대한 기사를 실을 사람은 원치 않습니다(그러면서 샌디에이고에서는 동물원이 중요한 기삿거리임을 상기시켰다). 세 개의 TV 방송국이 이미 그 일을 하고 있으니까요." 도너휴의 말이다. 대신에 그들은 취재할 지역을 선정하는데, 20여 명밖에 안 되는 풀타임 편집자 인력으로는 불가피한 선택이다. IRE 상을 받은 시리즈 기사는 두 명의 기자가 엄청난 시간을 들여 완성한 것이다. 재단 후원금을 받은 교육 담당 기자 에밀리 앨퍼트는 한때 유니언트리뷴 기자 네 명이 취재했던 지역을 맡으면서, 교육 정책과 교육회의, 학부모의 관심사 사이의 연관성을 찾으려 노력했다. 그들이 하는 일은 단순히, 그리고 어떤 면에서는, 좋은 일을 하고 그 일에 집중하고자 하는 열정에 관한 일이라고 할 수 있다.

그렇다면 열정을 어떻게 정의할 것인가? 작년에 민포스트의 제이 웨이너는 끝날 것 같지 않던 미네소타주 의원 선거를 취재했다. "지금 저는 1년에 52주를 일해 고작 3만 5000달러를 법니다. 그 돈으로 인터넷 요금과 전화비, 필기도구 비용을 내죠." 스타트리뷴에서 스포츠 기자를 지냈던 그는 그래도 불평하지 않는다. "신문사에서 일하지 않아 정말 행복합니다. 우리는 성장하고 있고 자유롭습니다. 우리는 정말 잘 만들고 싶은 상품을 만들고 있어요. 모두가 이것이 굉장한 것이 되리라는 기대에 부풀어 있습니다."

아직 갖추지 못한 것은 충분한 예산이다. 미국의 신생 도시 사이트들을 살펴보면 직원들의 급여가 웨이너가 받는 것보다 그다지 높지 않은 것을 알 수 있다(더 낮은 기업도 많다).

시애틀의 해변에 있는 크로스컷(Crosscut)은 데이비드 브루스터가 2007년에 설립한 회사로, 146년 전통의 시애틀 포스트인텔리전서가 크로스컷를 비롯한 다른 기업들과 경쟁하기 위해 종이 신문을 포기한 후, 온라인에서의 경쟁 기업은 늘고 신문사는 단 1곳밖에 남지 않은 이 지역의 경향을 파악하기 위해 노력 중이다. 크로스컷은 처음에 이윤을 추구했다가 비영리 단체로 전환했으며, 여섯 명의 직원 가운데 한 명에게만 간신히 급여를 지급하고 있다.

조금 더 동쪽에 있는 미줄러(Missoula)에는 2005년에 조너선 웨버가 설립한 뉴웨스트가 있다. 웨버의 이력은 인상적이다. 훌륭한 인터넷 잡지 인더스트리 스탠더드(Industry Standard)의 공동설립자이자 편집장이었고, 인터넷의 선구자로 로스앤젤레스타임스에서 기자와 편집자를 역임했다. 뉴웨스트에게 지역은 법칙 6에서 설명하는 것처럼 로키 산맥 근처의 여러 주를 의미한다.

미국의 한가운데에, 미디어 컨설팅 기관인 나이트 재단(Knight Foundation)이 후원하는 세 개의 도시 사이트가 있다. 시카고의 데일리뉴스(Daily News)와 세인트루이스의 비콘(Beacon)이 민포스트의 전례를 따랐다. 남쪽으로 더 내려가, 마이크 오런은 페가수스뉴스(Pegasus News)를 설립하며 댈러스 모닝뉴스를 비롯한 다른 신문사들을 인수했다. 북동부에는 버몬트주 아이브래틀보로(iBrattleboro.com)와 메인 주 빌리지숩(Villagesoup), 뉴헤이븐의 인디펜던트(Independent)가 있다. 뉴저지주 바리스타(Barista.net)는 2004년 뉴욕타임스 칼럼니스트였던 데비 갤런트가 설립한 최초의 독립 사이트 가운데 하나가 되었다.

2009년 중반까지, 우리는 폐간되거나 규모가 급격히 줄어든 신문 기업들에 의해 지역 저널리즘 사이트가 만들어지는 새로운 현상을 지켜보았다. 시애틀의 포스트글로브(PostGlobe), 인덴버타임스(InDenverTimes.com), 뉴저지뉴스룸(NewJerseyNewsroom)이 여기에 속한다. 고통과 열정 속에 탄생한 이들 기업은 재정적인 안전망이 약하고 비즈니스 능력이 미숙하다는 결함을 안고 있다.

이들 도시 사이트에 초지역 사이트 그룹이 결합하고 있다. 아메리칸대학교의 제이랩(J-Lab, 아메리칸대학교 커뮤니케이션 스쿨의 인터랙티브 저널리즘 연구소-옮긴이)에서 종잣돈을 지원받는(제이랩 자체도 점점 더 까다로워지는 나이트 재단의 지원을 받고 있다) 로컬 사이트의 목표는 도시에 깊숙이 들어온 저널리즘이다. 2009년 제이랩은 그로스포인트(Grosse Pointe), 사우스로스앤젤레스, 오스틴, 마이애미의 코코넛그로브 같은 다양한 지역의 소규모 사이트에 기금을 지원했다.

대도시든 작은 마을이든 이들 사이트는 사이트 설립자와 지역에 어울리는 개성을 갖고 있다. 기사를 통해 자신들의 강력한 정치 어젠더를 추구하는 사이트가 있는가 하면, 다양한 정보가 오가는 동네 술집 같은 역할을 하는 사이트도 있다. 어느 쪽이든 진실성이 있다.

각각의 사이트는 위태로울 정도로 규모가 작다. 모든 사건을 보도하지 못할 뿐만 아니라 많은 사건을 놓치며, 그 사실을 자신들이 가장 먼저 안다. 신생 도시 사이트들은 이구동성으로 자신들이 일간지를 대체하리라고 기대해서는 안 된다고 말한다. 왜? 그들은 이제껏 일간지가 해온 기능들이 웹에 의해 산산조각이 나는 것을 지켜보았다. 웹은 스포츠 기록이나 비즈니스 뉴스, 영화를 소개하는 일 등, 일간지보다 아주 많은 일을 아주 훌륭히 그것도 순식간에 해낸다. 그들은 또한 자신들이 초점을 맞춰야 하는 지역 출판의 경제학을 이야기한다. 현재의 지역 비즈니스 모델과 그것이 이뤄낼 결실에 주목해야 한다. 그것이 중요하다.

이제 막 부화한 자신의 사업에 자부심을 느끼는 조엘 크레머는 민포스트가 자신의 예전 직장인 스타트리뷴의 규모로는 절대 성장하지 않을 거라고 말할 것이다. "저널리즘은 더는 소비재가 아닙니다." 크레머는 과거의 비즈니스 모델이 해체되었음을 강조하며 이렇게 말했다.

스콧 루이스는 관심이 있는 모든 이들에게 유니언트리뷴이 그토록 빨리 규모를 축소하고 하고 있어서 행복하지 않다고 말할 것이다. "그들이 보도했던 그 많은 기사를 대신 보도해줄 수 있는 사이트는 없습니다." 스콧은 그들이 저널리즘을 얼마나 훌륭히 수행했는지는 비판하면서도, 잘한 점은 솔직히 인정한다.

여기에 우리 시대의 결함이자 풀기 힘든 난제가 있다. 수백 명의 지역 기자가 환하게 불을 밝히며 지역사회 곳곳을 감시하고 연계하지 않는다면 누가 12기업에 돈을 내려고 하겠는가?

보도의 양만 문제가 되는 게 아니다. 보이스오브샌디에이고가 그 '망할' 사건의 탐사보도 기사를 써서 시장(市長)과 대중의 즉각적인 관심을 모은 것은 참 훌륭하다. 하지만 저널리스트들이 밝히는 사건 중에는 전혀 대중의 관심을 끌지 못하는 사건이 많다. 이때 필요한 것은 힘 있는 목소리를 내고 기사를 보도할 능력을 갖춘 잘 알려진 대형 로컬 브랜드이다. 언론을 괜히 제4계급(Fourth Estate, 성직자·귀족·평민의 3계급 외에 저널리즘이 정치적, 사회적으로 새로운 힘을 형성한 데서 비롯된 말이다-옮긴이)이라고 부르는 게 아니다.

대형 지역 미디어. 그들을 사랑하고 그들을 미워하라. 하지만 그들 없이 살라고 한다면?

이것은 우리가 막 들어서려는 세계이다. 기존의 질서는 빠르게 사라지고 있다. 불협화음 속에 간간이 조화로운 음도 들리지만, 그 수가 너무 적다. 혼돈과 격변의 시기에 우리는 분명 많은 것을 잃을 것이다. 사라지는 지역 기사에 누가 돈을 낼 것인가? 오늘날 관심 있는 독자와 시민 모두의 앞에 놓인 가장 큰 물음이다.

지역 뉴스를 변화시킨 12가지 혁명(광고 혁명과 독자 혁명)을 살펴보기 전에, 먼저 신문 산업이 어떻게 이러한 어려움을 겪게 되었는지부터 살펴보자.

뉴스노믹스 : 신생 비즈니스 모델

과거 종이 신문의 세계에서는 수익의 80퍼센트가 광고에서 나오고 나머지 20퍼센트는 발행부수에서 나온다는 말이 정설처럼 여겨졌다. 잡지는 대개 발행부수에서 얻는 수익이 더 크고, 방송의 경우는 대부분 광고 수익이었다. 하지만 온라인은 전혀 다른 세계다.

아직 본격적인 경기는 시작도 안했는데 안정적인 비즈니스 모델을 거론하는 일은 부적절하다. 그럼에도 초기의 패턴을 결정할 수는 있다. 과거 종이 신문 비즈니스를 지탱했던 두 개의 튼튼한 다리를 대체할, 새로운 여섯 개의 다리를 살펴보자.

여섯 개의 다리

- 광고와 스폰서
- 재단, 국가와 지역사회
- 후원가, 엔젤 투자가
- 멤버십, 대개 NPR의 경우와 같은 자발적인 연회비
- 이벤트, 이슈가 되는 문제와 관련한 회의 후원과 특별 기금 모금 행사
- 기업연합

민포스트와 보이스오브샌디에이고, 프로퍼블리카(ProPublica) 등, 지금

까지 등장한 모델들을 살펴보면 여섯 개의 다리가 있음을 확인할 수 있다. 새로운 사이트들이 생존과 번영을 위한 지속 가능한 공식을 찾으려고 노력하는 가운데, 이 여섯 개의 비율은 다양하게 바뀌고 있다.

조엘 크레머의 민포스트 접근법에는 이 여섯 가지가 모두 포함된다. 2009년에 크레머는 이렇게 말했다. "수익의 25퍼센트는 광고와 스폰서에서 나오고, 37.5퍼센트는 각각 (a)멤버십과 이벤트, (b)재단에서 나온다. 총 예상 수익은 120만 달러다. 비용은 거의 뉴스와 관련되어 발생한다. 약 30만 달러가 광고, 재정, 경영, 마케팅/기금조성, 그 밖의 비(非)뉴스 관련 비용에 들어간다."

보이스오브샌디에이고의 경우는 재단 부문에 더욱 치중한다. 뉴웨스트는 회의 부문, 즉 큰 이슈를 지원, 강화하고 해법 중심의 저널리즘 사업에 무게를 둔다. 기업연합 네트워크를 형성하는 일에 열정을 다했던 글로벌포스트는 스스로를 신문사와 다른 기업들에 기사를 제공하는 국제 뉴스와이어로 만들고자 노력하고 있다.

하지만 공통되는 패턴도 보인다.

- 모두 규모가 작은 사업자들로, 대도시 뉴스룸 수준의 직원 규모를 모방하거나 지원할 만한 여력이 없다.
- 대개는 여섯 명에서 12명가량의 정직원을 두며, 이들의 급여는 연합 뉴스룸의 베테랑 기자가 받는 급여보다 낮다.
- 정직원은 편집과 통합 관련 일을 하며, 기자의 경우 더 적은 급료를 받는다. 기본적으로 이때는 기사에 대한 고료가 거의 지급되지 않는다.

이 사이트들이 직면한 가장 큰 질문은 이것이다. NPR 모델이 과연 효과가 있을까? 일반적으로 NPR 청취자 6~7명 중 한 명이 연회비를 낸다. 북부 캘리포니아의 KQED 같은 사이트들은 연회비로 연간 운영비의 59퍼센트를 충당한다.

회사를 설립한 첫해에 거의 1000명에 달하는 회원을 유치했던 민포스트는 연회비를 시범적으로 시행하는 사이트 가운데 하나다. "이것은 NPR 모델을 웹에 가져온 것입니다." 크레머는 독자들에게 이미 익숙한 미디어 펀딩 모델을 대입해 설명했다. 민포스트의 고향인 트윈시티스는 오랫동안 공영라디오 지원의 성채였다. 미네소타 공영 라디오는 개리슨 케일러(미국의 풍자작가로 워비곤 호수라는 가상의 마을을 생각해냈다 — 옮긴이)와 워비곤 호수를 세상에 알렸고 지역의 전문가들에게 오래된 습관을 심어놓았다.

하지만 멤버십은 신생 사이트들이 시험적으로 대략 짜 맞춘 비즈니스 모델로, 현재로서는 디딤돌의 역할을 할 뿐이다.

뉴스노믹스 : 진정한 지역 판매 되살리기

우리는 신문사나 지역 방송사를 강력한 지역 광고 회사로 생각한다. 그들은 물론 지역에서 1년에 수십억 달러의 수익을 올린다. 그러나 진실은 더 많이 벌 수도 있다는 사실이다.

일반 광역 도시에서 신문사들은 지역 비즈니스 수익의 10~20퍼센트 미만을 거둬들인다. 이제 '지역 비즈니스'라는 용어는 세탁업소와 보험회사 같은 서비스 제공업자부터 병원과 페인트업자에 이르기까지 광범위한 영역을 포함한다.

규모가 작은 도시 신문일수록 광고를 더 잘 팔지만, 여전히 대형 광고주에 맞춰 집중적으로 판매 전략을 세운다. 지역 방송국 역시 대형 고객에게 집중한다. 지금까지 수익의 25퍼센트가 자동차 회사 한 곳에서 발생했다.

하지만 이제 필요와 기술이 로컬 미디어로 하여금 소규모 광고주를 뒤따르게 하고 있다. 종이 신문과 방송의 급격한 광고 감소가 필요를 제공했다면, 새로운 타깃과 셀프서비스 광고 기술은 수단을 제공했다. 이러한 흐름 속에 새로운 판매 프로그램과 인력이 생겨나고 있다.

목표는 두 가지다.

- 기존의 광고주에게 더 많은 온라인 광고와 특화된 종이 신문 광고를 판매할 것.
- 종이 신문과 방송 광고료가 너무 비싸다고 생각하는 상인들과 서비스 업체에 온라인 상품을 판매할 것.

야후 뉴스페이퍼 컨소시엄은 비록 이행에 어려움을 겪긴 했지만, 이러한 계획이 20여 개 이상의 회원사들에 도움이 되리라고 판단했다. 그리고 작년에 새로운 프로그램을 론칭해 수천만 달러의 새로운 수익을 창출했다. 지역 광고주들이 얻은 두 가지 큰 이득은 첫째, 대학 교과 과정이나 가구에 관심이 있는 독자와 같이, 특정 구매자를 공략할 수 있고 둘째, 신문사 사이트에 올리는 것뿐만 아니라 야후닷컴 광고를 살 수 있다는 점이다.

방송사들도 조금 다른 방식이긴 하지만 지역 판매로 옮겨가고 있다. 그들은 온라인이 가져온 새로운 경쟁이 과거에는 별다른 생각 없이 신문이나 업종별 전화번호부의 항목별 섹션으로 흘러들던 비용을 추적하게 했다는 점을 이해한다. 그들은 새롭고 다양한 광고 상품을 경험하고 있다.

폭넓게 시도될 게 분명한 흥미로운 움직임이 있다. 법칙 6 '지금은 '프로암(Pro-Am)' 세상'에서 설명하는 소셜 네트워킹 툴을 지역 상인들에게 제공하는 것이다. 또한 셀프서비스 광고를 둘러싸고 구글의 애드워즈 (AdWords)와 야후 프로그램을 변형한 수많은 광고네트워크도 보게 될 것이다. 지역 미디어는 이러한 서비스들을 '되팔아' 성장 중인 유료 검색 광고 시장의 파이 한 조각을 가져갈 수 있다.

뉴스노믹스 : 이제 지역 방송의 시대다 ●

역사적으로 지역 TV 방송사들은 신문사보다 조직력이 약하고 사고방식이 다소 보수적이었다. 그들은 무척 많은 양의 뉴스를 생산하지만(광역시 소재 일간지의 스포츠·비즈니스 특집 기사에 필적하는 지역 뉴스, 스포츠, 날씨 정보를 생각해보라) 디지털 시대로 들어서면서 시련을 맞고 있다.

초기에 그들은 웹의 중요성에 코웃음 치면서 홍보에 치중한 아주 기본적인 사이트만 선보였다. 방송사들은 신문사들과 달리 세분된 수입원을 갖지 않았기 때문에 1990년대에는 별다른 위기의식을 느끼지 않았다. 하지만 지금 그들은 자동차 업계의 불황이 야기한 수입 감소를 겪고 있다. 자동차 광고는 그동안 지역 방송국 수입의 4분의 1을 떠받쳐왔다. 이제 그 돈의 상당 부분이 웹에 흘러들고 있다.

사실, 수입의 15퍼센트 이상을 디지털 부문에서 거둬들이는 신문과 달리, 지역 방송국은 아직 10퍼센트 미만을 거둬들일 뿐이다. 지역 온라인 고객의 수를 늘려나가기 시작했지만 대부분의 도시에서 아직은 신문사들보다 훨씬 뒤처지고 있다.

비록 초기 대응에는 늦었지만, 방송사들은 지난 한 해를 비롯해 최근에 매우 민첩하게 움직이기 시작했다.

그들이 변화에는 다음의 사항이 포함된다.

- 허스트아가일(Hearst-Argyle)을 비롯한 일부 방송사들은 지역의 사용자 생성콘텐츠를 적극적으로 활용하려고 분발하고 있다.
- 대부분의 방송사가 콘텐츠를 더욱 보강하고 있다. 방송 콘텐츠는 늘 신문 콘텐츠보다 양이 훨씬 적었다. 따라서 둘이 같이 웹에 진출해도 신문사가 독자에게 제공하는 콘텐츠가 많을 수밖에 없었다. 이제 지역 방송사들은 타사 콘텐츠(라이프스타일, 연예, 비즈니스 뉴스 등)와 툴(가령 매핑이나 입장권 구매 등)에 대해 라이선스 계약을 체결하며 현명하게 행동하기 시작했다.
- 더 똑똑하게 결합한 '상품'이 대세를 이루면서 방송과 온라인 판매 사이에 더 균형 잡힌 판매 노력이 이뤄지고 있다.
- NBC 지역 방송은 네트워크를 강화하고 지역 방송에 전국 방송의 효율성을 도입하기 위해 자사 12개 '직할 운영 방송국(owned-and-operated)'을 단일화했다. 다른 전국 방송사들도 그 뒤를 따를 것이 예상된다.

그렇다면 지역 방송사들이 왜 신문을 따라잡기 위해 노력하는 것일까?

크리티컬 미디어(Critical Media)의 부사장이자 미디어 수집 업체 월드나우의 베테랑이었던 이온 퍼스피카가 현명한 답을 내놓았다. "방송사업자들은 자신을 유통업자로 생각해왔습니다. 그들이 소유한 콘텐츠의 90퍼센트는 다른 곳에서 온 것입니다. 대대적인 인식 전환이 필요했고 그들 스스로 미디어 업체라는 생각을 해야 했죠."

대대적인 인식 전환의 과정은 험난할 것이 틀림없고, 대형 검색 기업과 신문사를 포함한 다른 기업들은 방송사보다 세 단계나 앞서 있다. 따라서 야후가 지역 신문사의 체계적인 광고를 도왔던 것처럼, 수백 개의 방송사가 대형 미디어 수집업체 3곳으로 고개를 돌렸다. 월드나우, 브로드캐스트 인터랙티브 미디어, 인터넷 브로드캐스팅이 지역 방송사들을 위해 비슷한 일을 해주고 있다. 인터넷 브로드캐스팅은 상당한 양의 콘텐츠를 공급하기도 한다. 이들은 국내 뉴스와 날씨 등의 정보를 추가하며 SIAB(Site In A Box)와 호스팅을 제공한다. 그리고 과거 방송사들의 주요 자산인 필름을 보존하고 웹에 맞게 인코딩해준다. 이것은 TV 동영상을 온라인 동영상으로 옮기는 커다란 전환이며, 영상을 구세계에서 신세계로 옮기는 데는 많은 이들의 도움이 필요하다.

미디어 수집 매체가 벌이는 게임 역시 규모의 게임이다. 더 많은 고객을 한곳에 모을수록 돈(광고수익)이 따르기 마련이다.

필름은? 지역 방송국에서는 실제 방송에 나가는 분량보다 보통 3~5배 더 많이 필름을 사용한다. 그렇게 찍은 필름은 결국 필름 편집실 바닥에 쌓이는 처지가 되고 만다. 하지만 인터넷이라는 무한 공간에서는 크리스 앤더슨이 같은 제목의 책에 묘사한 것처럼, 얼마든지 '긴 꼬리(long tail)'를 다는 것이 가능하다. 방송사와 그들을 돕는 네트워크 기업들이 말하는 것처럼, 그들은 NPR이 자사 웹사이트에서 제공하는 것과 비슷하게 '확장된' 인터뷰와 기사를 제공하게 될 것이다.

신문과 마찬가지로 방송에서도 가장 바꾸기 어려운 것은 문화이다. 이것은 단 하루 소비되는 상품을 생산하려고 서두르던 것에서, 웹이 요구하는 24시간 돌아가는 뉴스룸에 적합한 방향으로의 전환이다. 게다가 방송사들은 꽤 오랫동안 온라인 사이트가 고객이 찾는 새로운 목적지가 되리라고는 예상하지 못하고, 방송국 홍보를 위한 게시판 정도로 여겼었다.

웹에 올리는 동영상은 업데이트가 될까? 물론이다. 방송이 나가는 오후 6시 이후에 업데이트된다. 방송 관계자들에게 블로그를 하고 글을 올리게 할까? 그들이 내켜 한다면 그럴 수도 있을 것이다.

지역 방송은 이제 케이블방송과 전국 방송에서 힌트를 얻어 더 깊이 있고 매력적인 웹사이트를 만들기 위해 노력하고 있다. 디지털 12기업이 같은 멀티미디어 툴을 사용하고 같은 고객을 타깃으로 하면서 하나로 결합하고는 있다. 하지만 지역 방송사와 지역 신문사를 얼마나 모을 수 있을지, 또는 제휴나 인수합병을 통해 힘을 모을 수 있을지는 아직 단언할 수 없다.

지역 방송과 지역 신문 모두 지역사회와 밀접한 관계를 맺고 활발한 지역 광고 판매를 하고 있다. 사실, 신생 도시 사이트들을 잘 살펴보면 대부분 텍스트와 동영상을 함께 제공하면서 점점 동영상 판매를 늘려나가리라는 것을 알 수 있다. 신생 기업들이 좀더 하이브리드적인 성격을 가지고 출발한다면, 그것은 종이 신문과 방송 같은 올드미디어에 분리보다는 협력이 최고의 경로가 될 거라는 신호를 주게 될 것이다.

뉴스노믹스 : 와치독을 위한 새로운 환경 ●

　우리는 중대한 잘못을 밝히고 새로운 땅을 일구는 일과 관련한 탐사 보도에 상당히 의존해왔다. 여기에는 로스앤젤레스타임스가 보도한 응급실 실태를 비롯해 보스턴글로브의 줄기세포 연구에 관한 기사 같은 분석기사, 포틀랜드의 오리고니언(Oregonian), 톨레도의 블레이드(Blade), 매사추세츠의 로렌스이글트리뷴(Lawrence Eagle-Tribune)이 포함된다. 모두 최근에 퓰리처상을 받았다.

　저널리즘 통계가 난무한 가운데 현재 미국에 얼마나 많은 '탐사 저널리즘'이 진행되고 있으며, 신문 붕괴 이전에는 얼마나 많이 진행되었는지를 정확히 알기는 어렵다. 규모가 큰 광역 도시에는 대개 전문 탐사보도 기관이 있었지만, 그렇지 못한 지역에서는 기자들이 '심층' 보도를 떠안아야 했다. 규모가 작은 신문사에는 전문 기자가 적은 만큼, 한두 명의 기자가 기사 하나를 취재하기 위해 많은 시간을 들이곤 한다.

　시간. 탐사 저널리즘이 중대한 위기를 맞은 것은 가장 값비싼 자원인 시간 때문이었다. 사건을 파헤치기 위해서는 시간이 걸린다. 비록 여러 명의 합작품이라 하더라도, 기사는 어느 한 명의 기자나 어떤 한 팀이 몇 주간 노력해서 만든 결과물로 나간다. 따라서 뉴스룸 직원을 줄여야 할 때 가장 먼저 여기부터 줄이는 것이다.

　하지만 재미있는 현상이 벌어졌다. 일간지가 쇠퇴하면서 와치독(집 지키는 개, 감시인-옮긴이)의 탐사보도가 활발해진 것이다. 탐사보도에 대한 기금 지원의 마개가 열리고, 새로운 탐사 프로젝트에 많은 관심이 쏠리는 것이 목격되고 있다.

　"재단들은 특정 기사에 자금을 지원하던 것에서, 자신들이 장기적으로는 무엇을 할 수 있고 어떻게 정착할 수 있을지를 살펴보는 단계로 이동했습니다." 버클리에 있는 탐사보도센터 소장 로젠탈의 말이다. 탐사보도 전망에 대한 그의 견해에는 시사점이 있다. 그는 나이트리더에서 아프리카와 다른 외진 지역을 취재한 후 필라델피아인콰이어러(The Philadelphia Inquirer)의 편집자가 되었고, 훗날 샌프란시스코크로니클(San francisco Chronicle)의 편집장이 되었다.

재단들은 탐사보도를 단순히 정부, 재계, 권력을 감시하는 공공의 선(public good)으로서 반드시 지원을 받아야 하는 대상으로 여긴다. 그들은 특정 주제를 지원하기보다, 지금껏 뉴스룸이 해왔던 것처럼 탐사보도를 하는 저널리즘의 역량을 늘리는 일에 기금을 지원한다.

로젠탈의 핵심 직원 아홉 명은 오랫동안 지원금을 받아왔는데, 작년에 여러 재단에서 3년 동안 사용할 지원금 수백만 달러를 받았다. 이 기금으로 11명의 저널리스트가 고용되어 지역의 주요 이슈에 초점을 맞추는 캘리포니아와치(California Watch)가 탄생했다.

미국 최초의 독립 탐사보도 그룹이자 척 루이스가 설립한 사회통합센터(Center for Public Integrity)는 20년간 탐사보도 프로젝트에 기금을 지원해왔다. 이들이 주관하는 국제 탐사저널리스트 컨소시엄(International Consortium of Investigative Journalists)에는 세계 50여 개국 100명 이상의 기자들이 참여해 범지구적인 장기 프로젝트를 추진한다.

전직 월스트리트저널 편집장인 폴 스타이거가 이끄는 프로퍼블리카는 2007년에 이곳에 가입했다. 28명의 직원은 1년에 최소 1000만 달러의 기금을 지원받아 프로젝트를 진행하는데, 이 기금은 억만장자인 허버트와 매리언 샌들러, 그리고 여러 재단에서 나온다.

이처럼 신문과 방송에서 한 발짝 비켜난 단체들이 속속 출현하고 있다. 이제 막 시작된 탐사보도 네트워크는 이러한 단체들의 시너지와 효율성 추구를 목표로 한다.

당연한 말이지만, 프로젝트 대부분은 저널리즘에 초점이 맞춰져 있다. 이들은 프로젝트를 진행하고 그 결과를 기존의 (그리고 새로운) 웹과 방송, 인쇄 매체에 유통한다. 재단 기금은 이들에게는 계속 흘러드는 생명선일 것이다. 그것은 온라인과 TV 광고 판매, 유통 기술을 익히기까지 반드시 필요한 초기자본이 되어줄 것이다.

하지만 현재로서 탐사 저널리즘은 몰락하는 구세계에 일시적으로 수백만 달러의 기금이 흘러드는 몇 안 되는 주요 영역 가운데 하나일 뿐이다.

웬디 워런(Wendy Warren)

웬디 워런은 상을 받은 저널리스트로서, 지역 일간지 필라델피아인콰이어러와 필라델피아 데일리뉴스 기사를 시범적으로 올리며 오리지널 동영상과 온라인 콘텐츠를 제작하는 혁신적인 사이트 필리닷컴(Philly.com)을 운영하고 있다. 데일리뉴스와 일하면서는 2007년 필라델피아 시장 선거를 주제로 한 멀티미디어 프로젝트, '차기 시장(The Next Mayor)'을 WHYY 방송과 공동으로 진행했다. 그 밖에 필라델피아 주차요금소 대규모 부패 사건에서부터 주 정부의 시립학교 인수문제까지 다양한 주제로 탐사보도 프로젝트를 진행해 여러 상을 받았다.

Q 가령, 가족처럼 저널리즘과 상관없는 일반인에게 지역 저널리즘을 설명한다면 어떻게 하시겠습니까?

A 저는 온라인 지역 저널리즘에 확신이 있습니다. 가족에게 설명하는 것도 어렵지 않은데, 가족이 TV 방송국이나 대형 신문사가 없는 조그만 지역에 살고 있기 때문입니다. 예를 들어 제 부모님은 조지아주 세인트사이먼스아일랜드(St. Simons Island)에 사시죠. 섬과 섬 주변 지역에 많은 주민이 있는데, 지역 소식은 서배너 모닝뉴스(The Savannah Morning News)와 잭슨빌 타임스유니언(Times-Union)의 조지아 에디션에서 전합니

다. 하지만 모리스 커뮤니케이션스(Morris Communications)의 우울한 그림자가 두 신문을 압박하고 있어요. 지역 주민들의 말처럼, 서배너나 잭슨빌의 방송국들은 골든 아일스(Golden Isles, 대서양 연안의 도시들로 세인트사이먼스도 이 지역에 속한다-옮긴이)의 소식을 보도하기 위해 I-95도로(미국 동부해안을 이어주는 주간 고속도로-옮긴이)를 달려오는 일이 거의 없습니다. 이 지역의 소식을 전하는 것은 조지아주 브런즈윅에 있는 작은 신문사 브런즈윅뉴스(The Brunswick News)입니다. 조지아주에서 가장 오래된 가족 소유의 신문사라고 할 수 있죠. 직원 수나 발행부수로 볼 때 결코 큰 기업이 아니지만 경영을 매우 공격적으로 하고 있습니다. 특히 온라인에서요. 전에 신문사에서 일했던 저의 아버지는 이 작은 신문사가 당신이 알고 싶은 지역소식을 빠짐없이 전해준다고 말씀하시곤 했어요. 지역 저널리즘이 무엇이냐고요? 그것은 당신이 사는 지역사회, 커뮤니티에 관해 엄청나게 많은 사실을 보도하고, 그것을 온라인 독자들에게 전달한 새로운 길을 찾는 것입니다. 지역 저널리즘은 계란 프라이 저널리즘 모델을 실험할 수 있는 최적의 장소입니다. 보수를 받는 기자들이 지역사회에 중요한 이슈를 취재하고(계란 노른자에 해당하겠죠), 무보수의 기자들이 지역사회의 다른 면면들을 취재하고 의견을 싣습니다(이것은 물론 계란 흰자일 겁니다).

Q 그동안 보았던 최고의 프로암(Pro-Am, 프로페셔널과 아마추어가 경계를 넘어 협력하는 것을 뜻한다-옮긴이) 사례는 무엇이었습니까?
A 상은 토킹 포인츠 메모(Talking Points Memo)나 허핑턴포스트 같은 정치 블로거와 사이트들에 돌아가야 한다고 생각합니다. 이들은 지금은 미디어 매체입니다만, 원래는 지금은 흔한 링크와 댓글 모델을 퍼트린 정

통 오피니언 매체였다는 점을 기억해야 합니다. 거기서 시작해 뉴스를 보도하기 시작했고, 놀랍게도 스스로 자신이 만든 뉴스를 깨트렸습니다. 하지만 우리가 '프로암' 모델에서 '프로' 부분이 실패한 것은 아니라는 점을 확실히 해두고 싶습니다. 우리는 계란 흰자로만 만든 오믈렛을 제공하지 않습니다. 이건 제게 두 가지 면에서 중요합니다. 첫째, 지금의 저널리즘은 저널리스트들에게 최저 임금을 지급하는데, 제가 그 돈으로 대출금 이자를 갚아야 하기 때문에 중요합니다. 그렇지만 무보수로 일하는 저널리스트들이 장기적으로 독립적인 보도를 유지할 수 있을 만큼 안정적이고 독립적이며 믿을 만하다고도 생각하지 않습니다. 물론 예외는 있겠지만, 저널리즘이 취미가 될 수는 없습니다. 우리는 전문가들에게 의지하고 있고, 지역사회는 그들이 담당하는 중요한 '노른자' 보도를 지원할 길을 찾아야만 합니다. 그것은 외부 세력의 간섭을 받지 않는 저널리스트들이 맡아야 할 중요한 역할입니다. 당연한 얘기 아니냐 하시겠지만, 최근에 졸업한 학생들을 포함해 많은 학생이 무보수로, 그것도 상당기간 일을 하겠다고 나서는 걸 보면 놀라실 거예요. 그렇게 해서는 오래가지 못합니다. 최악의 경우 제3자에 의해 좌지우지되는 상황을 맞을 수도 있습니다.

Q 새로운 디지털 저널리즘 사업이 기존의 출판사업과 확연히 다르다는 걸 깨달은 순간은 언제였습니까?

A 2007년 필라델피아 시장 선출 온라인 선거와 관련한 프로젝트를 하면서였습니다. 그때 온라인 투표 사이트들이 인쇄 매체의 유권자 가이드를 완전히 무시하는 것을 보았죠. 그들은 쌍방향으로 소통했습니다. 최신식이었고 여러 가지 링크가 걸려 있었어요. 선거 전날부터 선거일 이

후까지 관련 기사를 계속 내놓았습니다. 그들은 자신들이 보도하기로 했을 때가 아니라, 유권자가 정보를 원할 때면 언제든 볼 수 있게 했어요. 보도 자체는 크게 달라지지 않았지만 보도의 가공물이 훨씬 강력해진 셈이죠. 사이트는 정보가 끊임없이 조금씩 새어나오는 인사이드B 섹션보다 빨리 읽히고 빨리 재활용되었습니다.

Q 디지털 출판과 관련해 좀더 일찍 배웠다면 좋았을 거라고 생각되는 점은 무엇입니까?

A 지금 제가 배우고자 하는 것과 같습니다. 이 일로 어떻게 돈을 벌것인가 하는 것이죠. 콘텐츠에 요금을 부과했더라면 좋았을 거라고는 생각지 않습니다. 하지만 경제 사정이 어려워지기 전에 돈을 벌려고 더 열심히 궁리했어야 한다고는 생각합니다. 또 어떻게 하면 온라인에 적합한 보도 형식과 구조를 만들 수 있을까 하는 것도 고민했어야 하고요.

마이크 오런(Mike Orren)

텍사스의 선구자인 마이크 오런은 1990년대 중반에 댈러스 포트워스의 디매거진(D Magazine)에서 다양한 경험을 쌓았다. 그 후 잠깐 컨설팅 업계에 몸담은 뒤, 텍사스로여(Texas Lawyer)를 비롯해 아메리칸로여미디어(American Lawyer Media)의 남서부 언론 전체를 담당하는 발행인으로 일했다. 2005년에는 지역 엔젤 투자가의 투자를 받아 훗날 페가수스뉴스가 되는 회사를 설립했다. 2006년에 서비스를 개시한 페가수스뉴스는 일찌감치 똑똑한 지역 보도로 업계에서 두각을 나타냈다. 2007년에 피셔 커뮤니케이션스(Fisher Communications)에 매각된 후, 1월에 다시 댈러스에 있는 개인 소유의 미디어 그룹에 의해 인수되었다.

수영장이 없거나 미디어 업체를 갖지 않은 기업에서 일해본 적이 없다고 자랑스럽게 말하는 그는 현재 페가수스뉴스의 발행인이다.

Q 지역사회의 신뢰를 얻기 위해 가장 효과적인 전략은 무엇입니까?

A 무엇보다 진실성과 친밀성이 중요합니다. 사이트에 의견을 제시하거나 질문을 하고 잘못된 점을 지적했는데, 회사 차원이 아닌 개인적인 답변을 받으면 사람들은 깜짝 놀랍니다. 그런 것은 개인 블로그에서나 기대할 수 있는 일이거든요. 하지만 뉴스 전문 사이트 같은 곳에서 그러한

110

친밀감을 발견하면 사람들은 강한 인상을 받게 됩니다. 자연히 충성도가 높아지고 지역사회의 신뢰를 얻게 되죠. 그래서 혹시 실수가 있어 비판을 받더라도 타당한 이유를 제시하면 사람들은 너그럽게 넘어가 주기도 합니다. 그런데 그러한 전략도 소통할 수 있는 방문객이 있어야 가능한 일이지요. 그렇게 되기까지 수많은 콘텐츠와 훌륭한 SEO(검색엔진 최적화)를 갖추려 노력했습니다.

Q 데이터를 활용해 페가수스를 약진하는 데 뛰어난 재능을 보이시던데, 그렇게 하는 이유와 비결을 말씀해주시겠습니까?

A 저희는 몇 가지 이유로 데이터에 초점을 맞춥니다. 먼저 데이터는 콘텐츠와 관련해 정신적이고 실제적인 연계성을 만들어내기 때문에 어떤 주제에 대해서도 풍부한 문맥을 제공하게 됩니다. 정치인에 관한 기사는 선거 기부자 프로필을 비롯한 관련 기사, 그 밖에 지역 밴드의 콘서트 소식 같은 다양한 링크에 연결됩니다. 단순히 기사를 읽는 것보다 사이트에 더 깊이 빠져들면서 더 많은 정보를 얻게 되고 더 많은 페이지뷰를 기록하게 된다는 뜻이고, 사이트 의존도가 높아진다는 뜻이에요. 게다가 실제로 비용이 훨씬 저렴하고 일반 저널리즘보다 투자수익률(ROI)도 높습니다. 상세한 정보가 담긴 우리 사이트의 이벤트 페이지는 여느 인쇄 매체의 미리보기 기사보다 훨씬 높은 페이지뷰를 기록할 겁니다. 하지만 가장 중요한 것은 데이터를 활용해 맞춤형 콘텐츠를 제공할 수 있다는 점입니다. 모든 것이 데이터베이스화되어 있을 때, 이 고객은 축구는 좋아하지만 농구는 좋아하지 않고 컨트리 음악은 즐기지만 오페라는 듣지 않으며 X 지역에 살 확률이 높다 등의 예측을 할 수 있습니다.

그렇게 되면 더 나은 사용자 환경을 제공할 수 있고 거기에 더 많은 관련 상품을 팔 수 있죠.

Q 지역 사이트의 성공에 뉴스와 정보가 각각 어느 정도 이바지한다고 보십니까?

A 정말로 하이브리드적이라고 할 수 있습니다. 정보는 상당한 방문객을 끌어모으고, 뉴스는 추가로 페이지뷰와 토론을 늘리고 커뮤니티를 형성해줍니다. 지금까지 뉴스 콘텐츠가 없는 지역 사이트를 본 적이 없습니다. 방문객이 다음 달이 아니라 바로 내일 사이트를 재방문하는 이유죠. 두 가지가 모두 필요하다고 생각합니다.

Q 좀더 빨리 알았더라면 좋았을 교훈이 있습니까?

A 다 밝힐 수는 없고 가장 중요한 몇 가지만 언급하면 이렇습니다. 첫째, 저는 아직도 단일 시장을 공략한 뒤 규모를 고려해야 한다고 생각합니다만, 다시장(multimarket)을 공략하지 않고는 투자자의 관심을 받기가 어렵습니다. 둘째, 광고 판매는 당신이 가장 느리게 잡은 예측보다도 70퍼센트는 느리게 이뤄질 것입니다. 그래도 포기하지만 않으면 결국은 이뤄집니다. 셋째, 완벽을 기대해서는 안 됩니다. 콘텐츠가 직접적으로든, 또는 사이트에 특징을 부여하는 식으로 간접적으로든 그 자체로 채산이 맞을 거라는 생각은 하지 않는 게 좋습니다. 넷째, 기존의 미디어와 협력하지 않고도 할 수 있겠지만, 협력한다면 훨씬 쉽게 성장할 수 있습니다.

NEWSONOMICS

과거의 뉴스 세계는 사라졌다

신문이 죽어가고 있다는 사실은 그래도 괜찮다. 신문이 자살하려 애쓰는 것을 보고만 있자니 답답하다.

몰리 아이빈스, 언론인

하지만 잊지 마세요. 저는 이번 주 월요일 이후부터 신문계 사람이에요. 그리고 그게 다가 아니죠. 2주만 주면 천재도 될 수 있답니다.

샘 젤, 2007년 12월에 트리뷴을 인수한 직후

무언가를 샀는데 지금의 가치가 크게 떨어져버렸다면 실수를 했다고 정의할 수 있겠죠. 그렇게 말해야 할 것 같아요. 내가 실수했다고. 자기 입지를 지킬 수 있는 신문의 능력을 너무 낙관했어요.

샘 젤, 16개월 뒤에

1998년, 미국 제2의 신문사가 막 만들어낸 인터넷 아웃포스트 나이트 리더 뉴미디어(Knight Ridder New Media)에서, 우리는 독립적인 건강정보 채널을 만들고자 회사 간부들을 설득하고 있었다.

우리는 그들에게 건강정보야말로 곧 온라인 대박 상품이 될 거라며, 우선 일을 시작하려면 네 명의 직원이 필요하다고 말했다.

그러자 최고운영책임자가 말했다. "좋은 생각이오. 맘에 들어요. …… 하지만 결재는 안 되겠소."

이유는?

"글쎄요. 어떻게 생각해야 좋을지 모르겠소. 그냥 그래요."

당시에는 참 이상한 말로만 들렸다. 그러나 시간이 지나면서 그의 말이야말로 뉴스업계가 디지털 발행의 현실을 파악할 능력이 없음을 가장 잘 나타내고 있음을 알게 되었다. 교훈은 이것이다. 디지털 혁신은 신문사로서는 어떻게 생각해야 좋을지 모를 주제다. 신문은 디지털 앞에서 그것을 어떻게 평가할지도, 어떻게 해야 할지도 모른다. 자신들의 기업을 재구축할 시간과 돈이 있을 때 그렇게 할 수 없었던 신문업자들은 오늘날 몰락의 씨를 스스로 뿌린 셈이다.

이 점을 생각해보자.

그리고 생각할 수 없는 것을 생각해보자. 신문이 없는 하루를!

앞서 본 것처럼, 거의 100개의 미국 도시에서는 더 이상 일간지가 발행되지 않고 있다. 살아남기 위한 신문사들의 불가피한 선택이었다. 하이브리드 뉴스 회사들은 더 빠르게 온라인으로 옮겨가고 있지만, 그러는 와중에 많은 언론 분야에서 재능과 생산력을 잃고 있다. 우리는 분명히 '신문의 놀라운 쇠퇴기'에 살고 있으며, 어디서나 뉴스업계의 새로운 판도가 형성되는 것을 지켜보고 있다.

한때 안정적이라 여겨졌던 세상이 마구 흔들리고 있다.

어떻게 그렇게 되었으며, 어떻게 빨리 그렇게 되었을까?

낡은 미디어 세계에 무슨 일이 일어난 것일까? 인터넷, 변화하는 독자층과 광고주의 선호, 그리고 단지 우연과 운이 전통적인 인쇄 매체(신문과 잡지 모두)와 영상매체가 구축해놓은 요새를 무너뜨렸다. 때로는 용맹스럽게 싸우기도 했지만, 때로는 웃음만 나오는 노력 끝에, 이들 낡은 미디어는 구글, 페이스북, 유튜브, 아이폰이 이끄는 새로운 미디어 세계에 적응하지 못했다.

본래의 예상은 그렇지 않았다. 신문업자들은 1990년대에 인터넷이 자신의 사업에 영향을 주기 시작했을 때 월스트리트에게나 스스로에게 자신있게 말했었다. 퍼스널 컴퓨터가 '그들의' 뉴스에 접속할 수 있는 또 다른 수단이 될 것이며, 따라서 자신들은 새로운 미디어의 세계에서도 중심에 설 것이라고. 당시 통용되던 뉴미디어론이 대략 그런 식이었다. 물론 점점 더 많은 사람들이 웹을 이용하고 있으며 그들은 신문사 사이트를 더 많이 방문하게 될 터였다. 그것은 차고 쪽으로 진입하느라 차를 천천히 몰면서 습관적으로 창밖으로 손을 뻗어 배달된 신문을 집는 것과 마찬가지다. 하지만 문제는 신문업자들이 웹의 잠재력을 과소평가했으며(흔히 갑자기 출세한 사람에게 던지는 눈길로) 웹의 영향이 미미한 데서 그치리라 예상한 데 있었다. 그리고 그들은 충격 속에서, 웹의 막강한 영향력(독자와 시청자와 광고주를 기존의 미디어로부터 빼앗아가는)을 인정하지 않을 수 없게 되었다.

그들은 또한 뉴요커의 비즈니스 카툰에 등장하는 주인공처럼 엉터리 계산에 빠지고 말았다. 그들은 먼저 기존 사업 분야의 성장곡선이 거의 수평선을 그리는 것을 보고, "업계가 약간 불황이군"이라고 말한다. 그리고 새로운 사업 분야(그들 자신의 인터넷 사업) 성장곡선이 연간 25퍼센트 또는 35퍼센트의 성장을 나타내며 무섭게 올라가는 것도 지켜본다. 그들은 수평곡선과 성장곡선을 함께 보며 '결국 사업이 잘되는 거네'라고 생각해버린다.

물론 인쇄 매체 업주들은 일찌감치 임원들에게 클레이튼 크리스텐슨의 1997년도 책《혁신 기업의 딜레마: 미래를 준비하는 기업들의 파괴적 혁신 전략(The Innovator's Dilemma: New Technologies Cause Great Firms to Fail)》를 읽도록 권했다. 그런 책들은 그들이 철도사업자들의 전철을 밟지 않기 위해 필요한 신조처럼 여겨졌다. 과거 철도업자들은 자신들이 '열차 사업'을 하고 있다고 생각했지만, 실제로는 '운송 사업'을 하고 있던 것이다. 트럭과 비행기가 열차보다 효율적인 운송 수단으로 떠오르자, 철도

왕들은 시대의 뒤안길로 사라질 수밖에 없었다. 업주들은 신문사가 똑같은 오류를 저지를 수 있다고 보고, 자신들은 종이에 잉크로 인쇄한 상품을 파는 게 아니라, 뉴스와 정보를 팔고 있는 거라고 말했다. 진실은 대부분의 신문사가, 각자 노력의 정도는 다를지언정, 디지털 뉴스 사업의 주도권을 쥐는 데 실패했다는 데 있다.

업주들 사이의 대책 논의는 적절했다. 현명한 대책, 조심스러운 변화, 합당한 전략이 나왔다. 이 메시지는 월스트리트의 애널리스트들에게 너무 쉽게 받아들여졌다. 메릴린치의 헨리 블로젯도 그중 한 사람이다. 그는 나이트리더에 잠시 들러서는 내게 잊지 못할 말을 남겼다. "걱정하지 마세요."

이제 매우 길고 고통스러운 이야기를 짧게 줄여보자. 우리는 상황을 더 염려했어야 했다. 우리 미국인들이 우리의 지역사회, 우리의 나라, 그리고 지구 전체에 무슨 일이 일어나고 있는지에 보다 민감하다면, 우리가 불리한 처지에 있음을 알게 될 것이다. 신문의 온라인 광고 증가율은 어이없을 만큼 둔화되고 있다. 신문은 수입의 85퍼센트를 낡고 죽어가는 인쇄물에 의존해온 탓에 고사 직전이다. 새로운 사업 분야가 과거 언론이 그랬던 수준으로 광고수입을 올려줄 가능성은 없다.

온라인 사이트들이 생겨난 지 약 10년 뒤, '1차 대전'이 끝난 다음, 신문은 패배자의 대열에 서 있었다. 신문은 대부분의 돈이 일류에게 돌아가는 세상에서 이류에 불과하다. 물론 몇몇 전국지 신문들, 뉴욕타임스, 월스트리트저널, 워싱턴포스트 등은 디지털 12기업을 이야기할 때 언급했던 것처럼 지역 신문보다는 약간 사정이 낫다. 그렇더라도 그중에서 승리자로 여겨지는 신문은 하나도 없다.

이것이 쓰디쓴 교훈이자, 많은 사람이 받아들여야 할 가장 혹독한 뉴스노믹스의 법칙이다. 법칙 4, 과거의 뉴스 세계는 사라졌다.

이런 글을 적는 내 마음은 더욱 씁쓸하다. 하지만 이 개념을 받아들이지 않고는 새로운 뉴스 세계를 세우는 힘겨운 작업에 착수할 수 없다. 자기기만에 빠진 신문업자들은 거대한 기술 변화가 가져올 위험을 최소화할 수 있도록 빠르게 움직이지 못했다. 한때 나의 동료였던 제리 틸리스가 나이트리더가 디트로이트에서 저지른 실수를 두고 한 말은 영영 잊지 못할 것이다. "신문업자들은 자기네 B.S.(balance sheet, 회계장부. '허튼소리', '뭣 같은 소리'를 뜻하는 비속어 bullshit의 줄임말이기도 하다. 여기서는 이중적 의미로 사용했다 - 옮긴이)만 믿었어."

주변에서 점차 확고해지는 현실을 인식하지 못한 결과 인쇄 매체업계는 재앙을 맞이했고, 파산 또는 그 문턱까지 내몰리고 말았다. 이제는 대응할 수 있는 능력이 거의 없는 상태다. 이야기는 그들이 상상했던 것과는 한참 다르게 돌아가고 있다. 새로운 뉴스의 규칙과 수입원은 올드미디어의 것과는 전혀 다르다. 우리는 지금 두 가지의 서로 다른 세계를 말하고 있다. 그들은 진정 두 개의 독립된 생태계다. 하나는 빠르게 해체되고 있으며, 다른 하나는 초기 진화 과정에 있다. 속도의 차이는 절대 작지 않다.

달러로 표시해보면 차이의 규모를 가장 효율적으로 파악할 수 있을 것이다. 신문은 미국에서 거둔 총 광고 수입의 20퍼센트를 순익으로 남겼으며 최대 수입은 연간 500억 달러 정도였다. 그 액수는 급락을 거듭해 2005년에는 450억 달러, 2009년에는 300억 달러에도 못 미쳤다. 이것은 내가 2006년 중반에 「운명의 데드라인(Deadline with Destiny)」이라는 제목의 보고서에서 언급한 것이다. 뭔가 영감 같은 것이 들어서 그렇게 진단한 것은 아니었다. 당시 추이를 살펴 수치를 뽑았을 뿐이다. 뉴스업계의 임원들도 같은 자료를 접했지만 막연한 낙관론 때문에 무시해버리고 말았던 사실이다.

그 보고서는 업계의 많은 사람, 그리고 업계에 막 진출하려던 사람들로부터 조소를 받았다. 그들이 주주와 월스트리트 애널리스트들에게 설명하며 실제 추이를 말해주지 않은 점은 이해한다. 하지만 아직도 이 업계에 뛰어드는 사업가들이 있다니 그저 놀라울 뿐이다.

브라이언 티어니의 투자집단이 2006년에 필라델피아 뉴스페이퍼스를 인수했고, 크리스 하트의 아비스타 투자단은 그 몇 개월 뒤 스타트리뷴을 인수했다. 자신을 '묘지에서 춤추는 사람(grave dancer, 남의 불행을 이용해 이익을 보는 사람을 뜻한다-옮긴이)' 이라 부르는 샘 젤은 2007년 12월에 트리뷴의 경영권을 확보했다. 이 세 회사 모두 빠르게 파산에 이르렀는데, 젤은 경영권을 얻은 지 1년도 안 되었을 때 그렇게 되었다.

그들 모두는 자신들이 어려운 상태의 기업을 사들인다는 사실은 알았지만, 그 어려움이 부실한 경영 때문이라 여겼다. 그들이 주의 깊게 보지 않은 것은 그들이 어려운 상태의 업계에 뛰어들었다는 점이다. 그런 곤란함은 이제 널리 인식되어, 어떤 대형 신문이든 어떤 낮은 가격에라도 인수하려는 사람이 없다. 이제 신문은 한때는 컸던 시장에 울며 겨자 먹기로 주저앉은 채 '팝니다' 푯말을 연중 내걸고 있다. 구글로 세상을 보는 데 익숙해진 이 세상에서, 누가 그렇게 잉크 냄새를 좋아해서 낡아빠진 신문을 사겠는가?

항상 모두가 부러워할 평균 20퍼센트 이상의 순익을 남겨왔던 업계가 이제는 단 1퍼센트라도 남겨보려고 발버둥치고 있다. 대대적인 비용 절감을 하고서도 말이다. 심지어 뉴욕타임스마저 분기 손실을 발표하고는 적대적일 수도 있는 '외부 주주'를 받아들여야 했다. 워싱턴포스트는 스스로를 '교육 미디어' 회사로 재구성 중이다.

신문만 고통을 겪고 있는 게 아니다. 방송 역시 수익이 급락하는 상황에 처해 있다. 야간 뉴스 시청률은 현저히 떨어졌고, 노년층 시청자와 형편없는 광고 수입만 남았다.

시사 잡지는? 타임과 뉴스위크는 독자와 광고주들이 떠나는 상황에서 스스로를 다시 만들어내려는 시도를 되풀이하고 있다. US뉴스앤월드리포트(U.S. News & World Report)는 계속 규모를 줄여서 이제는 월간지가 되었다.

격주간지는? 핵심 사업 분야, 즉 광고 중에서도 특히 개인 광고가 크게 줄었다. 그리고 이제까지 볼 때 자신들의 인쇄 기사를 웹에 올리는 데 별로 성공적이지 못하다. 성장보다는 퇴보의 추세가 훨씬 두드러진다.

뉴스업계에 일어난 일을 설명하는 방식은 셀 수 없이 많지만, 한 가지 단순한(하지만 공정한) 방식으로 살펴보도록 하자.

두 개의 혁명이 한때 막강했던 올드미디어를 무릎 꿇게 했다. '독자 혁명'과 '광고 혁명'이다. 이들은 서로 다르게 발생했지만 연결되어 있다. 그리고 그 효과가 하나로 합쳐지면서 놀랄 만한 결과가 나타났다.

보통은 독자 혁명 쪽이 원인으로 거론된다.

다음을 생각해보자.

• 나이 지긋한 언론인들이 한 번에 이해할 만한 문구가 있다. '그 망할 어린놈들!' 사실 30세 이하는 웹에서 뉴스를 얻는 쪽을 선호한다. 베이비

붐 세대가 아직 종이 신문 시장의 주 고객을 이루고 있다(평균 나이 58세로, 텔레비전 저녁뉴스를 시청하는 사람들의 평균 연령보다 3세 정도 젊다!). 그들은 웹에 점점 적응하면서도 종이 신문에 애착을 갖고 습관적으로 구독한다. 첫 번째 베이비붐 세대는 2011년이면 65세가 된다.

• 미국인들이 뉴스에 쓰는 시간은 하루에 한 시간 정도로 10년 전과 비슷하다. 큰 변화는 그 시간의 4분의 1을 인터넷이 차지하게 된 점이다. 이는 기본적인 덧셈과 뺄셈 문제다. 하루에 주어진 시간은 똑같은 상황에서, 온라인에서 시간을 많이 보낼수록 신문을 읽거나 TV 뉴스를 보는 시간은 줄기 마련이다.

• 신문과 방송의 온라인 사이트들은 디지털 이전 시대에 비하면 독자들과 매우 멀리 떨어져 있다. 이제 그곳들은 방문자들이 즐겨 찾는 여섯 번째, 일곱 번째, 여덟 번째 사이트에 지나지 않는다. 그들은 '뉴스노믹스 : 열독률 격감에 처한 신문'에서 보게 될 열독률 격감(attention gap)에 직면해 있다.

독자 혁명은 사람들이 신문의 콘텐츠를 외면한 결과가 아니다. 30세 이하인 사람들에게 신문을 어떻게 생각하느냐고 묻더라도 특별히 혐오스럽다는 반응은 없을 것이다. 신문은 단지 시대에 뒤졌을 뿐이다. 왜 그렇게 나무는 잘라내고, 종이를 운반하는 트럭에 연료를 채우는지 그러고도 이미 지난 시점의 뉴스를 전하는가? 마우스 클릭 한 번으로, 아니면 야후나 구글 검색창에 단어를 몇 개 쳐넣는 것만으로도 전 세계의 뉴스나 논평을 실시간으로 접할 수 있는데? 왜 특정 신문사나 방송사의 사이트에 가서 그 언론사의 뉴스만을 보겠는가? 수백 군데서 만든 뉴스를 접할 수 있는

데('뉴스노믹스 : 구글과 친구들–새로운 매스미디어' 참조)? 이는 더 많은 선택권과 용이성 때문에 일어난 혁명이다.

뉴스를 특히 즐겨 보는 사람에게 요즘 시대는 천국일 것이다. 역사상 지금처럼 뉴스를 즉각적이고 보편적으로 접할 수 있었던 때는 없었다. 태동 중인 블로그 공간 역시 천국이다. 뉴스에 의견을 달 수 있고 키워드 하나로 수십만 명의 독자와 접촉할 수 있다.

얼마 전만 하더라도 신문은 우리에게 무엇이 중요한지를 말해주었다. 우리는 1면부터 읽기 시작해 지역 뉴스와 스포츠 뉴스, 비즈니스 뉴스, 특집 기사까지 읽고 나서 새 소식을 알았다고, 우리를 위해 엄선한 가장 중요한 기사를 읽었다고 여겼다. 이제 나는 진행 중인 기념비적인 변화를 설명하면서, 신문이 섹션별로 하나하나 쪼개져 나가는 과정을 보여주고자 한다. 먼저 전국 뉴스 및 국제 뉴스 섹션부터 보자. 웹에서 독자는 그러한 뉴스를 야후 뉴스나 인터넷 뉴욕타임스, CNN닷컴, 또는 각자 좋아하는 정치 사이트에서 찾는다. 야후 뉴스, 구글뉴스, MSN, AOL(모두가 확실히 올드미디어와 구분된다)이 항상 트래픽 총량에서 뉴스 웹사이트의 최상위에 든다는 사실을 잊지 말자. 갑자기 등장한 허핑턴포스트는 뉴욕타임스 온라인 독자의 10분의 1 이상의 독자를 확보했다. 슬레이트(Slate), 살롱, 드러지 리포트(Drudge Report), 레드 스테이트, 폴리티코, 터킹 포인츠 메모 등도 열성 독자층을 확보했다. 미국인들은 2008년 선거를 기점으로 유튜브 동영상을 보는 데 익숙해졌다. 이제는 여유 시간이나 이동 시간에 활기 넘치는 공영 라디오 뉴스를 듣고 있다.

비즈니스 섹션을 보자. 마켓와치, CNN머니, MSN머니를 보면 수백 개의 소스에서 나온 다양한 이야기가 넘친다. 눈이 번쩍 뜨이는 도표도 보인다. 그런데 왜 신문의 몇 개 안 되는 기사에 만족하고 있어야 하는가? 또한 공영 라디오의 '오늘의 장세' 소식을 데스크톱이나 아이폰으로 실시간 접할 수도 있다(이 점은 법칙 8 '틈새를 공략하라'에서 더 살펴본다).

그다음은 스포츠 섹션이다. 지역 신문의 스포츠 칼럼니스트라면, 더 급여가 좋고 안정적인 ESPN에 일자리를 구하는 것도 좋을 것이다. 작은 케이블방송으로 시작한 ESPN은 지금은 TV, 인터넷, 모바일 등 거의 모든 매체를 통해 접할 수 있다. 야구 애호가인가? 야구인들이 직접 운영하는 MLB닷컴으로 오라. 야구 관련 뉴스와 통계 자료를 얻는 데 그만한 곳은 없다('인터뷰: 척 리처드' 참조).

한때 인기 있었던 라이프스타일 섹션을 보자. '웰빙을 위한 월간계획표'는 아직 유용할지도 모른다. 하지만 옐프(Yelp)와 시티서치(CitySearch)에서 더 많은 독자 추천과 리뷰를 제공한다. 영화평은? 지역 신문의 비평가가 쓴 글을 더 좋아하는 사람도 있을지 모르지만, 로튼 토메이토스와 메타크리틱은 100명이 넘는 비평가의 생각을 보여주며, 전체 비평가들의 평점을 합친 '종합 평점'과 그 비평가들의 글에 각각 걸린 링크를 제공한다. 레스토랑 정보는? 한 사람의 리뷰에만 의존하는 것도 좋다(그 사람이 해고되고, 고작 하는 말이 "맛있어요"가 전부인 임시 비평가로 교체되지만 않는다면). 하지만 해당 식당에서 음식을 먹고 리뷰를 올리는 펠로 리뷰들 위주로 운영되는 자가트(Zagat)가 전체적으로 더 나은 선택을 보장할 수 있다. 오픈테이블(OpenTable)은 훌륭한 식당을 즉석에서 예약할 수 있게 해준다.

건강 정보는? 신문 여기저기를 뒤져서 정보를 찾아내겠는가, WebMD에 가득한 건강 정보와 기사를 보겠는가? 일요판 여행 특집을 탐독해왔는가? 트립어드바이저(TripAdvisor), 엑스피디아(Expedia), 오르비츠(Orbitz)를 비롯한 수천 개의 사이트가 여행 관련 기본 정보와 팁을 제공한다. 그래도 가사(家事) 정보는 신문이 낫다고? 안됐지만, 앤지스리스트(AngiesList)가 그 분야에서는 단연 최고다.

올드미디어의 굴욕에 굴욕을 하나 더 보태면, 이 모든 웹사이트가 무료라는 것이다. 따라서 신문 구독료나 가판 판매료에서 총 수입의 20퍼센트를 확보해온 신문 역시 웹에 올린 뉴스와 읽을거리에 요금을 부과하기가 어렵다. 그것은 신문이 인쇄신문의 독자를 점점 잃고 있을 뿐 아니라, 독자들은 온라인으로 옮겨가면서 더는 돈을 내지 않는다는 뜻이다. 신문업자들은 10년 전에 '온라인 구독료' 시스템을 마련하자는 논의에 들어갔다가 합의에 실패했는데, 작년에 다시 그 논의를 재개했다. 저널리즘온라인(Journalism Online) 같은 신생 회사들이 시장에 새로운 실험을 도입했기 때문이다. 하지만 경쟁업체에서 요금을 받지 않는 상황에서 소비자에게 요금을 받기가 어렵다는 문제는 여전히 남는다. 독자들이 만족할 만한 무료의 양질 콘텐츠는 어디에나 널려 있다.

그런 일이 계속되고 있다. 대중시장용 인쇄물인 일반 뉴스는, 무료인데다 틈새를 노리는 시장에 잡아먹히는 중이다. 이는 기존의 뉴스 회사들로서는 계속해서 독자의 새로운 기대에 부응할 초점을 놓치는 길고도 기묘한 여정이다. 그리고 모든 것을 다 가지고 싶다는 독자들의 욕구는 점점 커지고 있다.

올드미디어는 범위를 아주 좁게 한정해 자신들이 다루는 것이 뉴스뿐이라고 생각했다. 물론 그렇기도 하지만, 그것만이 전부는 아니다. 인터넷은 유례없이 방대한 규모로 건강, 연예, 여행, 금융 정보와 함께 레크리에이션, 아이디어, 팁, 통계, 의견 등을 제공하고 있다. 그것은 우리 삶의 모든 분야를 포괄한다. 신문과 방송은 그런 쪽에 약간 발만 담그는 수준이었고, 뉴스 보도라는 본래의 임무에 비하면 하찮은 일이라 여겨왔다. '특집 기사'는 흔히 진정한 저널리스트가 몸담을 일이 아닌, 언론 일을 막 시작하는 사람들을 위한 코너 정도로 여겨졌다.

신문은 또한 이 새로운 미디어를 텍스트 중심으로만 파악했다. 그것도 한편 틀리지는 않지만, 오디오와 비디오를 빠트릴 수는 없다. 저널리스트들은 테이프에 녹음을 하거나 가정용 캠코더로 촬영하는 일에 조금 익숙하더라도, 자신들이 그러한 도구로 일하는 사람이라고는 여기지 않았다. 이제 그러한 표현 방식, 그중에서도 특히 비디오는 급성장하며 많은 광고 수입을 올리고 있는데, 올드미디어 업자들은 여기서도 역시 뒤처져 있다. 방송 영상에 노하우가 있는 지역 방송국들 역시 자신들의 힘을 웹에 맞게 조율하는 일에 지지부진했다.

올드미디어는 또한 '우리는 편집하고 당신들은 본다'는 식의 일방적인 대화에 치중했다. 그것은 전혀 착각이었다. 쌍방향의 인터넷은 사람들이 서로 이야기하고, 공유하고, 토론할 수 있도록 했다. 물론 그중에는 쓸데없는 소리도 많다. 하지만 에피큐리어스(Epicurious)에서 적당한 요리법을 찾아낸 사람, 허핑턴포스트의 괜찮은 블로그나 트립어드바이저에서 완벽한 신혼여행 정보를 얻은 사람의 사례는 이러한 인터넷 활용법의 가치를 입증해준다.

오늘날 검색창은 우리의 일상생활에 필수불가결한 것으로 여겨지지만, 신문업자와 방송업자들은 그 때문에 소외감을 느낀다. '브라우저 세계'에 들어선 그들은 알맞은 건초더미에서 알맞은 바늘을 찾아내는 일의 절대적인 중요성을 간과했다. 이 10년 주기의 초기(구글이 지배력을 갖추기 이전)에

트리뷴, 개닛, 나이트리더 등은 검색엔진 전문기업인 캐누들(Kanoodle)을 인수할 기회를 얻었지만 지나친 지출을 염려한 나머지, 협상 테이블에서 나가버렸다. 심지어 오늘날에도 대부분의 뉴스 회사 웹사이트의 검색 기능은 구글보다 훨씬 처진다.

주류 언론은 '수집'의 가치도 과소평가했다. 이 점은 우리가 다음 장에서 더 심도 있게 다룰 것이다. 뉴스업계에는 아이튠즈 같은 것이 없으며, 있다고 해도 그것은 신문사나 방송사가 자체적으로 제공하는 것이 아니다.

가장 아이러니컬한 점은 매우 최근까지도 그들이 뉴스의 현재성을 고려하지 않았다는 점이다. 신문사들은 분명히 뉴스를 빠르게 내보내는 일에 실패했다. 잔뜩 비대해진 데다 24시간 주기로 보도하는 데 익숙해져 있던 신문은 기사를 쓰자마자 즉각 올리는 일에 굼떴고, 그것이 자사의 종이 신문에 해가 되거나 경쟁자들에게 '특종'을 선사하는 일이 되지 않을까 염려했다. 그래서 기술자들이 개입해서 다른 뉴스 사이트들이 그날 아침에 내놓은 온라인 기사를 참조, '용도 변경'해 자사 사이트를 채우고는 했다. 하지만 독자들은 기만당하지 않고 '진짜 뉴스'가 있는 곳으로 가버렸다.

물론 여기에는 커다란 모순이 있다. 웹에 올라 있는 대부분의 뉴스 콘텐츠는 '주류 미디어'에서 나온다. 그것이 다른 형태로 배송되어, 종종 신문사 소유가 아닌 웹사이트와 다양한 '뉴스리더(newsreader)'에 실릴 뿐이다.

이 모든 것에 더하여, 그리고 소비자들이 이 놀라운 뉴미디어를 어떻게 사용하고 싶어하는지 알지 못함으로써, 올드미디어는 독자와 시청자를 계속 빼앗기고 있다. 신문 구독률은 1998년 미국 가구의 45퍼센트에서 10년 뒤에는 약 35퍼센트까지 떨어졌다. 20년 전, 미국에서는 하루에 6200만

부의 신문을 인쇄하고 있었다. 작년에는 그 숫자가 4000만 부였다.

뉴스노믹스 : 열독률 격감에 처한 신문 ●

올드미디어 업자들은 온라인 시장이 충분한 광고료를 보장하지 않기 때문에 온라인으로의 이행이 제대로 되지 않고 있다고 말할 것이다. 더 정확하게는 온라인 사이트가 인쇄물보다 너무 적은 광고 수익을 안겨준다고 말할 것이다.

이 개념을 짧게 살펴보자.

2009년, 신문은 총수익의 약 15퍼센트를 디지털 소스에서 얻을 것으로 보인다. 수익의 85퍼센트는 아직 인쇄물에서 나오는 것이다. 그런데 놀랍게도, 독자들이 뉴스를 소비하는 시간의 85퍼센트 이상이 인쇄물을 읽는 데 쓰이고 있다.

평균적인 신문 독자가 일주일에 넉넉히 1시간은 신문을 읽는 데 사용한다고 해보자. 하루에 약 10분, 일요일에는 아마도 두 배가 될 것이다. 따라서 한 달이면 5시간이 넘는 시간(340분)을 쓰게 된다. 이 수치는 종이 신문을 읽는 습관을 오래 계측하여 보수적으로 산출한 것이다.

이제, 일반적인 지역 신문의 웹사이트가 방문객으로 하여금 1개월 평균 8~12분을 쓰게 한다는 점을 고려해보자. 예를 들어 실리콘밸리의 심장부에서 발간되는 새너제이 머큐리 뉴스는 매월 약 6분, 시카고트리뷴은 약 9분, 휴스턴크로니클은 15분 이상을 쓰게 한다. 최고의 신문이 운영하는 NY타임스닷컴조차 1개월에 40분을 쓰게 하면 행운일 것이다.

따라서 대부분의 인쇄 매체의 경우, 독자가 매체에 투자하는 시간의

90퍼센트 이상은 온라인이 아닌 인쇄물에 쓰이고 있다.

웹은 굉장한 속독 매체이다. 그리고 웹에서 읽히는 뉴스의 다수는 신문이나 지역 방송의 소유가 아니다. 지역 미디어는 방문객이 온라인 사이트에 머무는 시간이 미미하다는 점에서 열독률 격감이라는 문제에 직면해 있다. 신문은 그동안 인쇄 매체의 지배적이고 핵심적인 위치에 있었지만, 통계수치는 두 가지 사실을 알려준다.

첫째, 지역 뉴스 웹사이트는 독자의 삶에 크게 중요하지 않다.

둘째, 신문이 앞으로도 온라인에서 지금만큼만 수입을 얻을 수 있다면 행운일 것이다.

1950년대는 열심히 신문을 읽는 시대의 마지막을 장식하게 될 것이다. 이는 각 가정의 오븐마다 캐서롤(조리한 채로 식탁에 내놓을 수 있는 서양식 찜냄비 – 옮긴이) 요리가, 현관마다 신문이 놓여 있던 시대다. 1950년에 미국의 신문은 계속해서 번성했으며, 대부분의 도시에는 하나 이상의 신문이 있었다. 조간신문이 가장 앞섰으며, 석간신문은 점심 도시락을 싸들고 다니는 현장노동자들이 애독했다. 그러고는 50년 이상 구독률은 계속 내리막길을 걸었다. 대신 바쁘게 사는 맞벌이 가구의 사정과 지역 언론의 다양성에 대한 욕구(흔히 하나의 신문이 '언론 독점'을 하고 있는 경우) 덕분에 TV가 대세를 장악했다. 신문이 선택권을 줄이느라 바쁜 사이에, 연구실의 컴퓨터 과학자들은 무한한 선택권을 부여할 방법을 찾고 있었다.

독자 – 시청자 혁명은 신문사와 방송사에 타격을 주었다. 하지만 그것은 다른 혁명의 타격에 비하면 대단치 않았다. 이 업계를 바닥에 내동댕

이친 것은 다름 아닌 광고 혁명이었다.

분명히 신문광고는 웹 시대 이전에도 많은 도전을 받아왔다. 광고비 지출이 많지 않은 월마트가 그동안 광고를 많이 주던 백화점들을 접수했다(그리고 모든 점포에 정책의 통일성을 지시했다). 또 대형 소매점들이 여러 1인 운영 소매점들을 대체했으며, 역시 광고가 줄었다. 방송사들도 케이블TV가 나타나면서 광고 수입이 그만큼 줄어들고 있었다. 그래도 올드미디어는 이러한 점진적인 시장 변화에는 그럭저럭 대응했다.

디지털화에 따른 변화는 이보다 훨씬 충격이 컸다. 신문은 전성기에 비하면 연간 약 200억 달러에 가까운 수입을 잃었으며, 그 대부분이 광고 수입 격감 때문이었다. 물론 일부 광고는 독자가 웹 뉴스를 읽는 쪽으로 넘어가는 탓에 사라졌다. 그러나 디지털 광고 혁명은 대체로 조용히 이루어졌다. 그것은 신문, 잡지, 공중파 방송에서 통상적인 광고 수입을 연간 수십억 달러씩 빼앗아갔다.

다음을 생각해보자.

• 2008년에 온라인 광고비는 230억 달러를 넘어섰다. 2006년에는 170억 달러, 2003년에는 73억 달러에 불과하던 것이 그처럼 증가한 것이다. 인터넷 광고산업은 지난 10년 동안 급성장했으며, 그만큼 기존 매체의 광고는 줄어들었다.

• 신문사들이 종래 전체 광고시장의 20퍼센트를 차지했던 반면, 인터넷 광고시장에서는 12퍼센트 이상을 차지하지 못한다. 전국 방송과 지역 방송이 나눠 갖는 방송사 지분도 TV보다 인터넷에서 현저히 떨어진다. 인터넷 광고수입을 가장 많이 차지하는 쪽은 어디일까? 구글, 야후,

MSN, AOL 등 대형 검색엔진 기업들이다.

- 광고 중에서도 가장 중요하고 비중이 큰 분야가 항목별 소광고 분야다. 이런 광고는 신문사 수입의 40퍼센트, 수익의 50퍼센트를 차지해왔다. 이제 대부분의 기존 신문들에서 이 광고는 절반 이상 줄었다. 크레이그 스리스트(Craigslist, 미국의 유명한 온라인 거래 사이트 – 옮긴이), 구인 · 구직 사이트, 부동산 검색 사이트, 자동차 구매 사이트 등을 갖춘 인터넷은 평범하고, 낡고, 상호성이 거의 없는 종이 신문과 상대가 되지 않는다. 종이 신문 지면은 아무리 꾹꾹 눌러도, 주택 매물의 사진을 파노라마로 보여주거나 컨버터블 승용차의 색상을 이것저것 바꿔 보여주지는 못한다.

- 광고 시장의 이런 추세가 지난 10년 동안 꾸준히 가속화된 한편(달러뿐 아니라 파운드, 유로, 엔으로도 마찬가지다. 일본 신문들은 지난해 광고 수입의 25퍼센트 감소를 겪었다), 최근의 심각한 불황은 가속화를 더욱 부추겼다. 불황은 인쇄 매체와 방송 매체에 주는 광고를 더욱 줄일 뿐 아니라, 디지털 광고로의 전환을 더욱 촉진했다.

- 신문사들은 불황 이전까지 온라인 광고의 높은 성장률을 목격했지만, 성장은 이제 내림세로 돌아섰다. 경기회복기에도 온라인 광고 수입이 인쇄물 광고 수입의 하락을 벌충할 수준에 이를 전망은 전혀 보이지 않는다.

어째서 이 많은 돈이 온라인으로 넘어갔을까?

이유는 독자와 시청자가 인쇄물과 방송 대신 웹으로 옮겨간 이유를 보면 알 수 있다. 전반적으로 웹은 많은 광고주에게 기존의 미디어보다 잘 통한다. 그것은 갈수록 더 수월해진다.

원인을 알아보기 위해 먼저 광고의 세계를 아주 단순한 시각에서 살펴보자. 사업자들은 광고를 하고 싶은 게 아니다. 물건을 팔고 싶을 뿐이다. 광고는 그 목적을 이루기 위한 수단에 불과하다. 그리고 그 수단이 망가지더라도 상업적 수익은 더 나을 수 있다. 신문사와 잡지사는 그 점을 잊어버렸다. 방송사 간부들 역시 마찬가지였다. 사실 그럴 만도 했다.

수십 년 동안(간부들의 성년기 대부분) 광고주와 기존 미디어는 행복한 결혼관계였다. 그러나 오랜 결혼생활이 다 그렇듯 이들 사이에는 이런 뻔한 말싸움이 없을 수 없었다. "당신은 나에게 너무 많은 걸 요구해." "당신이 하는 말은 앞뒤가 안 맞아." 하지만 그들은 그런 다툼을 넘어서 높은 수익과 매출을 기록했고, 결국 "마티니 한 잔 추가"를 외치고는 했다. 특히 신문은 '마지막 남은 진정한 대중시장'이라는 거부할 수 없는 명제를 내놓았다. 한 번 구매로 언제든 하루 만에 지역사회의 거의 모든 영역에(상대적으로 더 부유한 영역 위주로) 이를 수 있다.

이는 광고주들 사이에서 흔한 농담으로 표현된다. "우리 돈 절반이 낭비되었다는 건 알겠어. 그런데 어느 절반인지는 모르겠어." 그런데 이 농담은 불특정 다수를 겨냥해 물건을 파는 사람들에게는 괴담으로 바뀐다. "우리 마케팅 예산의 80퍼센트가 낭비되었어. 그리고 이제는 어떤 80퍼센트인지 정확히 알고 있어."

그러나 구독률 감소 통계치를 생각해보자. 어떻게 수십 년 동안이나 감소했을까? 대중시장의 범위는 서서히 줄어들어 이제는 30퍼센트 수준까지 떨어졌다. 동시에 자신들의 상품과 서비스가 더 적절하게(덜 낭비되고 적은 비용으로) 판매될 수 있게끔 광고를 맞춰 내보내는 업체들의 능력은 증대했다.

오늘날 이는 바뀐 풍경을 보여주고 있다. 우리가 모두 아는 이름을 들어 보자. 베스트바이(Best Buy)는 서킷시티(Circuit City)를 누른 대형 전자제품 소매점으로 미국 내 어디서나 볼 수 있다. 오늘날 베스트바이는 자사의 광고 지출을 과학적으로 분석한다. 상당히 즐거운 과학이겠지만, 접어두고 투자 이야기로 가자. 베스트바이는 작년에 광고비로 약 3억 5000만 달러를 썼다. 그리고 그것은 각 지역 점포별로 조금씩 나누어 쓴 것이 아니다. 베스트바이는 지역적으로 존재하지만(우리는 어디에 살든 그곳으로 차를 몰고 갈 수 있다), 광고비 지출은 전국적 차원에서 한다.

3억 5000만 달러를 베스트바이가 직접 지출한 것도 아니다. 최고의 투자수익률을 내고 상품을 최저 마케팅 비용으로 팔 수 있도록 기획사들이 나서서 전략, 배치, 메시지, 가격 결정 등을 연구하고 실행했다. 우리는 광고 기획사를 매드맨(Mad Men) 같은 TV쇼에서 본 대로 이해하기 쉽다. 그러나 실제 기획사는 다르다. 새로운 디지털 기획사들은 데이터를 잘근잘근 씹고 속속들이 파헤치며, 수주 가격을 최적화하고, 광고 수용자 타깃을 잡고, 인쇄 매체 및 방송 매체와 가격을 협상한다. 그들은 개별 미디어 회사에서 직접 광고를 수주할 수도 있지만, 많은 지역 사이트에 올라와 있는 수요를 파악하여 네트워크에서 거래하는 편을 선호한다.

수많은 지역 인쇄 매체를 상대하는 대신, 베스트바이와 그 기획사는 온라인의 메커니즘을 따라서 '다중 중심'을 창출한다. 단지 온라인 드롭다운 메뉴에서 핵심이 되는 지점을 찾아 선택하기만 하면 되는 것이다. 따라서 한때 전혀 별개로 여겨졌던 지역 광고와 전국 광고의 구별이 모호해진다.

미디어 입장에서는 수주 관계가 점점 복잡해졌을 뿐 아니라, 전에 비해 적은 지분을 갖게 되었다. 디지털 기획사와 광고 네트워크가 전보다 더 많은 지분을 가져가기 때문이다.

우리에게 친숙한 또 다른 상품을 보자. 자동차! 렉서스를 팔려 할 때, 꼭 2만 달러를 써서 일간 신문에 전면 광고를 내야 할까? 특정한 날에 렉서스를 구매할 용의가 있는 사람들의 비율을 여러 경로를 통해 알 수 있다고 가정하면 어떨까? 그 정도는 안 되더라도, 특정한 날에 누가 시장에 들어오는지만 파악할 수 있어도 좋을 것이다! 인터넷 마케터들은 그 오랜 염원을 실현해준다. 오늘날 크고 작은 수백 개의 기업들(미국, 인도, 러시아 등의)이 보다 쉽게 '렉서스 구매 가능자'를 파악할 수 있도록 노력하고 있다. 역시 기술이 관건이다. 여기에 대해서는 법칙 9 '10퍼센트의 법칙 적용하기'에서 보다 자세히 살펴볼 것이다.

렉서스와 구매 가능자를 어떻게 연결할 수 있을까? 잠재적 구매자가 읽는 유형의 뉴스와 정보를 읽어 파악할 수도 있다. 카앤드라이버 (CarandDriver.com)에서 고급 세단을 보는 사람을 표적으로 삼을 수 있다. 소비자가 뉴스 사이트에 가입하거나 경품에 응모할 때 적은 프로필 정보라든가, 소셜 네트워크 프로필 정보를 참조할 수도 있다. 쉽게 구매하거나 렌트할 수 있는 데이터베이스는 전에 누가 렉서스를 샀는지 알려준다.

이러한 방법들에는 여러 가지 재미있는 이름이 붙여져 있다. 우선 '행동 표적화(Behavioral Targeting, BT)'를 보자. 기업들은 이 방법을 써서 우리 컴퓨터의 드러나지 않은 쿠키를 찾고 우리가 무슨 일을 했는지 정확히 알아낼 수 있다(물론 꺼버릴 수도 있다. 하지만 우리들 중 그 방법을 아는 사람, 또는 귀찮게 그런 일을 하는 사람은 많지 않다). '검색데이터 캡처'. 우리가 검색창에 단어를 입력하면 마케터들은 우리의 현재 관심이 무엇인지 알게 된다. '맥락 표적화(Contextual targeting).' 광고를 그것과 가장 연관성이 높은 콘텐츠와 짝 지우는 이 기법은 다소 낡았지만 아직 통용되고 있다. '데이터 발굴(Data mining).' 이는 아직 초보적 단계인데, 우리와 관련된 모든 정보를 정리하여 우리가 무슨 일을 하고 무엇을 읽는지 알아낸다. '재표적화(Retargeting)'를 실시하는 회사들은 '길 잃은' 소비자들, 다시 말해서 의뢰자의 사이트를 찾지 않게 된 소비자들을 다시 끌어오겠다는 약속을 한다('인터뷰: 조 애프렌디' 참조).

사실 '상품을 더 잘 판매하는 방법' 등과 같은 데이터 발굴은 일종의 원칙처럼 되어가고 있다. 구매 행동에 관련된 데이터를 사고파는 일 자체가 새로운 비즈니스로 뜨고 있다. 새롭게 나온 블루카이(BlueKai)나 엑셀레이트(eXelate) 같은 '행동 교환' 서비스도 여기에 속한다. 고객이 운동화를 구매하려고 쇼핑 사이트를 방문하면, 이 데이터는 다른 쇼핑 사이트에 귀중한 자료가 될 수 있다. 다른 쇼핑 사이트는 해당 고객에 관한 정보를 구매하여 그에게 이메일이나 문자메시지로 판촉을 할 수 있다.

이는 일대일 마케팅을 하는 마케터들이 꿈에도 그리던 것이며, 우리 시대의 판매 기법을 완성하는 것이다. 아직 완벽하지는 않지만 큰 변화가 있었고, 그 변화는 광고 비즈니스를 하며 언론을 먹여 살리던 업체라면 어디든 직접적인 영향을 미친다. 디지털 광고 혁명을 크게 바라보면 세 가지의 큰 변화를 읽어낼 수 있다.

첫째, 신문은 지면을 팔고 방송은 시간을 판다. 그러나 이제 광고주들은 그 어느 쪽도 원하지 않는다. 그들은 수용자(audience)를 원한다. 간단히 말해서 자신들의 상품을 사줄 것 같은 사람들을 원한다. 거버(Gerver)는 새로 어머니가 된 여성들을, 화이자(Pfizer)는 중년 남성들을 원한다(비아그라 만세!). 슈퍼볼 경기가 열리기 몇 주 전이라면, 베스트바이는 미식축구 팬을 원한다.

따라서 광고에 힘을 쏟는 기업들은 수용자를 찾고 대응하기에 여념이 없다. 그 결과, 신문업계에서 더는 야후보다 나은 광고사를 찾아볼 수 없게 되었다. 지난 몇 년 동안 야후는 열심히 광고 회사들을 인수하고 그들의 기술에 자사의 기술을 접목했다. 그 모든 작업은 APT, 즉 광고 플랫폼(advertising platform)이라 불리는 것으로 통합되었다. APT는 렉서스 구매자, 주택 리모델링 서비스 발주자, 대형 TV 구입자 등을 타깃으로 삼는다. APT는 많은 소비자 데이터를 구해서 광고주들에게 각자 원하는 특정 집단을 선택할 수 있게 해준다. 그들은 이미 300가지 이상의 특정 집단을 분류해놓고 있다('뉴스노믹스 : 진정한 지역 판매 되살리기' 참조).

예를 들어 이익이 많이 남는 부문인 자동차 판매의 경우, APT는 우선 전반적인 '자동차 구매자' 정보를 제시한다. 그러면 광고 발주자(가령 지역 영업소)가 SUV(또는 고급 SUV)라든가, CPO(공인 중고) 소형트럭 등의 카테고리를 선택한다. '주택 리모델링' 같은 큰 카테고리에서, 광고주들은 '주방 리모델링' 처럼 좁은 범위의 카테고리를 다시 선택할 수 있다. 그런 식으로 주방 재설비 시공 전문 업체는 주방이 아닌 곳의 리모델링을 원하는 고객에게까지 광고를 내보내는 '낭비' 를 줄일 수 있다.

야후는 자사 판매 직원에게 광고를 팔도록 하고 있다. 하지만 여기에 덧붙여 미국 신문의 절반가량과 제휴를 맺고 '야후 뉴스페이퍼 컨소시엄' 을 구성했다. 따라서 이제는 800개 이상의 신문사에 소속된 대규모 지역 판매 직원들이 새롭게 표적화된 온라인 광고를 판매하게 되었다. 컨소시엄은 소속 신문사들이 급성장하는 요인이 되었다. 초기 결과는 매우 고무적이어서, 휴스턴의 가구 업자, 새러소타(Sarasota)의 자동차 업자, 대븐포트(Davenport)의 백화점 코너 담당자들이 온라인 광고 이후 판매실적이 좋아졌다는 결과를 보내왔다. 결과는 신문이 온라인 광고료를 더 올릴 수 있으며(무려 40~50퍼센트 이상), 그것은 그들이 학수고대해온 새로운 수입원이 될 수 있음을 뜻한다.

물론 야후만이 아니다. 작은 규모의 기업들뿐만 아니라 AOL, MSN, 구글 같은 거대 기업들도 비슷한 프로그램을 운영 중이다. 구글은 가장 빠르게 성장해온 온라인 광고 시장에서 최고의 위치를 차지해왔으며, 그것은 우리가 살펴볼 두 번째의 큰 변화와 관련이 있다.

구글에서 정보를 검색하면서 우측에 있는 조그만 광고들을(또는 다른 사이트의 검색 결과 상단에 보이는 광고들을) 보았을 것이다. 한 번도 클릭해보지 않았다고? 나도 그렇다. 하지만 누군가는 클릭할 것이다. 사실 구글은 한 달에 6억 회 이상의 광고 배너 클릭에 광고비를 받는다(미국에서만 따졌을 때 그렇고 미국 밖에서 들어오는 수입은 그보다 많다).

항상 누군가는 클릭을 하고 있고 구글은 돈을 챙기고 있다. 그 배너 광고 수입은 구글의 연간 총수입 220억 달러의 가장 큰 부분을 차지한다.

여기에 중요한 원리가 있다. 위험-보상 비율에 변화가 일어난 것이다. 기존의 매스미디어는 광고주들에게 이렇게 말해왔다. "우리에게는 방대한 수용자층이 있습니다. 당신이 그들에게 접할 수 있게 해드리죠. 지면 혹은 시간을 사세요. 어떤 쪽에 올려야 최선일지 골라보세요. 자, 행운을 빕니다." 위험은 순전히 광고주에게 돌아가며, 보상(비싼 광고료)은 방송과 신문의 몫이었다.

구글의 유료검색은 언제나 클릭당 지급(CPC, cost per click) 방식이다. 광고주는 누군가가 실제로 광고를 클릭했을 때만 돈을 낸다. 그리고 그 클릭 결과를 판매로 연결하는 것은 판매자의 몫이다. CPC는 성과당 급여(pay-for-performance) 체계에 발생한 혁명의 시작일 뿐이다. 이어지는 것들로 아직 초보 단계이지만 행동당 지급(cost per action, 누군가 가입 양식을 채우거나 정보를 요청했을 때), 통화당 지급(cost per call, 클릭 행위가 전화 신청으로 이어졌을 때), 구매당 지급(cost per acquisition) 등이 있다. 판매자들은 구매당 지급 방식을 선호한다. 실제로 거래가 성사되었을 때 구글에 광고료를 내는 것이다. 그러면 위험 대부분을 광고대행자가 지고 판매자는 지지 않아도 된다.

우리는 위험, 보상, 가격을 놓고 미디어 업체와 광고주들 사이의 밀고 당기기 게임을 숱하게 보게 될 것이다. 분명한 점은 그것이 표적화와 소비자 반응 예측의 기술 발전이 이룩한 새로운 세상이며, 이로써 모든 것이 달라진다는 점이다.

수용자 표적화와 위험-보상 비율의 변화가 별로 대단하지 않다면, 세 번째의 큰 변화가 남아 있다. 차차 분명해지고 있는 것은 잠재적으로 광고를 올릴 '목록'이 거의 무한하다는 사실이다. 미디어가 더는 시간과 공간을 파는 식(해당 일자의 지면이나 방송 시간을 일부 할애하는 식)이 아닐 뿐 아니라, 광고주에게 팔 거의 무한한 '수용자'가 있는 것이다. '한 번 생산하고 무한히 배포한다'라는 개념을 기억하는가? 광고 판매에는 물리적인 한계가 없으며, 페이지뷰는 인터넷이 뉴스와 정보 매체로서 계속 성장함에 따라 끊임없이 증가한다.

올드미디어 판매자들은 자신들의 온라인 광고 공간 중에서 무려 50퍼센트가 팔리지 않거나 1달러당 1페니에 지나지 않을 정도의 '찌꺼기' 가격으로 팔리는 현실이 별로 이상할 것이 없다는 데 착안하여 이 개념에 눈을 떴다. 이 큰 변화를 고려하면서 그들은 광고 네트워크 사이와의 관계를 재설정하기 시작했다. 네트워크는 그들에게 추가 수입을 올려주었지만, 그들은 자신들의 광고 상품이 전체적으로 헐값이 되는 것을 우려한다.

마지막으로, 이 모든 것의 경제성 자체가 변했다. 인쇄물 광고와 방송 광고는 온라인 광고와는 전혀 다른 세계에 있다. 인쇄 매체와 방송 매체는 온라인에서 말도 안 되는 헐값 광고를 한다고 주장할 것이다. 온라인 미디어 회사들은 인쇄 매체와 방송 매체가 수십 년 동안 어떻게 광고를 해왔는지를 따질 것이다.

누가 옳은가는 중요하지 않다. 이들은 어차피 가격 결정 시스템이 다르기 때문이다. 그렇다! 계측과 추적을 할 수 있는 온라인 미디어는 광고주로서는 더 효과적일 수 있으며, 유행에도 잘 맞는다. 온라인 광고의 가격은 올라갈 수 있다. 하지만 지금은 인쇄 매체의 광고료보다 훨씬 싸고, 우리가 예측할 수 있는 미래의 범위에서는 여전히 쌀 것이다('뉴스노믹스 : 이제 지역 방송의 시대다' 참조).

이는 올드미디어로서는 냉혹한 현실이었다. 타임의 CEO 앤 무어는 2007년, 뉴욕의 신문협회 연설에서 이 새로운 법칙의 영향을 스스로 분석한 사례를 제시했다. 그녀는 스포츠일러스트레이티드(Sports Illustrated)의 정기구독자가 매년 회사에 118달러를 벌어주는데, 수익은 주로 광고료에서 나온다고 지적했다. 그러나 그 잡지의 온라인 구매자는 매년 5달러밖에 벌어주지 않는다. 20:1 이상의 격차가 나는 것이다. 일부에서는 이 비율을 10:1로 잡기도 하고, 일부는 25:1로 잡기도 하는데 아무래도 좋다.

그녀는 이런 큰 격차는 모든 올드미디어 업체에 공통적이며, 지난 2년 동안 전혀 개선되지 않았다고 토로했다.

온라인 광고 생태계에는 우리가 아는 인쇄 매체나 방송 매체를 지원할 돈이 충분하지 않다. 그래서 지금처럼 되었다. 모든 백화점 점포별 광고 감소, 일요판 특집, 일간지의 안내 광고의 감소와 오늘날의 언론 쇠퇴는 직접적인 관련이 있다.

나는 1992년에 필라델피아 인콰이어러 뉴스룸을 새로 지었을(이전의 기자실 자리에) 때 그곳에 가본 일이 있다. 발코니에 서서 뉴스룸을 둘러보면 미국 언론의 가장 장엄한 모습이 눈에 들어온다. 수백 명의 언론인이 열심히 사건 정황을 듣고 필기하는 모습. 그들을 먹여 살린 것은 이제는 없는 광고였다. 인콰이어러는 뉴스룸 규모를 반으로 줄였다.

디지털 광고 혁명은 줄어든 광고와 줄어든 언론 사이의 직접적 연관성을 이해할 수 있게 돕는다. 독자 혁명과 광고 혁명이라는 이 쌍둥이 혁명에 기존의 언론이 보인 반응은 간단히 표현해 '너무 조금, 너무 늦게'이다. 인쇄 매체가 대응을 하기는 했다. 하지만 승리자 특유의 열정적인 경영과 파괴적 혁신 자체를 즐거워하는 태도에 비추어보면, 너무 보잘것없는 대응이었다. 나이트리더의 토니 리더, 트리뷴의 데니스 피츠사이먼스, 다우 존스의 뱅크로프트 일가는, 자신이 속한 영역의 사업과 산업을 미국 경영사에 유례가 없을 만큼 빠르게 발전시킨 제리 양, 크레이그 뉴마크, 제프 베조스, 그리고 세르게이 브린과 래리 페이지를 당할 수가 없었다. 비디오게임을 하면서 자라난 세대는 사업과 산업을 초고속으로 이끌어나갔다.

우리는 어쩌면 인쇄 매체 지도자들에게 너무 많은 것을 요구했는지 모른다. 우리는 그들에게 그들의 사업을 무리 없이 전환하도록, 그리고 신문이 오랫동안 얻어온 대중의 신뢰를 지키도록 요구했다(실제로 그렇게 말하지도 못했고, 스스로 깨닫지도 못했지만).

이런 거대한 재난 앞에서, 올드미디어 기업들은 사업을 축소하고 비용을 절감하는 중이다. 위세를 자랑하던 중심가의 본사 건물들, 지하 주차장과 인근에 당당하게 줄지어 서 있던 방송 차량……그 차들은 한때 거의 모든 대도시를 누비고 다녔었다. 이제 인쇄 매체 업자들은 그 건물들을 내놓고, 최대한 빠르게 경영을 축소하고 있다.

뉴스노믹스 :
신문의 냉각 정책, 쿨(C-O-O-L)이야말로 신문의 전략이다

디지털 시대의 신문은 낡고 둔한 미디어처럼 보인다. 하지만 그들은 '쿨' 해지려고 노력 중이다.

그렇다. 쿨(C-O-O-L)하게. 신문사와 부설 방송사들은 이 C-O-O-L의 지침에 따라 비용을 크게 절감하고 있다. 우리가 지난 몇 년 동안 보아온 비용 절감을 능가하는 대규모 절감이 빠르게 실현되고 있다.

클러스터링(Clustering) 이는 영역이 서로 근접한 신문사를 사들이는 방법이다. 이웃 신문사를 소유하게 된다면, 한쪽을 중심으로 삼고 다른 쪽의 자산을 활용함으로써 경비를 절감할 수 있다. 덧붙여 광고 마케팅과 발행 관리도 중앙통제 식으로 진행할 수 있다. 미디어뉴스(MediaNews)의 대표 딘 싱글턴은 클러스터링의 천재로, 자신의 기업을 미국 제5대 신문사로

키웠다. 가령 북부 캘리포니아에서는 30개 신문사를 하나로 묶어 효율성을 기했다. 이제 미디어뉴스는 다른 여러 신문들과 편집과 취재 과정 역시 클러스터링하여, 이제껏 개별적으로 수행되던 업무를 통합하려고 시도하고 있다.

아웃소싱(Outsourcing) 많은 신문사가 신문 배급에 드는 노동력을 절감하느라 새로운 배급 방식을 채택하고 있다. 지금 샌프란시스코크로니클은 일간신문의 아웃소싱 분야에서 멘토의 위치에 있다. 아웃소싱은 직원 고용에 드는 고비용과 노조의 높은 임금 수준을 피하려는 시도다. 일부 지역 TV 방송국들은 이제 콘텐츠를 크리티컬미디어에서 아웃소싱한다. 이 회사는 신디캐스터 상품을 써서, 기술로 노동력을 대체하고 필요 인원을 줄여준다.

오프쇼어링(Offshoring) 뉴스사이트인 패서디나나우(PasadenaNow.com)는 2007년 가을, 자사의 편집자가 인도 시의회 관련 기사를 아웃소싱할 수 있겠다고 말한 것 때문에 그 자체로 뉴스거리가 되었다. 아이디어는 이랬다. 임금이 싼 인도인 저널리스트가 폐쇄회로 TV로 의회 현장을 보고, 기사를 작성하여 송고, 보도하도록 한다. 두 명의 현지 저널리스트에게 각각 1만 2000달러와 7200달러만 주면 되는데, 최저 임금이라고는 해도 왜 굳이 미국 수준의 임금을 지급해야 하는가? 오프쇼어링의 사례는 훨씬 더 많다. 디지털 12기업 중 하나인 톰슨로이터처럼 규모가 큰 기업들도 오프쇼어링을 한다. 톰슨로이터는 저임금의 캐나다 편집자들을 고용해 토론토에서 미국 및 영국 사이트 일을 하도록 하고 있다.

오프쇼어링으로 더 큰 비용 절감을 할 수 있는 경우라면? 방갈로르와 뭄바이에서 인도인을 고용해 일간신문과 온라인에 올라오는 수만 편의 광고를 생산하도록 한다. 애드투프로(Ad2Pro), 익스프레스 KCS, 애피니티 익스프레스 같은 회사가 이 분야를 장악하고 있다. 그들은 여러 굴지의 인쇄 매체와 계약하고 임금의 40퍼센트 정도를 절감하여 결과물을 제공한다.

대량해고(Letting Go) 다른 모든 수단이 실패했다면, 대단위로 종업원을 해고한다. 물론 뉴스룸만이 대량해고의 대상은 아니다. 신문사와 방송사 모두 자신을 더 소규모의 회사로 바꿔나가고 있다. 존속 필요성을 놓고 꼼꼼한 점검을 받지 않은 일자리는 없다(아니라면, 적어도 곧 그렇게 될 것이다).

그들은 뒤늦게나마 인쇄에서 디지털로의 이행을 열심히 추진하고 있다. 과거에 있었던 성공의 상징들은 이제 부담일 뿐이다.

• 수많은 정규직 직원. 글을 쓰고, 삽화를 그리고, 편집하고, 프레젠테이션하는 상주 인력. 그리고 물론 그들을 관리할 수십 명의 인력. 안내 광고를 제작하고 디스플레이 광고를 주문할 광고영업부 인력.
• 거대한 쇳덩어리. 값비싸고, 높이가 6미터나 되는, 잉크와 윤활유 냄새를 진하게 풍기며 꼬마 아이나 나이 든 기자들을 모두 기죽게 하는 프레스.
• 끝없이 쏟아져 나오는 신문지. 그 많은 문자는 어딘가로 사라진다.
• 이 모든 것을 담고 있는, 크고 유지비가 많이 드는 건물.

- 시끄럽고, 연비가 나쁘고, 툭하면 고장 나는 차량. 신문과 광고를 독자들에게 배달해주어야 한다.

이제 이 세계는 빠르게 사라져가고 있다.

신문업자, 방송업자, 장기 구독자, 충실한 시청자는 오랜 습관의 산물일 뿐이다. 영화 '사랑의 블랙홀(Groundhog Day)'에서처럼, 그들은 매일 아침에 일어나 자기 앞에 놓인 똑같은 미디어를 선택한다. 주택 진입로에 놓인 두툼한 일간신문, 매일 밤 같은 시간에 방송되는 친숙한 저녁뉴스.

하지만 21세기의 삶은 예측 가능하지 않은 것으로 보인다. 미디어업체의 간부들은 미국 수정헌법 제1조와 연방통신위원회(FCC)의 인가증을 거론해왔지만, 그들이 실제로 생각한 것은 돈을 찍어내는 인가증이었다. 그렇다. 미국의 미디어는 민주주의를 살아 움직이게 하는 혈액과 같았다. 그러나 또한 매우 많은 이익을 남기는 사업이기도 했다. 그리고 그런 사업은 이제 끝났다.

하나의 사업이 쇠퇴하면 또 다른 사업이 태동한다. 우리는 디지털 12기업이 성립되는 과정을, 그리고 지역 미디어가 재배치되고 재가동되는 과정을 살펴보았다. 이제 이 시대의 승리자들이 뉴스 사업을 재창조할 때 사용하는 수단을 보자.

뉴스노믹스 : 구글과 친구들─새로운 매스미디어 ●

우리는 어디서나 비어 있는 직사각형을 본다. 검색창이다. 구글의 천재성(사실은 여러 천재성 중의 하나)은 그 단순성으로 사람들을 끌어들였다는 데 있다. 하나 딱 커다랗게 쓰인 제목, '구글'이 우리의 마음을 잡아끈다. 그리고 잡스러운 것들이 붙어 있지 않는 화면 중앙의 검색창. 그리고 약속의 문구. '검색어를 치면 월드와이드웹에서 최고의 결과를 얻게 될 것입니다.' 구글의 자신감은 세르게이 브린과 래리 페이지가 만들어낸 '페이지랭크(Pagerank)'라는 개념에 기대고 있다. 그들의 말에 따르면 웹페이지의 상대적 유용성은 얼마나 많은 다른 웹페이지가 그 페이지를 링크했는가에 따라 좌우된다.

그러나 우리 대부분은 페이지랭크에 크게 신경 쓰지 않는다. 구글에서 찾은 결과는 매우 좋다. 그리고 구글의 우아한 단순성은 그것이 단지 멋져 보이는 새로운 도구에서 기본적인 도구로 비약할 수 있게 했다.

회사가 세워진 지 12년이 된 지금, 구글은 미국인의 생활에서 빠지지 않는 존재가 되었다. 우리 중 약 55퍼센트가 적어도 하루 한 번 이상 구글에 접속한다. 그리고 약 4분의 1은 그 이상 접속한다고 최근 아웃셀의 조사 결과 밝혀졌다.

전반적으로 미국인들은 한 달에 1시간 30분을 구글의 서비스 중 하나(웹검색, 뉴스, 금융, 지도, 동영상, G메일 등)를 이용하는 데 보낸다. 이런 수치들(국민 중 60퍼센트가 하루 한 번 이상 접속, 매달 1.5시간 이용)을 종합하면 우리 시대의 새로운 매스미디어로서 구글의 위상을 확인할 수 있다. 물론 야후, AOL, MSN 역시 구글과 비슷한 활발한 이용률이 확인된다. 이들 기업은 집합적으로 새로운 매스미디어 역할을 하며, 이전 시대의 매스미디어인 신문을 압도한다.

1920년대(미국인이 가장 열렬히 신문을 사랑했던 시대)로 돌아가보자. 당시는 모든 가구마다 평균 1.33부의 신문을 구독했다. 도시마다 여러 개의 신문이 있었다. 이제 미국 최대 신문들의 구독률이 두자릿 수씩 떨어지면서, 신문을 보는 가구는 전체의 30퍼센트대로 떨어졌다. 그렇다. 인터넷이 인쇄물로부터 독자를 멀어지게 했으며 그러한 현상은 80년 동안이나 이어져왔다.

모든 도시와 마을에서 최고의 매스미디어가 됨으로써 거대한 사업체와 거대한 뉴스룸을 운영했던 신문은 이제 틈새시장을 노리는 신세가 되었다(법칙 8 '틈새를 공략하라' 참조). 한편 정보검색-수집 매체들은 오늘날 매스미디어의 지위에 올랐다. 놀랄 필요는 없다. 매년 200억 달러 이상에 달하는 광고 수입이 그런 유형의 미디어로 옮겨가고 있다는 말이다.

짐 케네디(Jim Kennedy)

짐 케네디는 이 업계의 가장 날카로운 뉴스 전략가 중 한 사람이다. 그는 AP 전략기획본부 부사장이자 이사로서 19세기 뉴스 기업연합이 21세기에 가져야 할 역할 설계의 주역을 맡아왔다. 그가 시행을 도운 프로젝트에는 AP의 모바일 뉴스 네트워크와 발전하고 있는 디지털 뉴스 기업연합이 있다.

Q 비행기에 타셨을 때, 옆자리에 앉은 사람에게 신문 사업의 변화를 설명한다면 무슨 말씀을 하시겠습니까?

A 여러 가지로 설명할 수 있겠지만, 가장 명확한 설명은 '신문이 수요자와의 연결고리를 잃었다'가 될 겁니다. 제가 1975년에 작은 마을의 일간신문에서 일을 시작했을 때, 우리는 움직이는 것이면 뭐든 다뤘지요. 저는 당시 어느 소방수의 뒷집에서 살았는데 그가 현관에 나올 때면 저도 따라나섰습니다. 우리는 모든 모임에, 모든 닭고기 식당 만찬에, 모든 재판에, 모든 게임에 자리했어요. 나이 든 여성들이 모여서 엮은 '뉴스 노트'까지 다뤘죠. 그것은 오늘날의 블로그 같은 것으로, 마을 밖 농촌 지역에서 벌어지는 일을 속속들이 알려주는 역할을 했어요. 몇 년 뒤에 저는 대도시 일간지인 탐파트리뷴(The Tampa Tribune)으로 직장을 옮겨

요. 50명 이상의 언론인이 도시 외곽의 작은 마을 소식까지 전하는 집단이었죠. 가장 특이하다고 할 만한 일은 그 신문사가 저와 다른 세 명의 기자를 엘살바도르 내전 기간에 라틴아메리카로 파견한 일이었습니다. 우리는 피난민들의 곤경을 취재했는데, 그들은 갖은 고생 끝에 미국으로 들어와 플로리다 등지의 난민촌에서 살았죠. 우리는 세상의 꼭대기에서 세상 전체를 무대로 취재했습니다.

이 모든 것이 지난 10년 동안 바뀌어 버렸습니다. 경제난과 디지털로의 전환 덕분이죠. 9 · 11 이래의 경제난, 그리고 소위 닷컴 버블 붕괴는 그 10년의 중간쯤에 잠시 휴식기를 제공했지만, 이어서 2008년에 닥친 대불황이 신문업계를 정면으로 강타해 뿌리째 뒤흔들어 놓았어요. 또한 그 10년 동안, 날로 향상된 광대역 기술 덕분에 수용자들은 온라인으로 썰물처럼 빠져나가 버렸죠. 그리고 새로운 경쟁자들이 등장해 이제까지는 신문이나 그 밖의 전통적인 미디어에 의존했던 분야에서 시선을 끌기 시작했어요.

검색엔진, 포털사이트, 뉴스 수집매체, 소셜 네트워크, 그리고 위키피디아나 크레이그스리스트 같은 새로운 정보 사이트들이 소비자들이 접하는 뉴스와 정보의 세계를 한층 넓혀 놓았죠. 그때까지 전통적인 패키지 상품을 온라인과 모바일에 접목하려고 애쓰고 있던 신문은 자신들이 전혀 생소한 게임을 하고 있음을 깨달았습니다.

제가 말씀드릴 수 있는 가장 가까운 비교 사례는 미국 자동차업계예요. 그들 역시 외국과의 경쟁과 SUV를 선호하는 문화적 경향의 변화에 대응할 방법을 찾지 못하고 너무 오래 헤맸죠. 신문업계도 그러한 식으로 21세기에 죽음의 행진을 계속했고, 그리고 심지어 더 큰 잘못을 저질러왔다고 말할 수 있어요. 게임의 규칙을 바꾸는 혁신이 구글 수준에서 일어났다며 그들이 어찌할 수 없었을 거예요. 하지만 크레이그스리스트 수준의 혁신이라면 그렇지도 않았거든요. 단지 해야 할 조치를 안 한 거죠. 그리고 우리는 이제 아주 깊은 구덩이 속에서 기어나오려고 안간힘을 쓰고 있어요.

Q AP는 1846년에 창립되었습니다. 오랫동안 업계의 중심에 있었고요. 이제 방송, 케이블, 인터넷 벤처기업에 기원을 둔 기업들과 공존하고 경쟁할 수 있다고 보십니까?

A AP는 사실상 신기술의 파괴력을 최대한 활용하려는 신문사들이 만들어낸 거죠. 신기술이란 바로 전신(電信)입니다. 당시로 돌아가보면 전신은 제한된 자원이었고, 신문업자들은 뉴스를 전국 수준에서 주고받으려면 협력해야만 했어요. 오늘날 디지털의 파괴력은 무한한 기술 자원, 즉 인터넷을 제공해주죠. 하지만 그래도 그것을 최대한 활용하려면 협력이 필요해요. 과거 검색엔진이나 소프트웨어, 장비 같은 인터넷 기기들은 디지털 정보 흐름의 관리에 완벽하지 못했어요. 검색엔진에 키워드 하나를 쳐서 뉴스를 찾다 보면 실망하기 일쑤죠. 전신으로 얻을 수 있는 것보다야 많지만 대체로 뒤죽박죽인 정보를 얻습니다. 노스다코타에서 일어난 홍수 이야기를 보고 싶은데 마이애미 이야기만 뜨는 경우와 같죠.

과거 AP의 역할은 사방에서 뉴스를 수집하고, 통신할 가치가 있는 뉴스를 안정적으로 공급하는 거였습니다. 우리는 효율성을 창출하고 비용을 억제하기 위해 만들어졌죠. 이제부터 더 방대한 콘텐츠를 수집하고 모든 가능한 채널로 그것을 접할 수 있도록 하는 역할이 필요해요. 검색하면 마이애미가 아니라 노스다코타의 홍수 소식을 볼 수 있어야 하는 거죠. 그리고 신문, 방송, 그리고 그 밖의 파트너들과 우리의 비즈니스 관계는 비용을 억제함으로써 수입을 늘리는 정도에 따라 달라질 겁니다.

Q 새로운 디지털 저널리즘 사업이 옛 인쇄 매체와 얼마나 다른지 확연히 깨달은 순간이 있었나요?

A 저는 일찍이 웹뉴스를 시작한 사람이면 모두가 그것이 '그저' 새로운 미디어라고 여겼다고 봅니다. 말하자면 사전 포장된 상품을 놓을 또 다른 공간으로 여긴 거죠. 그건 대단한 실수였습니다. 인터넷은 단순히 또 하나의 디스플레이 수단이 아니라 하나의 생활방식이며, 전혀 새로운 비즈니스 환경이었던 거죠.

2003년 이전까지는 저도 그 점을 깨닫지 못했어요. 제 생각에는 그래도 제가 상대적으로 빨리 깨달은 편입니다. 하지만 우리 조직과 업계 주변의 사람들에게 그 점을 인식시키는 데 또 한참이 걸렸어요. 저는 회사 CEO인 톰 컬리가 2004년 말에 온라인 뉴스협회에서 대규모 강연을 하도록 준비를 한 적이 있어요. 거기서 그는 기본적으로 새로운 시대의 개막을 선언했죠. 그러나 AP를 포함한 우리 중 누구도 그 선언에 충분히 빨리 응답하지 못했어요. 머리로는 이해했지만, 그것을 결정적인 행동으로 연결짓지 못한 거죠. 우리에게는 점진적 변화가 아닌 급진적 혁명이 필요했는데, 우리 모두 자연스레 점진적 변화를 선호했던 거죠.

AP는 2003년에 콘텐츠 관리 및 배급 업무를 데이터베이스로 처리하기로 하면서 약간의 변화를 처음으로 시도했습니다. '전신' 모드를 마감하고, 우리가 하는 비즈니스를 전혀 다르게 생각해볼 기회를 잡은 거예요. 역사의 맥락에서 보면, 그것은 우리가 와이어 푸시 모델(wire-push model)에서 데이터베이스 풀 모델(database-pull model)로 갈아탄 순간이었다고 할 수 있죠. 디지털 시대에, 그것은 우리가 고객을 위해 모든 결정을 내리지 않고 고객 스스로 접속하고 선택할 수 있게 해주는 것을 의미합니다.

Q 디지털 미디어에서 더 빨리 알았더라면 좋았을 교훈은 무엇인가요?

A "이건 미디어가 아니라 생활방식이야, 바보야"를 제외하고, 더 빨리 깨달았어야 한다고 생각하는 교훈은 이제 세상은 일원적이지 않다는 점입니다. 구글 같은 소수의 예외적인 존재는 빼고요. 과거에 AP는 혁신을 위해 모든 필요한 것을 자신의 손으로 해내야 했어요. 전신 시스템을 설치하고, 뉴스룸을 위한 컴퓨터 시스템을 설계하고, 시대에 앞서서 디지털 사진을 선보이는 등등 말이죠. 이제는 이미 개발되었거나 디지털 생태계에서 태동하고 있는 것을 잘 이용하기만 하면 되죠. 따라서 시장에 빠르게 진입하고 싶다면, 필요한 모든 것을 직접 만들어내려고 하지 마세요. 그러기 위한 예산 확보가 어려운 것은 물론이고 실무 인력조차 유지하기 어려울 테니까요. 부족한 부분을 메우기 위해서는 파트너를 찾거나 돈으로 사거나 다른 방법을 쓰면 돼요. 오늘날에는 순수한 개발보다는 통합이 대세입니다. 몇 안 되는 일원적 기업들은 내버려두고요.

조 애프렌디(Joe Apprendi)

조 애프렌디는 디지털 광고업자로, 업계에서 가장 뛰어난 인물 가운데 하나로 널리 알려졌다. 그는 콜렉티브 미디어(Collective Media)를 운영하며, 진화하는 광고업의 예술 및 과학적 측면에 대해 이야기하기 좋아한다. 조는 내가 2008년에 온라인 뉴스협회에서 사회를 맡을 때 패널 중 한 사람이었다. 당시 그의 광고 메트릭스(metrics)에 관한 설명은 청중에게 큰 감명을 주었다.

Q 대부분의 인쇄 매체에서 인쇄물과 비교해 디지털 콘텐츠의 다른 점으로 미처 깨닫지 못하고 있는 가장 중요한 사실은 무엇입니까?

A 제 생각에 그들은 정기구독과 광고, 그 밖의 것을 똑똑하게 결합한 수입 전략이 얼마나 큰 기회가 될 수 있는지를 과소평가하는 듯합니다. 그들은 정확한 결합 모델 효과를 내다보지 못하고 있죠. 콘텐츠를 무료로 얻을 수 있을 때 정기구독은 어떻게 바꾸어야 하며, 그 두 가지에서 얻는 수입을 극대화할 수 있는 적정 가격은 얼마가 되는가 등입니다.

Q 새로운 디지털 비즈니스의 경제적 측면이 옛 인쇄 매체와 얼마나 극적으로 다른지 확연히 깨달은 순간이 있었나요?

A 전통과 권위를 가진 뉴욕타임스가 파산 직전까지 몰리고 시장 자본이 10억 달러 이하로 내려갔다는 소식을 접했을 때 그랬죠.

Q 인쇄 매체 업자들에게 '뉴스' 대신 틈새 콘텐츠의 가치를 어떻게 설명하실 건가요?

A 그들에게 틈새 콘텐츠의 가치를 설명해줄 필요는 없다고 생각합니다. 온라인이든 오프라인이든, 그런 것을 수익성 있게 창출할 비용 구조가 되어 있지 않아요. 애초에 온라인 인쇄출판 비즈니스를 하면서 그렇게 간접비용을 떼어버리고 조직 구조를 적절하게 맞출 수가 없는 거죠. 그들은 사용자 생성 콘텐츠와 뉴스를 포용하려고 노력하고 있지만, 그것은 유수의 저널리스트와 편집자가 제공하는 품격 있고 수준 있는 편집 콘텐츠와는 정면으로 어긋나죠.

Q 광고업계의 큰 변화 중에 인쇄 매체 업자들이 빨리 깨달아야 할 한 가지가 있다면 무엇입니까?

A 작년에 광고시장은 '사이트별' 구매 접근법에서 '수용자 중심' 전략으로의 큰 변화를 겪었습니다. 이제 광고주들은 단지 '페이지'를 구매하는 게 아니라 '사람들'을 구매합니다. 인쇄 매체 업자들은 단지 자신들의 웹사이트를 판매하는 데 그치지 않고, 수용자를 브랜드화해 판매할 수 있도록 자신들의 브랜드, 수용자, 광고 영업채널을 조정해야 합니다.

NEWSONOMICS

대통합, 또는 다른 사람의 콘텐츠를
사용하는 기술

이는 마치 말보다 빨리 달리는 자동차에 대해 불평을 하는 것이나 마찬가지다. 역사를 통해 신기술이 구식 기술을 대체해왔다. 이제 와서 인터넷과 인터넷이 창조한 연관 경제를 사라지게 할 수는 없다.

아리애나 허핑턴, 허핑턴포스트 발행인

저널리즘에서 정보를 가장 먼저 얻는 것과 바르게 얻는 것 사이의 갈등은 늘 존재해왔다.

앨런 굿맨, 칼럼니스트

래리 슈워츠의 사무실은 코네티컷주 롱아일랜드 해협에서 멀지 않다. 앞서 소개한 디지털 12기업과 매우 흡사하게, 해협을 사이에 두고 롱아일랜드와 본토 양쪽에서 판매를 하는 슈워츠에게 이곳 사무실의 위치는 안성맞춤이다. 그러나 슈워츠는 회사 블로그와 잘 구축된 자신의 트위터 네트워크를 통한 몇 차례의 트윗 활동을 제외하고는 일체 다른 콘텐츠를 생산하지 않는다. 인터넷 콘텐츠 세계에서는 전문가가 아니지만, 뉴스를 사고파는 중개인으로서 슈워츠의 거래는 호황을 맞고 있다. 그는 프로암 (Pro-Am)의 세계를 잘 이해하고 있다.

'프로암'이라는 용어는 골프에서 유래된 것이다. 배우 빌 머리와 그 보다 덜 유명한 아마추어 골퍼들이 프로 골프 선수와 페블비치(Pebble Besch)의 골프코스를 누비는 모습을 본 적이 있을 것이다. 변화하는 저널리즘 세계에서도 두 그룹에 초점을 맞춘다. 프로로 명명되는 전문 저널리스트는 신문사나 TV 뉴스 기업, 잡지사에 고용되어 지속적으로 월급을 받는 사람들이다. 'Am'은 인터넷이 가진 상호작용 특성에 의해 새로 생겨난 수십만 명의 아마추어 집단을 의미한다. 두 집단 간의 차이는 다음 법칙 6 '지금은 '프로암' 세상'에서 좀더 깊이 다루겠다.

모든 것은 2004년 코네티컷 마상 쇼에서 시작되었다. 슈워츠는 곧 있을 행사를 위해 아홉 살 난 딸의 말을 사람들에게 알려야 했다. 그래서 인터넷을 생각해냈으며 블로그를 수단으로 삼았다. 블로그를 만드는 일은 놀라우리만큼 간단했다. "저는 당시 그렇게 말 블로거가 됐어요"라고 슈워츠는 회상한다.

다른 사람들처럼 그도 개인적인 교훈을 자신의 기업 뉴스텍스(Newstex)에 적용했다. "저는 블로그를 몇 개 더 만들기로 했고 블로그가 뉴스로 연결되는 것을 목격했습니다. 그러니까 일부 내용은 뉴스만큼 아주 훌륭했다는 뜻이죠. 저는 여기서 하나의 생태계가 생겨나는 것을 볼 수 있었어요."

이처럼 6년 전 전문가들이 '파자마를 입은' 블로거들을 여전히 비웃을 때 슈워츠는 파자마 너머의 가능성을 보았다. 그는 발생 초기 단계의 블로그 공간을 휘젓고 다니면서 평범한 이야기꾼들이 황금알을 낳는 것을 목격했다. 슈워츠는 당시 블룸버그에서 근무하며 금융거래 흐름을 꿰뚫고 있는 비즈니스 전문가의 블로그 하나를 찾아냈다. 그리고 이어서 하버드대학교 교수와 CNBC의 래리 쿠들로의 블로그를 발견했다. 그는 이렇게 발견한 많은 블로그를 고커(Gawker) 블로그, 고다미스트(Gothamist) 시티 사이트, 여행 블로그 등으로 분류했다.

테크놀로지와 바이오연료, 비디오 게임, 쇼핑 등 많은 분야의 전문가가 존재한다. 이들은 유명 신문사에서 일하는 사람들이 아니다. 과거에 신문사에서 일했을 수 있지만, 퇴직을 했거나 교수 또는 아마추어 전문가들이다. 전국 대상 또는 지역별 언론사에 고용된 전문가들은 이제 더는 뉴스를 만들고 논평을 할 때 독점적인 권한을 행사하지 못한다. 지금까지 누구도 이처럼 많은 고급 아마추어들을 잘 조직하지 못했다. 그래서 래리 슈워츠의 신생 기업 뉴스텍스가 나섰다. 슈워츠와 그의 팀은 편집자가 하는 업무를 처리했다. 정치, 기술, 금융, 에너지, 법 등 주요 분야별로 블로그를 평가하고 석 장 분량의 간단한 계약서를 작성했다. 계약서에는 이 고급 아마추어들에게 뉴스텍스가 받게 될 수수료 수익의 일정액을 온라인 결재대행 업체 페이팔(PayPal)을 통해 지불하겠다는 약속이 명시되었다. 무엇보다 중요한 점은 블로그 공간에서 가장 가치 있는 요소를 제공할 수 있는지의 여부였다. 즉 노출과 약간의 홍보 효과를 제공하느냐가 관건이었다.

슈워츠는 자신이 가진 콘텐츠 라이선싱 경력을 활용했다. 그는 오랫동안 디지털 12기업과 전 세계 수백 개의 신문사가 만든 뉴스 콘텐츠를 제공해온 컴텍스(Comtex)의 사장을 역임했다. 물론 뉴스텍스도 라이선싱 분야가 있지만, 새로운 콘텐츠를 추가한 사람은 슈워츠가 최초였다.

오늘날 슈워츠는 블로그 신디케이션 세계의 대가로 통한다. 렉시스넥시스(LexisNexis)와 엡스코(Ebsco), 센게이지 게일(Cengage Gale) 같은 굴지의 신디케이터도 슈워츠의 뒤를 쫓아 블로그 세계에 진출했다. 슈워츠는 가장 먼저 블로그 공간으로 진출했고 라이선싱과 콘텐츠의 흐름을 만들어냈으며 1500개 이상의 블로그 가운데 쉽게 선택할 수 있게 만들었다. 블로그 수는 지금도 계속해서 증가하고 있다.

뉴스텍스는 같은 방식을 사용자 제작 비디오와 트위터 라이선싱에도 적용했다. 아마추어 콘텐츠 중 가장 뛰어난 것을 가려내고 계약을 체결하는 식이다. 슈워츠는 요즘 한 발짝 더 나아가 신문사의 저널리스트가 쓴 블로그를 많이 채택하고 있는데 이러한 현상은 법칙 7 '기자, 블로거가 되다'에서 심도 있게 다루겠다.

슈워츠는 뉴스노믹스 법칙 5 '대통합, 또는 다른 사람의 콘텐츠를 사용하는 기술'을 바탕으로 사업을 해나간다. 슈워츠는 뉴스거리가 될 만한 콘텐츠는 조직 및 수집, 의미부여 과정을 거쳐야 한다는 점을 이해한 후 고급 블로그 콘텐츠 시장 공략에 나섰다. 고객이 뉴스 콘텐츠를 도서관과 학교, 기업체에 제공하는 고급 시장에서는 정리된 콘텐츠를 요구했다. 테크노라티(Technorati)가 최초의 블로그 검색엔진으로 등장했지만, 구글이 곧 검색엔진의 강자로 떠올랐다. 두 검색엔진 모두 오픈 웹에서 블로그 검색에 사용되었으나 고급 콘텐츠 시장에서는 가치를 충분히 발휘하지 못했다.

고급 콘텐츠 시장은 매년 큰 비용을 들여 뉴스를 잘 선정하고 정리해 도서관과 학교, 기업에 제공한다. 이렇게 받은 콘텐츠를 도서관은 후원자에게, 학교는 학생에게, 기업은 직원에게 각각 보낸다. 고급 콘텐츠 시장은 구글 및 야후와 공생하며 많은 돈이 모이는 사업 분야다. 뉴스텍스는 일반인이 잘 모르는 기업에 콘텐츠를 공급할 뿐 아니라 가장 인기를 끌고 있는 킨들(Kindle)에도 블로그를 제공한다.

뉴스 콘텐츠 재판매업자가 흥미로운 블로그 콘텐츠를 판매하기 위해서는 판매통로가 필요하다. 그러나 콘텐츠를 생성하는 개별 블로거들은 쉬운 판매통로를 알지 못한다. 따라서 블로거들은 약간의 돈과 홍보 효과를 대가로 받고 기꺼이 뉴스텍스 측에 콘텐츠를 제공한다. 뉴스텍스는 콘텐츠를 가장 먼저, 그리고 똑똑한 방식으로 수집해 경쟁업체의 시장 접근을 어렵게 한다. 효율성을 선호하는 인터넷 마케터들이 제대로 된 방법을 이용해 대규모로 콘텐츠를 수집하며 경쟁기업의 접근을 차단한다.

따라서 뉴스텍스는 판매통로를 제공하며 전통적인 중개상인 구실을 했다. 우리는 광고 회사, 신문 유통업자, 출판사의 예를 통해 인터넷이 얼마나 많은 중개상인의 자리를 빼앗아왔는지 봐왔다. 그러나 새로운 기술은 기존의 것을 앗아감과 동시에 필연적으로 새로운 것을 만들어낸다. 즉 디지털 경제의 바퀴에 윤활유를 칠해줄 새로운 중개인을 필요로 한다.

우리는 업계를 선도하는 기업들이 같은 원리를 사용한다는 사실을 알고 있다. 일례로 아마존은 중요한 상품과 리뷰, 툴을 대량으로 모은다. 또 다른 예의 이베이(eBay)는 대규모 상품 시장을 만들어낸다. 애플의 앱스토어(Apps Store)는 수만 개의 다양한 툴을 모아 사용자가 웹에서 사용하고 하나의 기기에 담을 수 있도록 한다. 아마 여러분이 애용하는 쇼핑몰의 경우가 지금까지 발명된 상품 수집의 가장 좋은 예가 될 것이다.

수집 시 중요한 점은 다른 사람보다 더 많이 확보하는 일이다. 장난감에 대해 탐욕스러웠던 1980년대의 오래된 속담이 말해주듯이 오늘날 뉴스의 세계에서는 좋은 콘텐츠를 가장 많이 소유한 사람이 승자다.

다음을 생각해보자.

• 230억 달러가 오가는 인터넷 산업의 75퍼센트가 4곳의 중개 기업에 집중되어 있다. 구글, 야후, MSN, AOL, 이 네 기업이 독점한다. 이들 기업은 전문적으로 많은 콘텐츠를 하나의 장소로 모으고 웹과 뉴스 사이트를 무섭게 돌아다닌다. 이들 기업은 원본 콘텐츠를 거의 생산하지 않는다. 많은 콘텐츠에 대한 사람들의 관심을 끌어내 중간에서 주로 광고 형태로 수익을 창출한다. 수익금의 대부분은 콘텐츠를 최초로 올린

사람들이 아니라 콘텐츠를 수집한 기업에 돌아간다.

- 유튜브는 '동영상' 업로드와 검색을 쉽게 하면 어떨까 하는 호기심 어린 발상에서 시작되었다. 2002년, 대부분의 사람들이 동영상이 뭔지도 잘 모를 때 생겨났다. 당시 사람들은 TV와 캠코더는 알았지만, 동영상에 대해서는 생소했다. 유튜브 창업자들은 무엇이든 움직이는 화면을 동영상이라고 했고 언젠가 성공하리라고 여겼다. 현재 구글 소유가 된 유튜브에는 1억 개 이상의 동영상이 존재한다. 유튜브는 아직 사업적인 면에서는 초기 단계에 머물며 다양한 광고 형태를 시험운영 중이지만 구글의 중요한 사업전략이다.

- 페이스북은 그동안 우리 주위에 존재해오던 단순한 아이디어를 이용했다. 바로 가장 좋아하는 사람에 대해 자신만의 웹페이지 만들기(대상은 바로 당신!). 수백만 명의 사람들이 블로그를 만들었고 그중에는 매우 개인적인 것도 지극히 평범한 것도 존재했지만, 문제는 블로그들이 서로 다른 사이트와 다른 기술적 용어를 사용하고 만든 기업도 서로 다르다는 점이었다. 처음에 페이스북은 대학교 캠퍼스에서 시작되어 퍼져 나갔다. 페이스북은 "페이스북 웹사이트를 방문해 개인 소개를 작성하면 우리가 내용을 간단하게 정리해 당신이 모든 친구와 아무런 방해 없이 연락할 수 있도록 해줍니다"라고 소개한다. 페이스북 가입자 수는 현재 2억 명에 달하며 가입자들은 월평균 두 시간을 페이스북 웹사이트에서 보낸다.

- 블로그 공간의 한구석에서 뉴스텍스는 일인자가 되는 법을 터득했다. 파자마스미디어(Pajamas Media), B5미디어 등 규모가 작은 블로그 수집 업체는 더 큰 규모의 뉴스텍스에 콘텐츠를 제공한다. 이것이 바로

콘텐츠를 수집하고 수집업체가 다시 통합되는 방식이다.

- 전체적인 통합 원리는 프로암 세상에서 다시 반복된다. 내용을 좀더 상세히 다룬 법칙 6 '지금은 '프로암' 세상'에서 볼 수 있듯이 프로들은 미국 전역에서 커뮤니티 단계의 아마추어들을 조직하고 있다. 개닛의 전국적인 통합부터 뉴웨스트의 소규모 블로거 네트워크까지 현명한 방식의 통합은 성공할 것이다. 디지털 시대의 새로운 게이트키퍼로 등장한 콘텐츠 통합업체들은 주로 광고를 통해 수익을 낸다. 때때로 이러한 업체들은 수익 일부를 콘텐츠 생산자와 나누기도 하지만 나눌 필요가 없는 경우도 있다.

많이 수집하면 그만큼 규모도 커진다. 전혀 어려운 비즈니스 개념이 아니다. 작은 물고기를 잡아먹는 큰 물고기에 대한 우화를 생각하면 된다.

슈워츠는 "우리는 배관이며 파이프이자 하수관입니다"라고 말한다. 매우 겸손한 말이다. 콘텐츠 통합업체는 가장 먼저 배관의 필요성을 알아차렸다. 배관이야말로 뉴스를 한곳에서 다른 곳으로 옮기는 새로운 통로를 건설하는 데 필수적인 연결 장치이기 때문이다.

블로거도 독자도 배관에 대해서는 신경 쓰지 않는다. 나는 그 유명한 '화장실 은유'에 대해 슈워츠에게 물었다. 슈워츠는 비행기 옆자리에 앉은 사람에게 뭐라고 말할까?

"우리는 모든 블로그를 한데 모아 사람들의 킨들에 담습니다."

모든 콘텐츠를 한곳으로 통합하는 새로운 시대에 뉴스 제작자는 천천히 자신의 길을 찾아가고 있다. 한쪽에서 그들은 구글과 야후, 페이스북, 뉴스텍스와 같은 기업들과 공생하는 법을 배운다. 다른 한편에서는 자신이 취할 수 있는 콘텐츠 통합 방식을 고민한다. 이러한 노력에 대해서는 다음 장에서 좀더 자세히 다루겠다.

어렴풋이나마 내가 처음으로 새로운 형태의 중개인, 즉 콘텐츠 통합업체에 대해 깨달았던 때가 떠오른다. 1994년 겨울 하버드대학교에서였다. 나이트리더 신문사는 당시 두 번째로 큰 규모의 체인으로서 자사에서 가장 잘 나가는 발행자와 편집자들을 대상으로 2주간 경영과 비즈니스, 세계의 변화에 대해 중견간부 교육을 실시했다.

당시 연설자 중 한 명이었던 하버드 경영대학원 제프 레이포트 교수는 현재 보스턴 소재 마켓스페이스(Marketspace) 전략 기업의 대표이자 비즈니스위크 칼럼니스트로 활동 중이다. 레이포트 교수는 우리에게 중개인 배제 개념을 소개했다.

그는 화이트보드 위에 수직 도표를 그렸다. 맨 위에는 예를 들어 마돈나라고 하는 인기 가수의 이름을 적었다. 마돈나는 재능 있는 가수이며 관객은 그녀의 음악을 듣고 싶어했다. 여기서 '관객'은 맨 아래에 있었다. 가수와 관객 사이에 레이포트 교수는 '에이전트'나 '제작업체', '유통업체', '마케터', '소매업체' 등의 용어를 적어 넣었다. 물론 이러한 각각의 중개인은 가수와 관객 사이에 존재했다.

그러고서 레이포트 교수는 금전적인 면을 살펴보았다. 가장 아래에 있는 관객은 14달러를 내고 CD 하나를 구매했다. 이 가격은 대량 온라인 할인과 아이튠즈의 시대가 오기 이전 기준이다. 14달러 중 마돈나에게 돌아가는 금액은 3달러 정도이며 인지도가 낮은 음악가에 비하면 높은 편이었다. 그럼 나머지 11달러는 어디로 갔을까? 우리의 관심은 11달러로 집중됐다.

11달러는 모두 앞서 말한 중개인들에게 돌아갔다. 레이포트 교수는 중개인들이 관객의 경험에 어떤 가치를 추가하는지 의문을 제기했다. 물론 11달러만큼의 가치 추가는 이루어지지 않는다. 인터넷 도입 이전에는 위에 언급한 중개인이 모두 필요했다. 음악가는 모든 중개인을 상대하기 위해 강력한 대리 집단이 필요했다. 누군가는 음악을 전달하는 물리적인 매체인 CD를 제작해야 했고 유통업체와 마케터, 소매업자는 모두 오랫동안 지속되고 용인되어온 공급망이었다.

사람들이 CD를 사지 않고 인터넷을 통해 마돈나의 노래를 직접 듣고 CD 홍보가 필요 없어진다면 어떻게 될까? 이 질문을 통해 레이포트 교수는 오늘날 볼 수 있는 인터넷 경제를 미리 예견했다. 사람들이 자신이 원하는 음악이나 영화, 뉴스를 검색엔진과 친구의 이메일 또는 광고성 폭탄 메일처럼 특이한 형태의 유인물을 통해 웹상에서 직접 찾게 된다면 상당수의 중개인이 필요 없어진다.

실제로 인터넷의 도래 이후 상당수의 중개인이 사라졌으며 특히 음악과 뉴스 산업 분야에서 이런 현상이 두드러진다. 그러나 인터넷은 동시에 새로운 개념의 중개인을 여러 분야에 걸쳐 만들어냈다. 이처럼 인터넷은 전통적으로 유지되어온 관계를 와해하면서, 붕괴 후 복원이라는 자연스러운 과정을 거친다.

야후와 페이스북, 유튜브는 모두 새로운 통합기업의 흥미로운 예다. 그러나 인터넷이 창조한 거대기업 구글보다 더 월등한 식민지화의 예는 찾아보기 어렵다. 구글의 시장 가치는 미국 신문 산업을 다 합친 것보다 크며 현재 모든 인터넷 이용자는 구글을 중심으로 인터넷을 사용한다('뉴스노믹스 : 구글과 친구들-새로운 매스미디어' 참조).

구글의 CEO 에릭 슈미트는 구글을 다음과 같이 잘 묘사했다. "우리는 콘텐츠를 창조하지 않습니다. 우리는 콘텐츠 비즈니스 기업이 아닙니다."

구글은 통합 검색 기업이다. 즉 다른 사람의 콘텐츠에 강력한 검색 기술을 집중시킨다. 첫째, 구글은 월드와이드웹을 어느 누구보다도 잘 분류한다. 여기에는 신문사와 방송국, 유선 텔레비전 방송사, 통신사 등 다양한 목록이 포함된다. 나는 이 같은 특징을 마법이라고 부르고 싶다. 왜냐하면, 똑똑한 구글의 엔지니어들이 전 세계의 뉴스와 정보를 통합하는 프로세스를 개발한 후 알고리즘의 마법을 발휘하여 이용자가 손쉽게 사용할 수 있게 만들었기 때문이다. 이 과정을 대통합이라고도 할 수 있다.

2002년, 회사 설립 4년 후, 구글은 구글뉴스를 세상에 내놓았다. 구글은 자사의 기술을 집중해 전 세계 4000개 이상의 뉴스 출처를 검색해 사용자가 검색창에 원하는 내용의 단어를 치는 즉시 깔끔하게 정리된 관련 기사 결과물을 추려낸다.

현재 구글뉴스는 매달 2억 건 이상의 조회 수를 기록한다. 그러나 야후(6억 건), AOL 뉴스(8억 건) 및 마이크로소프트의 다양한 뉴스 상품과 비교하면 낮은 수치다. 하지만 뉴스 분야는 구글이 추구하는 광대한 검색 전략의 일부에 지나지 않는다.

미국인 세 명 중 한 명이 최소 하루 두 번은 구글 홈페이지를 방문한다는 사실을 기억하는가? 뉴스는 구글의 활력을 이끌어내는 하나의 요소일 뿐이다.

구글은 그동안 믿을 수 없을 정도로 다양한 영역을 개발했다. 여러 분야가 포함되며(뉴스, 웹 검색, 금융, 동영상, Gmail, 이미지, 맵스, 기타 등등), 서로 연관을 맺으며 경험을 축적해왔다. 마침내 구글은 2008년 전 세계적으로 217억 달러의 수익을 거두었다.

구글뉴스 이용자가 구글 사이트로 들어와서 다른 구글 링크를 클릭하면 구글의 가치가 높아지는 건 확실하다. 그렇다면 얼마나 많은 가치를 내는 걸까? 이 점이 바로 뉴스 업계의 의문이었다.

구글은 총 217억 달러 수익의 97퍼센트를 차지했던 유료 검색 광고를 2008년 초기까지 구글뉴스에서는 판매조차 하지 않았다. 구글은 뉴스 제공업체 측에 구글뉴스는 공공 서비스이므로 기사 옆에 일체의 광고를 싣지 않겠다고 말했다. 따라서 이후 광고 판매를 시작할 때는 천천히, 그리고 전체 구글뉴스 사이트가 아닌 특정 페이지에만 광고를 실었다.

광고 판매를 시도한 구글은 뉴스 제공업체 측에 듣기 좋은 말로 "이처럼 많은 고객을 귀사의 뉴스 사이트에 보내준 데 대해 전혀 감사할 필요가 없습니다"라고 했다.

감사는 일단 제쳐놓고 진실을 보자. 구글의 통합 검색 기술은 뉴스 업계가 따라잡을 수 없을 정도로 탁월해서 사람들은 구글을 기본으로 사용하여 원하는 뉴스를 찾는다. 2009년까지 뉴스 사이트 트래픽의 25~35퍼센트는 구글을 통해 이루어졌으며 구글이 가장 많은 방문객을 데려왔다.

바로 여기서 우리는 콘텐츠 통합을 당하는 처지에 놓인 업체의 딜레마를 엿볼 수 있다(클레이튼 크리스턴슨 교수에 경의를 표함). 통합당하는 처지(전체 뉴스 업계)에서는 구글의 접근을 막을 때 발생하는 25~35퍼센트의 웹사이트 트래픽 하락을 쉽게 극복할 수 없다(구글은 미소를 지으며 요청이 있으면 개별 뉴스 기업의 기사를 노출하지 않겠다고 말한다).

과연 실제로 통합은 윈-윈 전략일까? 또 공평하게 이루어지는가? 구글닷컴을 통해 전 세계인이 보는 뉴스로 발생하는 이익을 모두 구글이 차지해야 할까?

나는 2009년 4월에 구글과 신문사 사이의 형평성에 대해 의문을 제기한 바 있다. 당시 구글의 CEO 에릭 슈미트는 신문사 측에 "독자를 화나게 하지 마라"라는 충고를 보냈다. 이 말이 의미는 "독자가 사용하는 검색엔진 구글을 화나게 하지 말라"이다. 나는 뉴스 제공업체와 구글의 관계를 산업 내 공급업체 간의 관계에 비유한다. 공급업체(신문사, 즉 통합을 당하는 쪽)는 제공하는 가치(콘텐츠)에 대한 적절한 보상을 받지 못한다.

2009년 구글과 뉴스 업체 간 밀실 협상을 바라보면서 많은 사람이 실망스러워했다. 이 책을 쓰는 시점에도 우리는 구글과의 협상에서 뉴스 미디어 업체의 지위가 얼마나 향상되었는지 확신할 수 없으며 앞으로 상황이 나아질 것 같지 않다. 얼마나 많은 뉴스 업체에 대한 정보 통합이 이루어지고 있는지 확실히 알 수 없지만, 시간이 지날수록 그 수가 늘어나고 있음은 자명하다.

신문사는 콘텐츠를 생산하지만 자사 사이트에서의 이용도는 비교적 낮으며 2008년 전체 디지털 수익으로 30억 달러를 거두었다. 신문사와 방송국의 짧지만, 고통스러운 인터넷 역사를 살펴보면 지금까지 이들 업체는 콘텐츠를 통합하는 쪽이 아니라 반대로 통합을 당하는 처지에 놓여 있었다.

야후는 한층 더 흥미로운 콘텐츠 통합기업이다. 그동안 우리는 야후 뉴스페이퍼 컨소시엄이 어떻게 신문사들의 중심 전략으로 자리 잡게 됐는지 봐왔다. 설립 14년을 맞는 야후는 그동안 기술을 개발하여 중소규모의 신문사를 끌어모았다. 야후가 한 일은 통합 작업이었다. 신문사들은 과거에 스스로 통합을 시도했으며 1997년에는 뉴센트리네트워크(New Century Network)를 구성했다. 그러나 각각의 기업은 자기중심주의를 버리지 못했고 해체되기 시작했으며 외부의 개입이 필요했다.

바로 이 점에서 통합의 근본적인 면을 볼 수 있다. 통합은 종종 양측에 다 유리하게 작용할 수 있다. 야후는 미국 일간지 절반 정도가 가입한 '야후 뉴스페이퍼 컨소시엄'의 조직자로서 유리한 위치를 차지하고 신문사는 많은 혜택을 받는다. 신문사는 최초로 첨단 광고 기술을 접할 수 있으며 실제로 광고판매에서 기술은 가장 중요한 요소다. 그래서 2009년 신문사는 야후의 광고 기술을 이용하기 시작했고 새로운 방식의 고가 광고를 통해 수백만 달러의 수익을 거두었다. 게다가 계약을 통해 야후는 컨소시엄 회원 신문사에 유리한 공간을 배정해 더 많은 독자가 해당 신문사 홈페이지를 방문하게 했다.

따라서 웹 통합은 야후나 뉴스텍스의 경우처럼 양측에 유리한 2차선 도로가 될 수도 있고 한쪽으로만 치우친 상황을 가져올 수도 있다.

똑똑한 신문사는 이러한 교훈을 스스로 적용하려고 노력 중이지만 대부분의 신문사와 방송사는 다소 느리게 반응한다.

모순이 아닐 수 없다. 신문 자체가 정보의 통합이 아니면 무엇이란 말인가? 신문사 편집자는 계속해서 광범위한 기사를 보도하지만, 이는 일간지 구성의 일부일 뿐이다. 신문 전체를 들여다보면 하나의 통합된 모습이 보인다. 만화, 칼럼, 퍼즐, 신문기사, 영화와 TV 방송 프로그램, 별점을 포함해 고객이 돈을 내고 게재한 항목별 광고 등 모든 내용이 하나로 묶여 있다. 따라서 모순 중에서도 가장 큰 모순은 신문사가 이미 통합의 대가인데도 그 사실을 인지하지 못하고 기본 법칙 5를 웹에 적용하지 못하고 있다는 사실이다.

하지만 마침내 제대로 방향을 잡은 신문사도 일부 있다. 뉴욕타임스의 타임스엑스트라(Times Extra)는 구글처럼 홈페이지 오른쪽에 관련 기사 링크를 제공한다. 경쟁업체의 기사도 링크에 포함했다. 여기서는 뉴욕타임스 기사뿐만 아니라 그 외 훌륭한 기사를 모두 볼 수 있으므로 NY타임스 닷컴을 가장 먼저 그리고 자주 사용하는 홈페이지로 만들라는 메시지가 들어 있다. 더 많은 사람이 홈페이지를 방문할수록 더 많은 광고를 팔 수 있다. 뉴욕타임스 외에도 편집자가 정보를 모으고 요약해 뉴스의 순위를 정해 제공하는 통합 사이트도 있다.

우리는 종종 큰 폭으로 규모가 축소된 도시 일간지의 공백을 무엇이 채울지 궁금해한다. 사실 어느 정도 답은 나와 있다. 이미 다양한 군소 규모의 사이트, 재단의 지원을 받는 시정 뉴스 사이트, 일부 공영 라디오 방송국 및 TV 방송국이 등장했다. 앞으로 더 많은 사이트가 생겨날 것이다. 이렇게 각 도시에서 사이트가 생겨나 전국적으로 확대되면 새로운 통합업체가 필요해지고, 이는 앞으로 훌륭한 사업거리가 될 수 있다.

뉴스와 영화 제작은 어느 정도 유사한 혁명을 경험했으므로 뉴스 업계는 할리우드의 경험을 모방할 수 있다. 우리는 저렴한 디지털 기술을 사용한 독립 영화감독과 대형 스튜디오와 관련 없는 콘텐츠 제작업자의 등장을 봐왔다. 인터넷도 이렇게 독립적으로 활동하는 사람에게 훨씬 직접적인 방식으로 관객과 소통할 수 있게 해주고 새로운 콘텐츠 수송관을 통합 배급업체에 제공한다.

여전히 진화 중인 배급 시스템 속에서 영화제는 새로운 사업 연결기회를 가져다준다. 영화제에서 영화는 배급업체를 찾고 관객을 만날 수 있다. 실제로 오스카상을 받은 영화 '슬럼독 밀리어네어(Slumdog Millionaire)'와 '미스 리틀 선샤인(Little Miss Sunshine)', '신 놈브레(Sin Nombre)', '주노

(Juno)'는 영화제를 통해 관객을 찾아갈 수 있었다.

인터넷과 영화산업의 구성요소는 비슷하다. 디지털 기술을 사용하는 소규모의 많은 독립 영화 제작업체, 발사대/시험장으로 이용되는 웹, 강력한 바이러스성 마케팅과 업체를 연결하는 새로운 형태의 통합업체로 결합된다.

이제 지역 미디어 기업이 콘텐츠 통합과 관련해 어떤 활동을 하는지 살펴보자. 지역사회의 시민과 블로거, 단체가 제작한 지역 관련 콘텐츠를 모으는 작업이 통합이다. 로키 산맥이 지나는 주에서 바로 조너선 웨버가 하는 일이며 시애틀에서 미셸 니콜로시가, 휴스턴에서 스콧 클락이 하는 일이다. 모두 다른 이가 생산한 콘텐츠를 신속하게 통합해 재미와 수익을 동시에 즐기는 현명한 사람들이다.

패트릭 스페인(Patrick Spain)

패트릭 스페인은 항상 새로운 사업을 구상하는 매력적인 이야기꾼이다. 그는 기업 정보 사이트인 후버스(Hoovers)를 만들어 던앤브래드스트리트 (Dun and Bradstreet)에 매각했고, 뉴스 검색 사이트인 하이빔(High Beam) 을 센게이지 러닝스 게일(Cengage Learning's Gale)에 매각했다. 현재 뉴스 통합 사이트인 뉴서(Newser)를 운영 중이며, 인터넷에서 가장 흥미로운 기사를 찾아 빠르게 요약한 후 '할리우드 광장' 같은 형태로 배열한다.

Q 비행기 옆자리에 앉은 사람에게 통합 비즈니스를 설명한다면 무슨 말씀을 하시겠습니까?

A TV쇼 '루 그랜트(Lou Grant)'를 생각하시면 됩니다. 편집회의를 소재로 한 TV쇼나 영화에서 편집자가 신문에 어떤 내용을 넣을지 의논하는 모습을 본 적이 있을 겁니다. 온라인 통합(우리는 뉴서Newser가 하는 일을 '큐레이션'이라고 부릅니다)도 마찬가지입니다. 다만, 직접 만들어서 편집하는 게 아니라 다른 사람이 만든 내용을 바탕으로 결정합니다. 비용과 저널리즘의 드라마 없이 이루어지는 편집 활동입니다.

Q 편집하기 좋은 콘텐츠를 잘 골라내시는데, 기존의 뉴스 기사와 비

교해 높은 가치를 지닌 블로그를 어떻게 찾아내시죠?

A 아직도 독자들은 기존의 잘 알려진 매체에 이끌립니다. 뉴욕타임스나 CBS 뉴스를 운영하는 기업이 망한다 해도 이러한 매체는 다른 기업에 인수되어 여전히 존속할 수 있습니다. 왜냐하면 오발틴(Ovaltine)이나 제니스(Zenith), 프렐(Prell) 등의 상품명처럼 신뢰감을 주기 때문이죠. 하지만 오늘날 가장 높은 통찰력을 지닌 글은 헨리 블로짓과 앤드루 설리번 같은 블로거들에게서 나옵니다. 우리가 하는 일은 이러한 블로거를 뉴욕타임스나 CBS 바로 옆에 위치시켜 신뢰감을 주는 일입니다.

Q 새로운 디지털 저널리즘 사업이 기존의 것과 아주 다른 형태가 되리란 걸 언제 깨달았나요?

A 디지털 저널리즘의 경제학을 이해하면 급진적인 변화가 꼭 필요하다는 걸 알게 될 겁니다. 독점 지역 신문사와 TV 뉴스 방송은 온라인 시대에 살아남을 수 없습니다.

게다가 신문을 읽는 사람이 매일, 모든 광고를 보고 1.8명의 사람에게 신문을 돌린다는 식의 근거 없는 가정은 모든 게 숫자로 드러나는 인터넷 시대에 들어 사장되었습니다. 따라서 독자 1000명당 15달러의 비용은 실제 신문의 경우 CPM 150달러라는 계산이 나오지만, 온라인에서는 여전히 CPM 15달러입니다. 즉 온라인에서 같은 수익을 내기 위해서는 적어도 10배 더 많은 독자가 필요합니다.

독점이 사라지고 무한한 콘텐츠가 있다 해도 CPM 15달러를 버는 일은 어렵습니다. 아마 같은 수익을 내기 위해서 30배 더 많은 독자가 필요할 겁니다. 거대 디지털 미디어 기업의 수익은 수십억 달러를 기록했던 예전과 달리 (한참 낮은) 수억 달러 수준입니다.

Q 디지털 미디어 분야에서 좀더 빨리 배웠더라면 좋았을 것 같은 교
훈이 있나요?

A 검색엔진 최적화의 중요성과 검색엔진과 기타 온라인 마케팅을 통
해 독자를 모으는 기술입니다. 디지털 미디어에서 성공하기 위해서는 가
장 중요한 요소입니다.

NEWSONOMICS

지금은 '프로암' 세상

블로그와 블로거, 블로깅에 대해서는 잊어버리자. 누구나 내용에 상관없이 인터넷에 콘텐츠를 올릴 수 있으며 그 비용과 난이도가 훨씬 낮아졌다는 점에 주목해야 한다. 결과적으로 잠재적인 콘텐츠 제작자 수는 계속해서 늘어날 것이다.

클레이 셔키, 칼럼니스트

나는 인터넷이라는 신기술과 인터넷이 제공하는 모든 것에 반대하는 논쟁을 펼치려는 게 아니다. 그러나 내가 사는 도시에서는 시청이나 법원 복도, 경찰관이 가는 술집에서 시민 저널리스트라 불리는 블로거를 마주치는 일은 없다. 지속적으로 콘텐츠를 가다듬고 정리하는 사람도 볼 수 없다. 기업 경영자와 매일 마주치는 일도 없다.

데이비드 사이먼, 시나리오 작가 겸 저널리스트

조너선 웨버는 몬태나로 이주한 후, 말 그대로 산과 강이 내다보이는 곳에서 일할 수 있었지만, 그의 신생 뉴스 기업은 홈 오피스로는 감당이 안될 만큼 훌쩍 성장했다. 이제 사무실 밖의 풍경은 전만큼 장엄하지 않지만, 웨버는 여전히 비터루트(Bitterroot) 산맥에서 멀지 않으며 목가적인 분위기가 나는 대학 도시이자 존 업다이크가 '90년대의 파리'로 부르기도 한 미줄라(Missoula) 시에 살고 있다.

10년 전 사람들로 붐비던 인기 인터넷 잡지, 인더스트리스탠더드의 사무실에서 일할 당시 웨버의 시야는 그리 넓지 못했다. 20년 전의 웨버는 로스앤젤레스 시내에 있는 로스앤젤레스타임스 복합건물에 있는 사무실에서 일했다.

그러나 현재, 웨버는 새로운 사무실과 새로운 시각을 얻었다. 그리고 날마다 새로운 미래를 그린다.

그는 신생 언론 기업을 운영하는 수십 명의 선구자 중 한 명이다. 웨버는 5년 만에 뉴웨스트 사이트와 회사의 수익구조를 흑자로 돌렸으며, 네트워크를 만들어 매월 15만 명의 독자를 끌어 모으고 있다. 또한, 인상적인 기사로 찬사를 받았을 뿐만 아니라 많은 이들이 따를 만한 비즈니스 모델을 만들어냈다.

뉴웨스트는 매일 20개의 새로운 기사를 내보낸다는 야심 찬 계획에 따라 로키 산맥 근처 여러 주에 영향을 미치는 중요한 문제를 심도 있게 다룬 기사를 내보낸다.

우리 시대의 특징처럼, 웨버는 적은 비용이지만 장기간에 걸친 사전 작업을 거쳐 성공을 이루었다. 회사는 CEO이자 작가인 웨버를 포함해 여섯 명의 정직원과 대여섯 명의 시간제 근무자, 그리고 수십 명의 커뮤니티 블로거와 기고가로 이루어졌다.

웨버는 자신의 회사를 4단계 피라미드로 설명한다. 정직원과 유급 기고가, 칼럼니스트, 그리고 가장 넓은 부분을 차지하는 무급 기고가다. 무급 기고가들이 보내오는 이야기는 주제가 다양하다. 웨버의 피라미드는 다른 기업들도 연구하고 시도해볼 만한 언론 기업형 구조이다.

웨버는 프로암 저널리즘이라는 요즘 들어 많은 관심을 받고 있는 새로운 형태의 저널리즘을 적극적으로 지지한다(프로암 이외에 다른 이름으로도 불린다). 프로암은 상호작용하는 시대의 부산물이다. 뉴욕대학교의 제이 로슨 교수는 상호작용의 구조를 이렇게 설명한다. 그는 "과거에 관객이라고 알려진 사람들"을 인터넷 시대에 맞는 '독자'로 재정의하고, 광범위한 저널리즘의 변형을 지적하며 "우리는 글을 쓰는 사람/당신은 읽는 사람이라는 구조가 더는 성립되지 않는다"라고 주장한다. 우리는 프로가 전문가라는 사실을 안다. 미디어 전문가는 미디어 기업에서 높은 월급을 받는다. 반면 암은 아마추어를 의미하지만, 실제 그중에는 높은 수준의 지식과 고도의 기술을 갖춘 '아마추어'가 많다.

프로암 저널리즘은 광범위하고 일반적인 형태를 띤다. 인터넷에서 세 번째로 인기가 높은 뉴스 사이트인 USA투데이닷컴에는 기사에 대한 댓글이 하루 2만 건 이상 올라온다. USA투데이를 비롯한 81개의 일간지를 발행하는 미국 내 최대 미디어 그룹 개닛은 '커뮤니티 교류'를 새로운 전략의 주축으로 설정했다. 이에 대해서는 법칙 3 '지역, 재배치와 재장전'에서 다룬 바 있다.

대부분의 지역 신문사는 커뮤니티 콘텐츠를 이용하며 그중 일부는 온라인에 게재된 내용을 인쇄 매체에 '역발행' 하기도 한다. CNN의 i리포트는 사람들이 올린 동영상을 골라 프로그램의 앞부분과 중간에 배치해 끊임없이 반복되는 뉴스 사이클의 연결부분을 채웠다. 폭스의 U리포트, MSNBC의 퍼스트퍼슨(FirstPerson), ABC의 아이코트(iCaught)도 모두 이와 유사한 전략을 취했다.

브로드캐스트 인터랙티브 미디어가 제작한 지역 방송 수준의 유뉴스(YouNews)는 82개 도시에서 방영된다. 매주 많은 방송국에서 일반인이 만든 동영상을 서너 개씩 방송에 내보낸다. 한편, 동영상이 올라오는 건수는 매월 10퍼센트 이상 증가 추세며 실제 뉴스부터 귀여운 애완동물이나 아이의 모습을 담은 비디오까지 모두 온라인으로 볼 만한 내용이다.

가장 최근에는 NPR이 커뮤니티홈(Community Home)을 새롭게 개설해 방송 진행자와 유명인사 및 그들의 활동에 대한 청취자의 의견과 피드백을 받는 시도를 했다.

현재 아마추어뿐 아니라 전문 저널리스트들도 퓨리서치센터처럼 '콘텐츠 창작'에 참여하는 모습을 볼 수 있다. 인터넷에서 누구나 콘텐츠 제작자가 될 수 있으므로 기업이나 단체는 발행인이 되어 직접 독자를 찾아갈 수 있다. 그러나 이러한 시도에는 많은 기회와 함께 그만큼의 위험도 따른다.

이와 같은 아마추어 혁명이 발생한 배경은 무엇일까?

두 가지 현상이 뒤섞이면서 '사용자 제작' 콘텐츠의 양은 믿을 수 없을 정도로 증가했다. 첫째, 웹을 통해 모든 게 가능해졌다. 인터넷을 통해 사람들은 수천에서 수만 명의 모르는 사람과 처음으로 연결되었다. 이어서 생겨난 수백 개의 신생 기업은 새로운 형태의 커뮤니케이션이 지닌 잠재력이 발산될 수 있도록 사회적 상호작용을 쉽게 만들었다. 즉 월드프레스(WorldPress), 타입패드(Typepad), 닝(Ning) 등 새로운 서비스를 통해 단 몇 분 안에 하나의 블로그가 생성되고 공유가 가능해졌다. 곧이어 수백만 개의 블로그가 생겨났다.

둘째, 사용자 제작 콘텐츠의 경제학은 크고 작은 모든 미디어 기업에 보내는 하나님의 선물이다. 그 속에는 무한한 잠재력이 들어 있다. 미디어 기업은 몸값이 높은 편집자와 제작자 및 기자에게 드는 비용을 훌륭한 작가들이 열심히 써서 올린 '저렴하거나 무료로 제공되는 콘텐츠'에 드는 비용과 비교할 수 있다. 비교 결과 자연스럽게 사람을 줄여야 한다는 계산이 나오고, 사용자 제작 콘텐츠에 대한 의존이 높아진다. 물론 꼭 이런 식으로만 진행되는 것은 아니다. 중요한 점은 여러 가지 변수가 발생할 수 있지만, 변화의 추세는 부정할 수 없다는 사실이다.

경기가 좋을 때는 이 둘 사이의 균형을 유지하는 게 이상적이다. 그러나 경기가 나쁠 때 신문사와 방송국은 사용자 제작 콘텐츠를 생존과 미래의 번영을 위한 생명줄로 여기게 된다.

물론 독자의 댓글은 전혀 새로운 게 아니다. 편집자 앞으로 보내는 독자의 편지는 신문과 잡지의 오랜 전통이었다. 독자가 신문사로 편지를 보내면 세심한 분류를 거쳐 편집자의 검열을 받는다. 편집자는 마침내 글의 견해와 글에 담긴 균형감을 저울질한 후 신문에 실릴 독자의 글을 선정한다. 신문사가 아직도 독자의 편지를 신문에 싣고는 있지만, 과거와 같은 시대는 이제 끝났다.

기사를 실을 공간이 부족하던 시대는 사라지고 바로바로 올라오는 댓글에 대한 게이트키핑의 필요성도 줄어들었다. 인터넷은 4세기 동안 이어져온 관행을 무너뜨리고 구식으로 만들어버렸다.

편집자의 권한도 사라졌다. 1986년에 내가 파이오니어프레스에 근무하기 위해 세인트폴에 왔을 당시만 해도 편집자의 권한은 대단했다. 세인트폴디스패치(Saint Paul Dispatch)의 전 편집장 해리 버넘이 불평 많은 독자를 다룬 일화가 있다. "부인, 이렇게 계속해서 불평하시면, 저희로서는 부인의 신문 구독을 취소할 수밖에 없습니다." 이런 때도 있었는데, 시대가 참 많이 변했다. 그것도 굉장히 빨리.

중요한 점은 바로 일반인들의 댓글과 글이 과거 미디어 기업으로부터 돈을 받던 저널리스트, 즉 전문가와 대부분의 일반인 아마추어 간의 관계를 뒤집었다는 사실이다. 그래서 법칙 6은 '지금은 '프로암' 세상'이다.

아마추어 제작 콘텐츠는 빠르게 늘어나고 있다. 플럭(Pluck)은 주요 소셜 네트워크 플랫폼 회사 중 하나로, 미디어가 관객과 소통하는 데, 그리고 점점 더 다양해지는 비즈니스에 필요한 모든 기술을 제공한다.

플럭은 독자와의 상호작용은 주로 누군가 단순히 기사에 반응하면서 시작된다고 설명한다. 바로 사람들이 올리는 댓글이다. USA투데이닷컴에는 매일 2만 개 이상의 댓글이 올라온다. 이러한 댓글을 배리 본즈나 매니 라미레즈와 관련해 비타민 기사를 내보낸 편집자에게 보내는 편지라고 생각해보자(두 사람 모두 야구선수로서 약물 복용혐의로 구설수에 오른 경력이 있다-옮긴이).

댓글은 그 특성상 반동성을 지닌다. 댓글 달기에 참여한 사람들은 점점 활동을 넓혀 자신들의 관심사를 표명하며 더 '중요한' 영역까지 채워가기 시작한다. 그리고 포럼이나 토론에도 참여한다. 정치적인 토론부터 건강, 스포츠팀에 관한 토론까지 다양한 주제에 대해 활발하게 참여한다.

다음 단계로 사람들은 사진이나 동영상을 올리기 시작하며 이런 동영상은 CNN의 i리포트와 유뉴스에 원동력을 제공하는 핵심 연료가 된다. 많은 사람이 글 쓰는 일에는 자신 없어 하지만, 사진을 찍고 캠코더를 사용하는 일에는 능숙하다.

신문사와 독자 모두에게 가장 이득이 되는 일은 아마추어 기고가의 탄생이다. 이들은 해박한 전문지식이나 열정, 또는 두 가지 모두를 지닌 사람들로, 흥미로운 주제에 대해 지속적으로 이야기를 제공한다. 일부는 두터운 팬층을 확보하기도 한다. 저널리스트로 일하다가 인수합병이나 해고를 당해 실직한 사람들은 이러한 활동을 통해 자신의 전문성을 계속 키워나가기도 한다. 또 어떤 이들은 '저널리즘'이라는 용어를 끔찍해하기도 한다. 전 세계를 대상으로 하든 특정 지역을 대상으로 하든, 모든 신문사는 이러한 새로운 콘텐츠 창작 그룹과의 관계를 이해하기 위해 분주히 움직인다.

빠른 속도로 활동의 법칙이 생성되고 있다. 사용자 제작 콘텐츠가 얼마나 중요하게 다뤄질까? 전체 내용 또는 일부분만 발췌되어 사용될까? 사용자의 블로그에 어떤 형태의 링크가 제공될까? 웹에 노출되는 것 이외에 사용자에게 주어지는 보상은 있을까?

윤리적인 면은 어떤가? 올드미디어 세계에서는 편집자가 직원들과 함께 일했으므로 윤리 강령을 그대로 강요할 수 있었다. 그러나 오늘날 아마추어가 난립하는 개척사회에서 편집자는 콘텐츠 기고가를 만나거나 그들의 개인사나 일에 대해 전혀 알지 못한다. 이런 상황에서 편집자가 어떻게 검열을 할 수 있을까? 오늘날에는 최소한의 검열만이 가능하므로 시한폭탄이 많이 존재하는 셈이다.

사람들은 회사를 광고하거나 정치적인 이익을 위해 블로그를 한다. 이러한 목적은 숨겨져 있기도 하고 공개되기도 한다. 공개되는 게 일반적이라 여겨지지만, 실제는 그렇지 않다. CNN의 i리포트는 다른 신문사들이 배워야 할 모델을 제시한다. CNN은 훨씬 앞선 2006년도에 i리포트를 만들었다. 시민이 올리는 콘텐츠의 영향력을 꿰뚫어본 것이다. 2004년 인도양에서 발생한 쓰나미의 무시무시한 모습을 담은 동영상을 기억하는가?

현재 10만 명 이상의 사람들이 '시민 저널리스트'로 가입했다. CNN은 전 세계 독자로부터 30만 건 이상의 글을 받으며 이 숫자는 매달 1만 개 이상씩 늘어난다. 물론 그중 가장 훌륭한 내용을 골라 온라인과 케이블로 내보낼 수 있다. 실제 매달 1000건 이상이 TV에 사용된다.

또한 CNN은 수많은 시민 저널리스트와 새로운 관계를 구축하는 중이다. 본사 사이트에 가면 '슈퍼스타스(Superstars)'가 보인다. 이들은 기여도와 인기, 순위에 의해 매주 결정된 상위 20퍼센트의 시민 리포터들이다.

이것이 바로 웹이 만든 보도내용을 웹이 판단하는 형태이며 CNN은 i리포트를 통해 저널리즘 전반에 매우 중요한 교훈을 던진다.

이제 글로벌에서 지역으로 시야를 옮겨보자. 플레이스블로거(Placeblogger.com)는 특정 장소에 관한 아마추어 콘텐츠를 한눈에 볼 수 있도록 정리해서 제공한다. 에스토니아의 수도 탈린에서 탤러해시까지 거의 모든 곳을 포함한 '지역 관련 블로그'의 통합체인 셈이다. 시애틀피아이(SeattlePI.com), 샌프란시스코의 KPIX, 매디슨의 WISC-TV 같은 일부 지역 미디어 소유 사이트도 이 분야의 선두주자로 '장소 블로그'에 관심을 가졌다. 2009년 말 시애틀타임스(The Seattle Times)와 마이애미헤럴드, 샬럿옵저버(Charlotte Observer)는 이와 같은 원스톱 전략을 염두에 두고 각각의 지역에서 '초지역' 웹사이트를 통합하기 시작했다.

이는 전형적인 식민지화 논리다. 도시를 중심으로 '큰' 사이트가 작은 '커뮤니티' 사이트를 통합한다. 커뮤니티 교류의 중심지로 위상을 높이고자 하는 많은 사이트가 같은 접근 방식을 택할 것으로 보인다.

모든 대형 신문사가 계획 구상에 돌입했다. 개닛은 자사 정보 센터의 위상을 높이는 방법을 강구하는 중이다. 트리분은 편집자를 커뮤니티 조직자로 바꾸며 커뮤니티를 통합하고 있다. 허스트는 지역 사이트로 많은 사람을 끌어들이는 기술을 제공하는 아마추어 콘텐츠 제작업체 헬륨(Helium)과 최근 제휴를 맺었다. 캐피틀 브로드캐스팅(Capitol Broadcasting)의 WRAL는 롤리 시에서 큰 인기를 얻기도 했다('인터뷰: 앤절라 오코너' 참조).

실험적인 시도는 점점 늘고 있다. 토론토글로브앤메일(Toronto Globe and Mail)과 웨스트체스터의 저널뉴스는 소셜 툴을 사용해 콘퍼런스와 청문회 같은 생생한 행사 소식을 전한다. 이들은 실시간 댓글과 시청각 자료, 여론조사를 저장해 자사의 신문 기사를 작성할 때 덧붙인다.

사진 분야도 아마추어 전략을 이용한다. 신시내티인콰이어러(The Cincinnati Enquirer)가 만든 사진 공유 사이트에는 1만 2000장의 사진이 올라와 있다. 회사는 이 사진을 이용해 티테이블용 책자를 만들어 권당 39.95달러에 판매했다.

워싱턴포스트는 라우돈(Loudoun) 카운티 교외지역에서 입지를 강화하기 위해 라우돈엑스트라(LoudounExtra.com) 사이트에 많은 공을 들였지만, 작년 8월에 끝내 사이트를 포기했다. 워싱턴포스트는 지역 시민의 참여를 독려하는 일이 얼마나 어려운지 알게 됐고, 지역 소식을 다룬 사이트와 워싱턴포스트닷컴을 긴밀하게 연결해야 한다는 교훈을 얻었다. 지역 커뮤니티의 활발한 참여를 이끌어내는 일은 힘들고 비용이 많이 드는 작업이 될 수 있다.

워싱턴포스트와 여러 신문사들은 지역 커뮤니티를 '조직'하고 그들과 긴밀히 협력하는 일에 열을 올리고 있다. 결과는 뉴욕타임스와 신생 기업인 패치(Patch)가 뉴저지주 메이플우드에서 최첨단 지역 속 지역 사이트를 구축하려고 서둘렀던 것처럼 약간 우스꽝스러울 수 있다.

아마추어 콘텐츠는 장소나 현장에만 국한된 것이 아니다. 두 종류의 허스트 신문이 선두주자로 나서 이를 증명했다. 선구자 중 하나인 휴스턴크로니클(Houston Chronicle)은 독자의 관심을 끌 만한 주제를 다룬 똑똑한 시민 블로그들을 모았다. 130개 이상이 모였는데 그중 절반가량이 커뮤니티에서 제작되었다. 이러한 블로그들은 많은 사이트와 연결돼 있으며 일간지 성장의 원동력이 되었다. 이들은 또한 신문사 사이트 트래픽의 5퍼센트를 담당한다. 게다가 새로운 독자를 위한 신상품 개발에도 도움을 주었다. 애완동물, 정원 가꾸기, 신앙, 여행 채널이 크론(Chron.com)에 새로 추가되었는데, 모두 일부 아마추어 블로그를 통해 시작되었다.

일찍이 150명 이상의 지역 시민 블로거와 함께 일했던 시애틀 포스트인텔리전서의 경우는 온라인 전용 신문으로 전환된 후 블로거의 중요성이 더욱 커졌다. 자세한 사항은 다음 장에서 다룬다. 커뮤니티 발행 운동 전문가인 메리 루 풀턴이 지적하듯이 지역 블로그에서 다루는 주제의 범위는 가히 놀랍다('인터뷰: 메리 루 풀턴' 참조).

전국을 대상으로 한 허핑턴포스트의 신규 웹사이트는 기존의 비슷한 사이트들보다 프로암 원리 적용에 탁월함을 보여줬다. 그리고 미국 내 상위 15번째 뉴스 사이트로 자리매김하며 전국적인 위상을 떨쳤다. 허핑턴포스트는 정치적 변혁이 일어나던 시기에 아리애나 허핑턴이라는 정치적 인물의 부상을 이용했다. 그 후 앨 고어와 크리스토퍼 도드 상원의원, 투자가 분 피컨스, 영화배우 제이미 리 커티스, 존 쿠잭을 설득해 이들의 글을 실었다. 또한 허가를 얻은 많은 뉴스 기사를 실었고 지엽적인 내용보다는 전체적인 내용을 내보냄으로써 논평과 뉴스로 이루어진 정치성 짙은 현대판 저널로 자리 잡았다.

기업 재정 면에서 볼 때 허핑턴포스트의 가장 큰 비밀은 기고가들에게 돈을 거의 지급하지 않는다는 점이다. 한 무리의 유명인사와는 차별을 두고 등장한 수백 명의 아마추어 기고가들은 현대식으로 보상받는다. 기고가들의 생각과 글에 대한 대중의 인정은 다른 형태의 보상이 된다. 기존의 지역 미디어에 보내는 경고처럼 보이기도 하는데, 허핑턴포스트는 이러한 경영 방식을 시카고와 뉴욕에 적용하며 향후 다른 곳으로도 확장할 방침이다.

우리에게 익숙하지 않은 다른 많은 기업이 아마추어 세계를 조직하려고 시도한다. 프로암 교훈을 깊이 새긴 헬륨, 어소시에이티드콘텐트(Associated Content)와 디맨드(Demand)는 새로운 종류의 시장을 만들어내며 높은 수준의 아마추어 콘텐츠를 주고받는다. 미국 최대 규모의 신문 노조인 뉴스페이퍼길드조차 과거에 전문가였던 아마추어 저널리스트를 어떻게 도와줘야 할지 갈피를 못 잡고 있다.

최근에 생겨난 프로암 모델을 하나의 피라미드로 생각해볼 수 있다. 편집자에 의지하는 형태의 피라미드인데 여기서는 콘텐츠를 판단하고 선별, 영역별로 나누는 새로운 역할의 편집자를 의미한다. 따라서 이미 법칙 3에서 살펴본 지역 사이트 신생 기업 중 다수가 편집자의 수는 늘리고, 기자의 수는 줄여 정규직원을 구성하고 있다.

그럼 이제 조너선 웨버의 뉴웨스트 피라미드 구조를 살펴보자. 웨버는 여섯 명밖에 되지 않는 적은 수의 정규직원과 같은 수의 시간제 계약직원을 고용했다. 뉴웨스트는 여러 개의 주로 뻗어 있는 로키 산맥 지역을 다루어야 하므로 웨버는 보이시(Boise)와 보즈먼(Bozeman)에 편집자를 계약직으로 뽑아 중요한 기사를 보도하게 했다. 그 외 '보더웨스트(Borderwest)'를 담당하는 레베카 웨스트, '테크놀로지'를 담당하는 새런 피셔를 포함한 24명 이상의 커뮤니티 블로거와 함께 일했다. 이곳의 블로거와 기자, 칼럼니스트는 매달 수백 달러 정도의 돈을 받는다.

조너선 웨버는 알려지지 않는 방대한 로키 산맥 지역에서 소재를 찾아내 기사를 쓴다. 그리고 칼리스펠(Kalispell)에서 콜로라도스프링스(Colorado Springs)까지 다양한 지역의 목소리를 찾아 세상에 소개한다. 도움을 준 사람들에게는 현재 뉴웨스트가 할 수 있는 방식으로 보상한다.

웨버는 선밸리(Sun Valley)와 시애틀(로키산맥을 정말 광범위하게 정의한다!)에 있는 독립 웹사이트 여섯 군데 이상을 지원하며 이들 사이트에 독자와 광고업체를 끌어다주는 것이다.

조너선 웨버는 대규모 주거지를 건설하고 있다. 많은 작가와 다른 웹사이트까지 끌어안게 될 대규모 주거지는 법칙 6의 뼈대가 된다.

지금의 프로암 관계는 시작일 뿐이다.

CNN의 i리포트에서 뭔가 커다란 변화가 시작되고 있음이 감지된다. 어떤 사람들은 그것을 '네트워크화된 저널리즘'이라고 부른다. 이 과정에서 고객과 커뮤니티, 시민 저널리스트는 모두 뉴스를 모으고 조언을 제공하며 의미를 추가하는 등 지속적인 역할을 한다. 지금은 경계선이 희미하지만, 앞으로 점점 선명해질 것이다. 네트워크화된 저널리즘은 새로운 저널리스트의 능력을 요구하는데, 이에 대해서는 법칙 11 '저널리스트여, 멀티태스커가 되라'에서 다룬다.

댄 케네디는 영국 가디언에 글을 쓰며 보스턴에 있는 노스이스턴대학교에서 학생들을 가르친다. 그는 프로암의 추세를 주시하며 앞으로 머지않아 소셜 네트워킹 기술에 뛰어난 기업이 새롭게 부상해 독자의 콘텐츠 검색과 공유를 더 발전시키리라고 믿는다. 좀더 자세히 살펴보면, 관심 콘텐츠에 따라 그룹이 형성되고 신상 정보와 인구통계, 과거 콘텐츠 방문기록에 따라 콘텐츠 추천이 일어나며, 간단한 방식의 다시 불러오기 수법을 통해 콘텐츠의 편집 및 저장활동이 일어난다. 그리고 "사용자가 허가하거나 초대한 순수 광고 콘텐츠가 사용자의 필요와 관심사와 일치하면서" 디지털 광고 혁명이라고 부를 만한 흥미로운 단계로까지 발전하고 있다. 이는 광고 기업 경영자인 데이브 모건이 강력하게 주장하는 개념이기도 하다('인터뷰: 데이브 모건' 참조).

빠르게 변하는 프로암 세상에서 우리는 희망과 동시에 위험을 감지할 수 있다. 누구나 발행인이 될 수 있다면 독자나 시청자는 누군가 돈을 받고 다른 사람 대신 목소리를 내고 있다는 사실을 어떻게 분간할 수 있을까? 만약 발행인이 인텔이나 애플, 메르세데스 벤츠처럼 잘 알려진 기업이라면 이들이 자사의 이익을 가장 중요하게 여긴다는 사실을 쉽게 알 수 있다.

그렇다면 기업과 관계를 확실히 명시하지 않는 블로거는 어떨까? 최근 나는 자신의 사이트에 월마트와의 관계를 드러내지 않은 채 돈을 받고 월마트에 유리한 글을 쓰는 블로거가 있다는 소식을 들었다.

사용자 제작 콘텐츠 혁명이 빠른 속도로 일어나고 있음을 고려할 때 아직 표준이 설정되지 못했다는 사실은 그리 놀라운 일이 아니다. 이 점에 대해서는 법칙 12 '간격이 넓으니 조심하세요'에서 좀더 다룰 것이다.

뉴스 중심의 사용자 제작 콘텐츠에서 발생한 혁명은 미디어의 범주를 벗어난 대규모 소셜 네트워킹 혁명과 시너지를 일으킨다. 페이스북과 링크드인, 마이스페이스, 트위터는 소셜 커뮤니케이션의 변화를 가속화하여, 심지어 '스테이터스피어(statusphere, 트위터 안의 공간을 일컫는 말 — 옮긴이)'라고 하는 특이한 곳까지 생겨났다. 이러한 소셜 네트워킹 사이트를 찾는 사람들은 뉴스 사이트보다 이곳에서 훨씬 더 많은 시간을 보내며, 그들이 만든 '자아'도 여기서 살아간다.

따라서 우리는 더 자주 뉴스 미디어와 소셜 네트워킹의 앞뒤가 바뀐 관계를 목격하게 되었다. 앞으로 페이스북에서 더 많은 뉴스를 보게 될 것이다. 또한 신문사가 점점 더 기자들에게 트위터를 하도록 권하면서, 트위터를 하는 기자들의 이름을 지역 신문사 사이트에서 자주 발견하게 될 것이다.

아마추어 콘텐츠의 가격이 싸지면 좋은 내용을 얻기가 어려워진다. 회사를 설립하기까지 길었던 준비기간을 시사하며 조너선 웨버는 "나는 여기서 로키 산맥을 볼 수는 있지만 저절로 그렇게 된 것은 아닙니다"라고 말했다.

우리 눈앞에 있는 소셜 툴은 비(非)저널리스트가 교류에 참여하는 능력을 변화시키고 있다. 이제 소셜 툴이 기존 저널리스트가 일하는 방식을 어떻게 바꾸어 놓았는지 살펴보자.

앤절라 오코너(Angela O'Connor)

커뮤니티걸(communitygirl), 이 단어는 앤절라 오코너의 삶과 일을 잘 설명해준다. 이 단어는 그녀의 트위터 주소이다. 그녀는 모든 소셜 웹사이트에서도 같은 이름을 사용한다. 오코너는 《커뮤니티 참여 18가지 법칙: 온라인에서 고객과 관계를 형성하고 이어나가는 가이드(18 Rules of Community Engagement)》라는 책을 썼으며 온라인 커뮤니티 전략가, 멀티미디어 저널리스트, UGC 전문가로, 노스캐롤라이나 롤리에 있는 WRAL.com의 사용자 제작 콘텐츠 담당 편집자로 일하고 있다.

Q 사용자 제작 콘텐츠 90-9-1 이론을 설명해주시겠어요?

A 90-9-1 원리는 기본적으로 모든 커뮤니티 또는 소셜 사이트 이용자 중 90퍼센트는 그냥 와서 읽기만 하고 9퍼센트가 글을 남기고 단 1퍼센트만이 '매우 자주' 참여한다는 말입니다. 매우 낮은 비중의 이용자가 적극적으로 글을 쓰고, 다수의 사람은 글을 읽기만 하고 거의 남기지 않습니다. 즉 일부 이용자만이 다른 사람들보다 훨씬 더 적극적으로 활동한다는 뜻이죠. 정확한 퍼센티지에 대한 논쟁이 있지만, 대부분의 커뮤니티 전문가는 이 숫자에 동의하며 자신들의 커뮤니티에서 이 원리가 적용되는 걸 확인했습니다. 누구든 커뮤니티 사이트를 담당하고 성장시켜야 하는

책임자 자리에 있는 사람이라면 들어와서 글을 읽기만 하는 사람들을 글을 남기는 사람으로, 글을 남기는 사람들을 적극적인 참여자로 바꿔야 한다고 믿습니다. 사람들의 진지하고 적극적인 참여야말로 이 원리를 바꿀 수 있는 열쇠입니다.

Q 커뮤니티 사이트를 성공적으로 시작하고 규모를 키워나가는 과정에서 사이트 개설자가 범하는 가장 큰 실수는 무엇인가요?

A 커뮤니티 사이트를 개설하는 많은 사람이 성공적인 커뮤니티를 키워나가기 위해서는 엄청난 시간과 노력이 필요하다는 점을 간과합니다. 이들은 툴과 몇 가지 부가기능만 있으면 충분하며, 사이트를 만들어놓기만 하면 사람들이 저절로 찾아올 거라고 생각합니다. 곧 뭔가 잘못됐다는 것을 깨닫지만 되돌리기에는 너무 늦은 때가 많습니다. 사람들과 관계를 구축하고 사람들의 참여를 유도하는 역할을 하는 커뮤니티 담당자 없이 사이트만 개설하는 것은 큰 실수입니다. 지도력과 방향성의 부재가 대부분의 온라인 커뮤니티가 실패하는 주요 원인 중 하나입니다.

Q 디지털 발행에서 더 빨리 배웠더라면 좋았을 거라고 생각되는 교훈이 있습니까?

A 마이크로커뮤니케이션과 제가 만든 사이트를 방문한 모든 사람에게 다가가려는 노력이 중요하다는 사실을 더 일찍 알았더라면 좋았겠다고 생각합니다. 지금은 잘 이해하고 있지만, 처음엔 이 사실을 몰라서 많은 기회를 잃었거든요. 당시 저의 시각은 디지털 플랫폼을 넘어 커뮤니티 전체를 살펴볼 만큼 넓지 못했습니다. 이제는 디지털 커뮤니티가 세 명

정도의 지극히 적은 숫자로도 구성되고, 수십만 명의 많은 사람으로도 구성될 수 있다는 점을 알고 있습니다. 하지만 커뮤니티에 기울이는 노력과 이용자의 숫자가 비례하여 증가하지는 않습니다. 사람들이 선택할 수 있는 사이트가 무한히 많다는 사실을 잘 알고 있기 때문에, 사람들이 제 사이트에서 보내는 시간을 소중히 여기고 그것을 가치 있는 경험으로 만드는 일에 보람을 느낍니다.

메리 루 풀턴(Mary Lou Fulton)

메리 루 풀턴은 커뮤니티 개설과 사용자 생성 콘텐츠 관련 활동으로 널리 인정받았으며, 베이커필드 캘리포니안(The Bakersfield Californian)에서 고객 개발 부분의 부사장직을 역임했다. AP 기자로 뉴스룸에서 일을 시작한 이후 로스앤젤레스타임스 기자와 편집자를 거쳤다. 1995년 워싱턴포스트의 뉴미디어 부서에 합류하면서 온라인으로 옮겨왔고, 이후 워싱턴포스트닷컴(WashingtonPost.com)의 편집장이 되었다. 이후 AOL과 지오시티스(GeoCities)에서 중요한 직책을 맡았다.

Q 커뮤니티 개설의 선구자이신데, 여기서 배운 점은 무엇인가요?

A 커뮤니티 개설은 겸손을 가르칩니다. 전통적인 뉴스룸에서 일하다 보면 냉소적이며 오만해지는 경향이 있습니다. 따라서 지역 커뮤니티를 담당하는 비교적 소수의 전문 저널리스트에게서 나오는 이야기가 아니면 모두 무시합니다. 그러나 커뮤니티 구성원에게 참여할 기회를 주면 사람들은 금세 놀랄 만한 이야기를 만들어내고 전혀 예상하지 못한 색다른 시각을 제시합니다. 저는 늘 커뮤니티 구성원이 창조하는 콘텐츠에 매료됩니다. 예를 들어, 베이커필드닷컴(Bakersfield.com)에 기독교인 심리치료사 겸 음악가가 있는데, 그는 뉴스를 바탕으로 노래를 만들고 그것을 자

신의 블로그에 올립니다. 기존의 저널리즘을 버리고 모든 것을 커뮤니티에 의존해야 한다고 주장하는 게 아닙니다. 커뮤니티에서 생성하는 모든 콘텐츠가 완벽하지도 않죠. 다만 우리가 커뮤니티로부터 배울 점이 많으며, 커뮤니티 구성원에게 우리가 하는 일에 참여할 기회를 제공함으로써 훨씬 풍부한 커뮤니티 사이트를 만들 수 있다고 생각합니다.

Q 일부 신문 옹호자들은 블로그 콘텐츠가 신문기사보다 질이 떨어진다고 생각합니다. 블로거 기자들에 관해 말씀해주세요. 또, 블로그 콘텐츠가 앞으로 얼마나 더 성장하리라고 보십니까?

A 블로그 콘텐츠는 그 자체가 열등하거나 우월한 것이 아닙니다. 우리가 블로그라고 부르는 새로운 발행 채널을 통해 생성되는 정보일 뿐이고, 콘텐츠의 질은 글을 쓰는 사람이 들이는 노력에 비례합니다. 특정 주제에 대한 전문적인 지식을 지닌 블로거들이 운영하는 비트 블로그(beat blog)가 대표적입니다. 기자들은 명함만으로 저널리스트로서 자신의 명예가 확인되지는 않는다는 점을 알고 있습니다.

똑똑한 기자는 전략적으로 블로그를 이용해 심도 있는 기사를 제공하고 사람들과 교류하며 자신의 일을 홍보하면서 전문가로서의 입지를 다집니다. 이는 기존의 저널리즘 구조에서는 불가능한 방식이었죠. 저는 뉴스룸에서 일할 때, 기자가 다음날 신문기사로 내보낼 내용을 선별해놓은 그날의 기사 '배정난'을 읽으면서 많이 배웠습니다. 왜냐고요? '배정 의견' 난에 기자는 그 기사에 대한 본인의 생각과 그 기사가 왜 중요한지를 단 몇 줄로 작성해야 하기 때문입니다. 기사가 지면에 실리면 마침내 생명을 얻는 거죠. 가장 잘 작성된 비트 블로그에는 이처럼 '배정 의견'

에서 볼 수 있는 생생함과 저널리스트의 진취성이 고스란히 담겨 있습니다. 바로 이러한 이유 때문에 저는 기존의 저널리즘 과정을 통해 나오는 기사보다 블로그 기사를 더 즐겨 읽습니다.

Q '지역'을 어떻게 정의하나요?

A 저는 지역을 지리학적으로 같은 커뮤니티 내에 거주하는 사람들이 공유하는 공통의 관심사라고 생각합니다. 물론 이웃 주민이 공통의 관심사를 공유하지만, 관심사가 하나만 존재하지는 않습니다. 신앙과 정치, 야외활동처럼 여가를 보내는 방법 등 근처에 사는 사람들과 나눌 만한 다양한 관심사가 존재합니다.

Q 디지털 미디어 세계에서 좀더 빨리 배웠더라면 하는 교훈이 있나요?

A 초기부터 수익 면에 좀더 주안점을 두고, 99퍼센트의 소비자가 무시하는 배너광고보다 다른 데 기반을 둔 지역 비즈니스 기회를 많이 개발했어야 한다고 생각합니다. 저희는 전통적인 미디어 세계에서 고객사를 대신해 광고 메시지를 전달하는 데 안주했으며, 온라인 옥션이나 지역 온라인 상점 등 다양한 거래를 활성화하지 못했습니다. 오늘날에도 소비자에게 광고 메시지만 전달한 후 손을 떼는 것보다, 온라인 거래에 활발하게 참여하고 실제 고객과 광고주를 연결해주는 등 디지털 수익원을 다각화하는 게 현명합니다. 구글은 '능력제 보상' 모델을 통해 미래의 광고가 어떠해야 하는지에 대한 기준을 마련했습니다. 우리도 그들처럼 생각할 필요가 있습니다. 고객의 위험을 적극적으로 공유하며 고객을 위해 우리가 한 일을 기준으로 보상을 받아야 합니다.

NEWSONOMICS

기자, 블로거가 되다

블로그 소비는 종종 열광적으로, 때로는 집착의 형태로 일어난다. 그러나 블로그를 읽는 일은 아침 신문을 고르는 일처럼 지극히 자연스러운 활동이다. 40세 이하는 대부분, 그리고 40세 이상도 상당수가 매일 하루에 한두 개의 블로그를 읽는다. 이러한 현상은 오늘날의 블로거가 뉴스와 의견란을 읽는 독자에게 기술—심리적 혁명을 불러일으킨다는 점과 함께 블로거의 질이 높아졌음을 반영한다.

탄쿠 바라다라잔, 편집자

요컨대, 블로깅은 성욕과 같아 가짜로 속일 수가 없다. 열렬한 욕망을 거짓으로 만들어낼 수 없다. 대중과의 소통에 대한 욕구도 마찬가지다. 만약 거짓이 있다면, 결국 블로거는 물론 독자에게도 불만족스러운 경험이 되고 말 것이다.

케빈 앤더슨, 블로그 편집자

미셸 니콜로시는 이런 날이 오리라고 전혀 생각도 못했다. 오렌지카운티 레지스터(The Orange County Register)와 시애틀 포스트인텔리전서 기자로 일하던 당시, 니콜로시는 대부분의 뉴스룸 동료들이 경계하던 영역에 발을 담그기 시작했다. 바로 온라인 세계였다. 그녀는 인터넷을 초기부터 받아들였으며, 온라인저널리즘리뷰(Online Journalism Review)의 편집자로 블로깅도 활발히 했고 다른 동료들보다 훨씬 진보적이었다.

그녀는 2004년부터 포스트인텔리전서에서 일하기 시작했으며 2년 만에 이곳의 온라인 뉴스 사업을 운영하게 됐다. 대부분의 다른 편집장들처럼 그녀도 부족한 예산으로 일해야 했다. 몇 명밖에 안 되는 온라인 뉴스 담당 직원들을 이끌었고, 나머지 필요한 부분은 포스트인텔리전서 뉴스룸 직원들을 잘 설득해 겨우 채워나갔다. 당시 뉴스룸 직원은 200명 가까이 되었다.

마침내 작년 1월부터 변화가 시작되었다. 포스트인텔리전서의 소유주 허스트는 시애틀에서의 신문 발행 사업에 더는 흥미를 느끼지 못했다. 허스트는 앞으로 2개월 내에 포스트인텔리전서를 매각하거나 폐쇄조치하겠다고 선언하면서 온라인 분야만 계속해서 운영하겠다고 밝혔다.

2009년 3월 18일, 미셸 니콜로시는 미국에서 가장 많이 보는 뉴스 사이트 중 한 곳의 책임자가 되었다. 허스트는 146년간 지속돼온 인쇄 신문을 정리하고 회전하는 지구 모양의 신문 로고를 웹으로 넘기며 일대 전환을 맞았다. 그 이후 니콜로시는 웹이라는 새로운 영역 개발에 몰두해왔다.

20명의 직원과 함께 온라인 전용 사이트를 운영하는 그녀는 '책임 프로듀서'의 역할을 맡아, 그동안 존재하던 전통적인 경계가 허물어지는 현상을 목격했다. 그중 하나가 기사 작성과 블로그 작성 사이의 경계다. 가끔 블로그처럼 '칼럼'에도 댓글이 올라오는 걸 볼 수 있었고, '토요일 아침 범죄 소식'처럼 기자가 신속하게 올린 기사가 종종 '사건'을 전하는 발 빠른 블로그 기사로 올라가는 일도 있었다. 일반적으로 '기사' 작성에는 많은 출처와 동기, 방식이 내포되지만, 새로운 형식의 온라인 신문 포스트인텔리전서에는 꼭 지켜야 하는 '엄격한 규칙'이란 게 거의 없다. 니콜로시는 웹이라는 새로운 세계를 어떻게 탐험해야 할지 "그냥 감으로 알 뿐"이라고 설명한다.

20명의 직원 가운데 직책을 갖고 있는 사람은 드물다. 니콜로시는 "우리 모두는 콘텐츠 수집가다"라고 덧붙였다.

독자들은 사이트에서 제공하는 모든 기사를 전문 콘텐츠로 여기는 듯하다. 게다가 150명 이상의 독자가 자신의 블로그를 통해 이 사이트에 이바지하므로, 실제 그들도 활동에 참여하는 셈이다. 조너선 웨버가 블로깅을 두고 '정의상 충돌(definitional conflict)'이라고 부르는 데 대해서는 아무도 신경을 쓰지 않는 것 같다.

니콜로시가 이끄는 포스트인텔리전서는 블로거로 변신한 기자들에 관해 중요한 시사점을 남겼다. 새로운 사이트에서는 더 적은 인원으로 더 많은 일을 해야 한다. 따라서 블로그 형식을 취하는 것에 관한 다음의 진실이 빠르게 증명되었다.

- 기자들이 저널리즘이라는 부담에서 벗어나 통념과 구조에 대해 신경을 덜 쓰고, 글쓰기에만 전념할 때 더 많은 콘텐츠를 생산할 수 있다.
- 독자들은 대화체의 자연스러운 웹 기사를 선호한다.
- 블로그는 댓글과 다양하고 쉬운 방식의 피드백을 통해 저널리스트와 독자 간의 상호교류를 쉽게 만들었다. 프로암 저널리즘의 추종자들이 터득했듯이, 블로깅을 통해 만들어진 작가-독자 관계는 아주 새롭고 흥미로운 커뮤니티를 창조했으며, 뉴스 웹 사이트를 꼭 방문해야 하는 곳으로 만들었다.

포스트인텔리전서는 몇 년 동안 직원들의 블로그 이용을 독려해온 덕분에 새롭고도 거스를 수 없는 온라인 세계에서 유리한 위치를 차지할 수 있었다.

한때 니콜로시의 동료였던 조너선 랜스너도 일을 통해 비슷한 교훈을 얻었다. 조너선 랜스너는 1986년 오렌지카운티 레지스터에 합류했다. 지금은 폐간된 석간신문 피츠버그프레스(The Pittsburgh Press)에서 일하던 초기부터 그도 당시 대부분 기자들처럼 여러 분야에서 일했다. 뉴스 정보원을 인터뷰하고 일주일에 여섯 개 이하의 기사를 썼다. 레지스터에서는 칼럼니스트로 일하며 주당 두 편의 칼럼을 쓰고 신문에 실을 한두 개의 기사를 작성했다. 그의 이름과 얼굴은 커뮤니티에 많이 알려졌지만, 랜스너는 정보원과 함께 일하는 때를 제외하고는 독자들과 교류를 하지 않았다.

오늘날 랜스너는 기자에서 블로거가 된 사람들의 선봉에 서 있다. 그는 일주일에 한 편의 칼럼을 신문에 싣는다. 그러나 끊임없는 블로그 활동을 통해 일주일에 10개에서 12개의 개별 기사를 올린다. 랜스너의 부동산 블로그 OC레지스터닷컴(OCRegister.com)은 사람들을 끌어들이는 주요 통로다. 그의 블로그를 찾는 방문객 숫자는 분기당 25만 명 이상이며, 연간 350만 건 이상의 페이지뷰를 기록하고 있다. 블로그 활동을 시작하고 처음 3년 동안 그는 10만 건의 독자 댓글을 받았다.

게다가 랜스너가 이끌었던 블로깅 열풍 덕에 레지스터는 현재 다섯 개의 개별적인 부동산 블로그를 운영 중이다. 이들 부동산 관련 블로그는 연간 700만 건의 페이지뷰를 기록한다. 그는 독자들과 활발히 교류하며, 그의 블로그는 부동산 업계에서 매일 반드시 읽어야 하는 블로그로 자리매김했다. 머리가 희끗희끗한 저널리스트 랜스너는 이러한 자신의 변신에 대해 크게 떠벌리지 않는다.

랜스너는 "블로그는 짧은 형식의 저널리즘이다. 지금 하는 일이 과거의 저널리즘과 크게 다른지 모르겠다. 시간을 거슬러 올라가는 것이다"라고 말한다. "피츠버그에 있을 때가 떠오른다. 그때 우리는 하루에 신문을 다섯 판이나 발행했는데, 모든 판에 들어갈 기사를 다 써야 했다. …… 너무 많은 사람들이 1980년대의 로맨스에 빠져 있는데 당시만 해도 그처럼 긴

이야기를 쓸 시간이 있었다"라고 덧붙였다.

랜스너는 1970년대 피츠버그프레스에 대한 또렷한 기억을 지니고 있다. "당시에는 석사 학위가 있는 사람도, 냉철함을 지닌 사람도 별로 없었다. 기자들은 충격적인 자동차 사고 기사로 먹고살았다. 그들은 아마 스스로 무엇을 하는지 알았을 것이다." 현재 AP의 전략기획본부 부사장인 짐 케네디도 이와 같은 상황을 확인해주었다. 그는 커뮤니티에서 발생하는 모든 사건을 담당하던 뉴스룸에서의 초창기 때 경험을 이야기해주었다 ('인터뷰: 짐 케네디' 참조).

조너선 랜스너, 미셸 니콜로시를 포함한 수백 명의 일간지 저널리스트가 하는 일에는 중요한 진실이 내포되어 있다. 바로 법칙 7 '기자, 블로거가 되다'이다. 기자가 블로거로 변신하는 현상은 점점 더 빠르게 진행되고 있다. 랜스너 같은 기자는 뉴스 보도에 블로그가 매우 유용하다는 점을 깨달으며 적극적으로 활용한다. 그들은 블로거이면서 여전히 기자로 남는다. 이러한 추세는 뉴스 업계를 완전히 바꿔놓을 것이다.

게다가 앞으로 뉴스 기업이 지역 뉴스나 토픽 중심의 아마추어 '블로거'를 '고용'한 후 그들에게 뉴스 보도의 기본을 훈련할 날이 꼭 오리라고 확신한다. 그렇게 되면 블로깅과 뉴스 보도 사이에 존재하는 가상의 단층이 사라지면서 완벽하게 연결되는 모습을 보게 될 것이다.

다음을 생각해보자.

• 오늘날 미국의 일간지 뉴스룸에서 저널리스트들이 올리는 블로그 기사는 연간 200만 건을 넘어선다. 이 숫자는 1500개 이상의 일간지와 각 일간지에서 15명의 기자나 편집자가 블로깅을 하는 현실을 고려할 때

그나마 줄여 계산한 수치다. 이제 기자 한 명이 주당 두 개의 기사를 올린다고 해보자. 휴가를 가야 하니까 2주를 빼면 블로깅을 하는 저널리스트와 그들이 올리는 기사의 전체 수는 낮아진다. 그러나 그럼에도, 연간 225만 건이 올라온다는 계산이 나온다.

- 많은 신문사(새너제이 머큐리뉴스도 선두주자 중 하나다)가 블로그 기사를 골라 일간지 신문에 '잘라 붙이기' 형식으로 게재하기 시작했다. 이는 또 다른 형태의 '역발행'이다.

- 조너선 랜스너의 경험은 일반적이다. 블로깅을 하는 저널리스트가 자신의 신문사를 위해 더 많은 콘텐츠를 생산하는 것은 당연하기 때문이다. 물론 그에 따라 해당 신문사의 수익도 높아져야 하겠지만 아직은 그렇게까지 되고 있지 않다.

- 신문에 실리는 기사의 수는 줄어든 반면(지난 5년간 적어도 20퍼센트 감소한 걸로 추정된다) 블로그에 올라오는 '기사'의 수는 증가하고 있다. 어디서, 언제쯤, 어떻게 이 두 선이 만나게 될까?

- 뉴스 기업들은 블로그로 눈길을 돌리고 있지만, 블로그를 자사의 주요 업무, 제품, 광고 판매와 연결하는 부분에서는 몸놀림이 빠르지 못하다.

- 뉴스위크는 잡지 자체의 본질을 재정의하려는 노력과 함께, '직원' 블로깅을 강력하게 권장하며 미국의 이코노미스트가 되고자 한다.

- 기존 신문사가 블로깅 툴을 재빨리 취하지 않으면, 다른 많은 매체가 앞다투어 블로깅을 이용해 뉴스를 전하려 할 것이다. 허핑턴포스트, 슬레이트, 살롱, 터킹포인츠메모, 핫에어(Hot Air), 폴리펀디트(PoliPundit), 폴리티코 등은 남보다 앞서 블로그 포스팅을 하며 직감적으로 그 가치를 이해했다. 이러한 사이트들은 날카로운 기사와 개성을 적절히 조화시켰

다. 일간지 논설위원으로 일했던 데이브 매스티오가 만든 블로그넷뉴스(BlogNetNews)는 미 전역에 걸쳐 수백 개에 달하는 새로운 블로그들을 영역별로 보기 좋게 분류해놓았다.

아직도 많은 뉴스룸이 혼란을 겪고 있다.

우리는 모두 뉴스가 무엇인지 알고 있다. 블로그는 뉴스와 다르다. 블로그를 이용하면 바스라(Basra) 시의 지저분한 거리에서도 기사를 올릴 수 있고, 앤트 릴리(Aunt Lilly)의 기모노 컬렉션에 대해서도 댓글을 달 수 있다. 이처럼 누구나 블로그에 글을 쓸 수 있지만, 기사와 블로그, 그 두 가지를 다 쓸 수 있는 사람은 저널리스트다. 그렇다면 기사란 무엇인가? 우리는 흔히 기사를 전통적인 미디어가 신문이나 잡지, 방송을 통해 내보내는 것으로 생각한다. 반면, 블로그는 인터넷에서 이루어지는 활동이다. 하지만 그 경계는 모호하다.

조너선 랜스너가 OC레지스터닷컴에 올릴 블로그 기사를 쓸 때와 인쇄판 레지스터에 실을 칼럼을 쓸 때 다른 소프트웨어를 이용한다면(실제로 사용하는 소프트웨어가 다르다)이것이 과연 중요한 구분점이 될 수 있을까? 물론 그렇지 않다. 그렇다면 그가 저널리스트가 되지 못하는 걸까? 그것도 물론 아니다.

뉴스룸 기사 작성과 뉴스룸 블로깅 사이에 존재하는 가상의 차이를 없애려는 시도 중 하나는 뉴욕타임스의 조너선 랜드먼의 예에서 볼 수 있다. 블로깅은 타임스에서 중요한 툴이 되었다. NY타임스닷컴에는 현재 70개 이상의 블로그가 있다. 이 중 20개는 오피니언과 논평을 다룬다. 그리고 50개 이상의 블로그가 뉴스와 정보에 초점을 맞춘다. 타라 파커포프 기자는 건강에 대해 쓰고, 데이비드 카는 미디어, 데이비드 포그는 IT 기술 관련 기사를 쓴다.

랜드먼은 타임스에 사용되는 블로그가 뚜렷한 형태의 저널리즘이 아닌, 또 다른 툴에 더 가깝다고 말한다. "나는 블로그를 별개의 것으로 생각하지 않는다. 사람들은 진정한 블로그가 무엇인지에 대해 너무 많이 고민한다. 블로그는 비판적이어야 하는가? 아니면 개인적이어야 하는가?" 무엇보다 중요한 점은 블로그가 저널리스트에게 무엇을 제공할 수 있는가이다. 그것은 신속성, 정보성, 상호작용이 될 수 있다.

타임스에서 블로그는 아직 초기 단계에 있지만, 이미 타임스 온라인 사이트에서 트래픽의 5퍼센트를 차지한다. 타임스를 살펴보면 10개의 블로그가 매월 100만 건 이상의 페이지뷰를 기록하고 있고, 다섯 개의 블로그는 200만 건, 그리고 몇몇 블로그는 모두 합해 300만 건 이상의 페이지뷰를 발생시킨다. 그러나 어느 블로그가 상위 10개 안에 드는지는 뉴스 기사에 따라 달라질 수 있다.

타임스를 바짝 뒤쫓는 경쟁 업체 중 한 곳은 블로그를 보다 적극적으로 받아들였다. 덕택에 헨리 프리먼의 로허드(LoHud.com, Lower Hudson Valley를 의미함)는 일반 저널리즘과 확실히 차별화되었다. 프리먼은 뉴욕 시 북쪽 외곽지역 웨스트체스터에 있는 개닛 소유의 저널뉴스 편집자다. 저널뉴스는 많은 미디어와 경쟁하면서도 매일 9만 5000부의 발행부수를 유지하고 있다. 주요 경쟁 전략 중 하나는 직원들의 블로깅으로, 50개의 지역 블로그를 자랑한다.

일부 블로그는 폭발적인 반응을 일으켰다. 피터 에이브러햄은 뉴욕시에서 양키스 블로그를 시작한 최초의 기자다. 그의 블로그인 로허드 양키스 블로그는 현재 성공적인 트래픽을 발생시키고 있다. 특히 대형 신문사의 일간지에 비해 발행부수가 적은데도 구독자 수는 더 많이 보유하고 있다.

나는 작년 야구 시즌에 헨리 프리먼과 연락을 했는데, 그의 열정은 그가 보낸 짧은 이메일에도 뚝뚝 묻어났다. 그중에 이런 내용이 있었다. "우리 양키스 블로그는 지난 48시간 동안 24만 3680건의 페이지뷰를 기록했으며, 블로그 글에 5552건의 댓글이 올라왔습니다. 아무리 양키스라고 해도 믿을 수 없는 숫자입니다. 양키스와 레드삭스 팀이 서로 맞붙었을 때 양키스 담당 기자인 피터 에이브러햄은 보스턴 WEEI닷컴의 레드삭스 블로그 기자에게 연락을 취했습니다. 이 두 블로거는 서로의 블로그에 기사를 공유했습니다. 양측 팬이 블로그를 통해 교류할 수 있게 만들자 두 사이트 모두에서 트래픽이 증가했습니다. 다음 시리즈 때는 이들과 팟캐스트를 해야 할 것 같습니다."

편집자는 바로 이런 식으로 블로그를 홍보에 이용한다. 프리먼은 로허드 사이트 트래픽의 20퍼센트 정도가 블로그에 의해 발생한다고 말했는데, 이는 내가 들어본 중에 가장 높은 수치다.

프리먼은 블로거들이 어느 정도 기본적인 교육을 받으며 가이드라인을 받는다고 말한다. 그들은 매일 블로그에 최소한 기사 하나씩을 올리라는 지침을 받는데, 대부분은 초과하여 올린다. 피터 에이브러햄의 경우 매일 15개에서 20개의 기사를 올린다.

프리먼은 블로그 기사의 특징을 어떻게 설명할까? 그는 둘 사이의 경계가 자주 흐려진다는 점을 인정하면서 "웹으로는 보도하고 신문에는 기사를 써라"라고 말한다. 하지만 직원들은 시애틀의 경우와 마찬가지로(포스트인텔리전서의 예를 말한다-옮긴이) 일의 흐름을 배워나가고 있다. 변신을 시도하고 있는 개닛은 웨스트체스터를 모델로 삼고 있다.

　블로깅은 개인이 유용하게 사용할 수 있는 툴이다. 저널리스트들도 비트 블로깅(beat blogging)의 이모저모를 잘 살펴보고 있다. 비트 블로깅은 하나의 주제에 대해 관심 있는 여러 명의 기자들을 한곳에 모으며, 역시 같은 주제에 관심이 있거나 종종 높은 수준의 지식을 갖춘 일반인들과 연결하는 역할을 한다.

　타임스는 비트 블로깅을 비즈니스 거래 관련 블로그 딜북(Dealbook)과 정치 관련 블로그인 코커스(The Caucus)에 적용했다. 코커스는 대통령 선거 직전인 2008년 10월 1800만 건의 페이지뷰를 기록하며 최고치를 갱신했다. 물론 딜북도 월스트리트저널의 금융가 소식을 다루는 '거리에서 듣는다(Heard on the Street)'와의 경쟁에서 막상막하의 모습을 보였다. 오랜 기간 인쇄물로 발행되던 '거리에서 듣는다'는 작년에 중요한 기사를 많이 보도하고 웹상에서도 확장을 이뤄, 현재 비트 블로그로 WSJ닷컴 웹사이트에 올라가 있다.

　개닛의 케이트 메리몬트는 비트 블로깅의 또 다른 추종자다. 그녀는 개닛이 발행하는 신문이 지역사회 내 아동 안전 문제를 보도했을 때 비트 블로깅의 효과를 확인했다. "비트 블로깅은 카운티와 주, 연방정부를 가리지 않고 모든 관련 공무원을 연결했습니다. 모든 공무원이 서로 연결되었죠." 웹사이트에서 "그들은 의견을 나누었고 사람들은 그 모습을 지켜보았습니다." 메리먼트는 오늘날 개닛의 신문들이 트위터와 페이스북을 이용해 큰 이슈가 되는 기사를 중심으로 저널리스트와 커뮤니티를 연결하는 실험적인 시도를 하고 있으며, 그 속에서 비트 블로깅이 생성되고 있다고 설명했다.

사실 현재 기자와 작가들이 조사나 인터뷰를 위해 트위터를 사용하는 모습을 어디에서나 볼 수 있다. 이는 블로깅에 열광하던 속도보다 훨씬 빠르게 번지고 있다. 140자로 전달하는 트위터를 '마이크로블로깅(micro-blogging)'으로 가장 먼저 이해한 사람들이 바로 블로거들이었다. 블로깅을 한번 시작하면 자연스럽게 최신 트렌드인 트위터의 세계로 빠져들게 된다.

워싱턴포스트는 오랫동안 독자의 사랑을 받아온 부고란을 비트 블로그 형태의 포스트모템(Post Mortem)으로 전환했다. 네 명의 작가가 한 팀을 이루어 작업했으며 현재 활발히 운영되고 있다.

블로깅이 점차 하나의 툴로 받아들여지면 그동안 느리게 반응해온 많은 미디어 기업은 큰 피해를 보게 될 것이다. 우선, 블로깅 계산법에 따르면 이들 기업은 블로깅으로 인한 이익을 제대로 챙기지 못하고 있는 상황이다.

기사를 작성하는 저널리스트보다 블로거가 얼마나 더 가치 있는가에 대한 뉴스노믹스의 계산법은 다음과 같다. 물론 그들이 생산하는 콘텐츠의 양과 신속성, 질 그리고 독자의 흥미를 얼마나 더 이끌어내는지에 좌우된다.

오렌지카운티에서 일하는 조너선 랜스너의 예를 보자. 그는 블로깅을 시작하기 전에 주당 평균 세 개의 기사나 칼럼을 썼다. 글은 일반적으로 한 페이지에 하나씩 게재된다. 따라서 독자가 페이지 하나를 클릭하면 하나의 페이지뷰가 생긴다.

법칙 2에서 언급한 데이비드 포그의 예처럼, 랜스너가 쓴 기사 페이지에 세 개의 광고가 실린다고 가정해보자. 그리고 각각의 광고는 오렌지카운티의 부동산에 관련된 것이며 평균 CPM이 5달러라고 하자. 서브프라임 붕괴가 부동산에 미친 예상치 못한 영향을 감안하면 이 숫자는 훨씬 높아야 하지만, 일단 여기서는 낮춰서 잡았다.

계산에 따르면 오렌지카운티 레지스터는 랜스너의 웹페이지에서 CPM 5달러짜리 광고를 세 개 판매할 수 있다. 각각의 기사가 한 달에 1만 번의 페이지뷰를 기록한다고 해보자. 그러면 기본 15달러(세 개의 5달러 광고)로 계산해서 기사 하나당 벌어들이는 온라인 수익이 150달러가 된다. 그리고 그가 주당 세 개의 기사를 쓴다면 한 달이면 13개가 된다. 계산을 해보면 레지스터가 어떻게 한 달에 1950달러의 수익을 올리는지를 알 수 있다.

자, 이제 조너선 랜스너가 기사나 칼럼을 쓰던 당시보다 블로깅을 하면서 두세 배 더 많은 콘텐츠를 생산한다는 사실을 기억하자. 대충 2.5배라고 가정해보자. 그가 한 달에 대략 32개의 기사를 쓴다고 해보자(실제 그가 쓰는 기사 개수의 평균값이다). 그리고 각각의 기사가 앞에서 말한 것과 같은 수의 페이지뷰를 기록하고 같은 가격으로 광고를 싣는다고 해보자. 같은 저널리스트가 같은 주제에 대해 기사를 쓴다는 사실에는 변함이 없다. 자, 다시 계산해보면 레지스터가 한 달에 4875달러의 수익을 올릴 수 있다는 결론이 나온다. 앞서 나온 1950달러와는 많은 차이가 난다. 이러한 현실은 바뀌어야 하지만, 짐작컨대 레지스터는 자사의 기자나 칼럼니스트보다 블로거들에게 더 많은 돈을 지급하지는 않는다.

물론 아래처럼 확실하지 않은 사항도 존재한다.

- 모든 기사가 같은 수의 페이지뷰를 기록할까? 아니면 더 적거나 많을까? 랜스너의 지명도가 상승하고 있고 일의 특성상 상호교류가 잘 이루어진

탓에 그의 기사에는 연간 3만 개의 댓글이 달린다. 따라서 더 많은 페이지뷰를 기록했을 것이다. 그러나 여기서는 함수를 이용해 계산했다.

- 페이지뷰가 높으면 광고 효과도 높아질까? 그럴 수도 있겠지만 꼭 비례한다고는 볼 수 없다.
- 레지스터는 블로그로 옮겨오면서 수익을 낼 수 있을까? 일반적인 경제 상황이라면 그럴 수 있을 것이다.

그러나 여기에 사용된 계산법은 명확하다. 즉 위에서 나온 숫자를 전국에 있는 기업 개수와 곱하면 수억 달러에 해당하는 부가 수익이 창출됨을 알 수 있다.

블로거 개개인의 작업 품질과 시의성, 인기도, 기사 주제에 따라 각 발행업체가 기자를 블로거로 전환함으로써 얻을 수 있는 수익이 결정된다. 품질과 마찬가지로 바로 여기서 법칙 8 '틈새를 공략하라'의 중요성이 드러난다. 이런 의미에서 최소한 훌륭한 블로거는 훌륭한 기자보다 더 높은 가치를 지닌다고 말할 수 있다.

뉴스 기업이 이처럼 간단한 경제학에 더디게 반응하는 이유 중 하나는 블로그를 통해 광고를 파는 방식 때문이다. 뉴스 기업의 광고 판매자들은 종종 블로그를 이해하지 못하며 가치를 저평가한다. 이는 블로그와 기사 사이에 생기는 혼란으로, 놀라운 일이 아니다.

앞에서 언급한 블로그 경제학을 보면, 인쇄 매체만큼이나 느리게 교훈을 배우는 뉴스 기업과 방송국은 이 계산법을 더 발전시켜 광고 판매 직원은 물론 내켜 하지 않는 구매자에게도 교육해야 할 것이다. 그리고 광고 목표는 독자의 선택을 보며 정확히 설정되어야 한다.

물론 최근에 기자들의 블로깅을 두고 '편집 여부'에 대한 논란이 발생했다. 종종 뭘 모르는 업계인사들이 '블로그는 편집되지 않았으므로' 열등하다는 주장을 편다. 그렇다면 어디 한번 편집을 해보라고 말하고 싶다. 블로그가 한 명 또는 여러 명의 편집자에 의해 편집되지 말라는 법은 없다. 블로그는 형식에 얽매이지 않으며 신속성이 생명이므로 가벼운 수준의 편집을 거치는 게 일반적이다. 또 누군가 똑똑한 독자가 잘못된 점을 지적하면 재빨리 수정 가능하다. 편집 여부는 당연히 내부결정에 따른다.

블로그는 저널리즘의 취약성에서 몇 가지 진실을 발견했다. 독자들은 신속성과 상호교류, 격의 없음을 선호한다. 또한 가식적이지 않는 모습을 좋아한다. 오늘날 퀴퀴한 냄새를 풍기는 독점적인 일간지들이 편승하려고 하는 것처럼, 모든 기사가 그 두 가지 측면을 고루 갖추고 있지는 않다. 두 가지 이상을 갖춘 기사가 있는가 하면 전혀 갖추지 못한 기사도 있다. 저널리스트의 임무는 자신이 보고 듣고 숙고하고 조사한 것을 보도하는 것이다. 블로깅이 저널리스트로 하여금 이러한 임무를 더 잘할 수 있도록 밀어주고, 대치 중인 양편에 가상의 마이크를 달아주는 셈이 되는 허세를 버리도록 도와준다면, 제 역할을 하고 있다고 할 수 있을 것이다.

우리는 재정의의 시대에 들어섰다. 나는 애널리스트로서 뉴스 업계 소식을 전하는 언론에 종종 글을 기고한다. 뉴욕타임스와 로이터 같은 디지털 12기업에서는 점점 더 많은 기자들이 공식적인 업무의 일환으로 블로깅을 이용한다. 따라서 나는 저널리스트에서 애널리스트가 된 사람으로 블로그를 하는 저널리스트와 대화하는 셈이다.

혼란스러운가? 이상한 소리처럼 들릴 수도 있지만, 놀랍게도 전혀 혼란스러운 얘기가 아니다.

저널리즘은 신뢰에 바탕을 둔다. 독자와 저널리스트 간의 신뢰에 기반을 두는데 이러한 믿음은 종종 시험대에 오르기도 한다. 저널리스트와 정보원과의 신뢰도 역시 중요하다. 여기서 공통분모, 우리가 저널리즘 대학에서 배우고, 독자가 자신들이 원하는 것이라고 말하는 그것은 바로 공정성이다. 신뢰를 깨뜨리고 싶지 않으면 조심해야 한다.

이러한 원칙이 웹에서 잘 지켜지는 한 모든 것은 안정을 이룬다. 그럼에도 여러 종류의 작가와 저널리스트와 추종자, 다양한 업계에서 다양한 명분과 계획에서 출발한 사람들로 구성된 웹은 어딘가 어색한 면을 보이기도 한다.

혼란스러울 수도 있지만, 다른 쪽 면을 보면 도움이 된다. 웹에서는 누구나 마음껏 주장을 펴고 글을 쓸 수 있는 동시에 누구나 비판을 받을 수 있다. 그것도 즉시. 신뢰를 깨거나 사건을 호도하면 많은 사람들의 질타를 받게 된다.

현재의 새로운 환경은 정부가 언론을 감찰하던 우드워드와 번스타인(워터게이트 사건 때 권력에 맞서 싸운 두 기자-옮긴이)의 시대와는 전혀 다르다. 오늘날의 모습은 진화를 이루어 균형감을 찾아가고 있음을 보여준다. 기존의 검열방식과 비교해 얼마나 효과가 있을까? 현 시점에서 평가하기에는 아직 아이디어도 경험도 턱없이 부족하다.

워싱턴포스트의 전 발행자 필 그레이엄의 말처럼, 저널리즘이 역사를 기술하는 초안이라면 블로깅이 그 초안의 첫 장을 장식하는 게 아닐까?

사용자 제작 콘텐츠와 블로깅은 우리가 어떻게 읽고 무엇을 읽는지를 변화시키는 두 가지 요소다. 이제 다음 장으로 넘어가 우리가 뉴스라고 부르는 것과 '일반 뉴스'의 변화 과정을 살펴보자.

08

틈새를 공략하라

우리 저널리스트들은 다양한 문제에 대해 다 알지 못한다는 점을 분명히 했다. 이런 식으로 우리는 객관적인 태도를 취한다.

데이브 배리, 유머작가

미래는 이미 와 있다. 다만 널리 확산되지 않았을 뿐이다.

윌리엄 깁슨, 소설가

　J.J. 요어는 잘 알려진 인물은 아니지만 그는 스테이플스 센터(Staples Center) 가까이에 자리 잡은 LA 다운타운 벙커힐에 있는 사무실에서 미국에서 가장 높은 청취율을 자랑하는 뉴스 라디오 방송 프로그램을 운영한다. 공영 라디오 방송을 청취하는 사람이라면 놓치지 않고 그의 프로그램 중 하나를 들었을 가능성이 높다. J.J. 요어는 미국에서 가장 빨리 성장하고 있는 비즈니스 뉴스 프랜차이즈인 마켓플레이스의 총제작자다. 비즈니스 뉴스라니? 그것도 공영 라디오에서?

　그렇다. 그런 생각은 10년 전이라면 어리석게 들렸을지도 모른다. 하지만 지금 마켓플레이스는 없어서는 안 될 프로그램으로 자리를 잡아가고 있다. 1996년 첫 방송이 시작된 이래로 마켓플레이스는 경제의 그 모든 부침을, 거품 경제와 거품의 폭발까지도 견뎌냈고, 그리고 다시 몇 년간의 경기 호황 끝에 다가온 깊은 경기 침체의 골짜기를 견뎌내고 있다.

일주일에 5일, 장이 끝난 후 하루 30분씩 증시를 분석해주는 마켓플레이스는 전국 300개 이상의 공영라디오 방송국에 유통되는 대표적인 프로그램이다. 평일에 방송되는 마켓플레이스 모닝(Marketplace Morning)은 2007년에 개시되었다. 그리고 매주 개인별 금융 쇼로 진행되는 마켓플레이스 머니(Marketplace Money)도 그 프로그램의 일부이다.

마켓플레이스는 그저 라디오방송에만 그치는 것이 아니라 그 오디오 프로그램과 팟캐스트가 아이튠즈 앱 스토어의 베스트셀러 10위 안에 들어 있다. 마켓플레이스의 온라인 사이트는 여러 해설가들과 디코더(Decoder), 화이트보드(Whiteboard) 같은 여러 장치들, 그리고 특집 보도들로 이루어져 있다.

마켓플레이스는 이제껏 볼 수 없었던 부류의 라디오 청취자를 찾아내 서비스를 제공하고 있다. 이는 시장의 니즈를 전망한 짐 러셀의 아이디어였다. 그 아이디어로 인해 마켓플레이스는 전문적인 지식이 없는 사람들도 쉽게 이해할 수 있는 방식으로 매일 수준 높고 활기 넘치는 뉴스를 돈의 프리즘을 통해 제공하고 있다.

그러면 이제 법칙 8 '틈새를 공략하라'를 살펴보기로 하자. 비즈니스 뉴스는 하나의 틈새다. J.J. 요어와 짐 러셀은 틈새를 노렸고, 그로 인해 새로운 분야를 창출했다. 사실 디지털 뉴스 산업은 틈새를 빼면 할 말이 없을 정도다.

그 이유에 대해서는 쉽게 이해가 갈 것이다. "나는 더 많은 뉴스를 원해"라고 말하는 사람을 근래 본 적이 있는가? 우리가 날마다 빅뉴스를 듣는 뉴스 거품 시대에 살고 있다는 것은 이 책을 통해 알게 되었을 것이다. 하지만 정작 내가 원하는 뉴스, 즉 내 관심사 안의 뉴스는 찾기 힘들다. 다른 사람에게는 재미없는 이야기가 될 수 있기 때문이다.

그래서 계절별 하와이 휴양지에 대해 더 많은 정보를 알고 싶으면 여행 관련 틈새를 찾아보면 된다. 그리고 심한 기침을 할 때 어떻게 해야 할지에 대한 정보가 필요하면 건강에 관한 틈새를 찾는다. 또 스포츠팀에 관한 노하우를 알고 싶으면 스포츠에 관한 틈새를 찾아가면 된다.

법칙 4에서 살펴보았듯이 과거 신문사나 방송사들은 다양한 주제의 정보를 많이 제공하지 못했다. 사실 예전 뉴스룸에 있었던 이들은 사람들이 어떤 부분에 호기심을 보일지 알고 있었고, 그런 사실을 알고 있는 자신을 대단하다고 생각했었다. 그게 바로 취재기자였다. 그래서 당시 저널리스트들은 사람들이 좋아할 만한 것이라면 어떤 소재로도 기사를 쓸 수 있고 근사한 뉴스거리로 만들 수 있다고 자부했다. 지역 소식 담당, 스포츠 담당, 비즈니스 담당의 식으로 나뉘어 있기는 했지만, 월급 값을 하는 신문기자라면 어떤 기삿거리가 주어지든 무조건 덤벼들어 괜찮은 기사로 만들어야 한다고들 생각했다.

그런 일은 오랫동안 성행했다. 그 신념에 따라 대중적인 일간 신문이 한동안 번영했음을 볼 수 있다. 물론 지금은 쇠락했지만. 그래서 과거에 신문이란 만인을 위해 전날의 뉴스를 잘 취합해놓은 것이었다. 하지만 인터넷으로 그 모든 것이 변화했다. 인터넷은 전문화된 읽을거리를 더 쉽게 접하게 해주었고, 그 결과 전문화된 보도와 기사가 제대로 된 대접을 받게 되었다. 웹은 조건에 맞추어 아주 제한적인 주제에 관한 정보도 쉽게 모아줄 수 있다.

틈새 뉴스 청취자의 관심사가 특정 목적 광고와 잘 맞아떨어지는 일이 생기면 미디어 기업에게는 참으로 즐거운 우연의 일치라 할 것이다. 법칙 4에서 말한 디지털 광고 혁명의 목표가 이것이었다. 그리고 바로 이런 이유로 틈새를 공략하는 것이 현대 미디어 기업들의 주요 관심사가 되고 있다.

틈새를 공략하는 뉴스는 일반 '뉴스'보다 광고료와 판매율이 상당히 높다. 사실, 피라미드로 그린다면, 맨 윗부분에는 다른 뉴스에 비해 4~5배 더 많은 광고수익을 내는 비즈니스 뉴스가 있다. 그 아래로 테크놀로지, 건강, 여행 분야가 자리 잡는다. 그리고 맨 아래에는 '일반 뉴스'가 있다.

월스트리트저널과 뉴욕타임스는 최근 '고급' 틈새시장으로 진출한 신문사들이다. 불경기 속에서 월스트리트저널은 패션, 보석류, 고급 스타일에 중점을 두고 출간한 뉴욕타임스 T의 대항마로 부정기적으로 발행되는 고급 잡지 WSJ를 출시했다.

심지어 지역 신문 기업들도 틈새시장에 집중하고 있다. 각각 50개 이상의 일간지를 갖고 있는 미디어뉴스(MediaNews)와 리엔터프라이즈스(Lee Enterprises)는 대중 매체인 일간지를 줄이고 대신 간행물의 틈새시장을 넓혀나가기 위한 목표를 세웠다. 광고주들은 결혼, 주거개선, 금융계획, 대학선택 등과 같은 '구매활동'과 관련된 틈새를 선호한다. 여기서 핵심은, '많은 자금이 돌고 있는 틈새를 찾아라. 그러면 성공할 것이다'라는 점이다.

틈새시장으로의 이동은 업계에 일반적으로 받아들여지고 있다. 몇 년 동안 많은 고객층을 잃은 방송사는 어디인가? 바로 3대 주요 방송사들(ABC, CBS, NBC)이다. 그렇다면 어떤 곳이 이익을 보았는가? 경계 없이 무한한 분야를 다루고 있는 케이블방송사들이다. 음식, 패션, 여행, 모험, 주거디자인, 골프, 테니스 등의 다양한 분야를 다루고 있는데 이것이 바로 틈새다. 그렇다면 잡지 분야는 어떠한가? 일반적인 대중 뉴스 잡지는 가장 최악의 상황을 치렀다. 틈새에서는 활발한 이익을 창출한 반면, 일반적인 대중 뉴스 잡지는 독자층과 광고를 잃었던 것이다. 일반적인 대중 일간지 기업들은 큰 적자를 내고 있는 반면, 민족 언론사들은 잘 운영되고 있다. 생각할 수 있는 모든 틈새가 새롭게 만들어지고 있다. 낸시 슈트와의 인터뷰에서 살펴보았듯이, 심지어 과학 뉴스는 대격변기를 경험하고 있다. 물론, 뉴스 기업들만 수익성이 좋은 틈새를 찾고 있는 것은 아니다. 가령, 메이저리그 스포츠 분야만 살펴보아도, 메이저리그 MLB를 비롯하여 북미 아이스하키리그 NHL과 미국 프로미식축구리그 NFL이 이전에 지역 미디어와 국영 미디어가 담당한 역할을 모두 점유하고 있음을 알 수 있다.

비즈니스 뉴스가 틈새시장을 점유한 사실에서 틈새 공략 전략의 기본을 찾을 수 있다.

바로 비즈니스라는 점이다. 대공황 시대의 은행 강도 윌리 서튼이 오늘날 살아 있다면 그는 타격을 입은 금융 기관을 멀리하고 온라인 비즈니스 저널리즘 업계로 향했을 것이다('윌리, 은행을 터는 이유가 무엇입니까?'라는 질문에 윌리는 '그곳이 돈이 있는 곳이니까요'라고 대답한 일화가 있다).

웹과 비즈니스 뉴스는 완벽한 궁합을 자랑한다. 비즈니스 뉴스는 다른 분야(정부, 지역 사건들, 심지어 연예계와 스포츠 분야까지)보다 초, 분, 시간, 날짜에 맞춰 훨씬 빨리 전달되어야 하는 속성이 있기 때문이다. 또 비즈니스는 숫자 놀음인데 웹을 이용하면 쌍방향으로 끊임없이 업데이트되는 데이터베이스에 즉시 접속할 수 있게 된다.

일간지의 경우에는, 그런 일이 어려웠다. 과거 비즈니스 뉴스 부문은

1980년대 이후 고객층을 계속 늘리고 많은 수익을 낳는 사업이 되었다. 주간지 비즈니스 부문(보통, '비즈니스 먼데이' 식별표)과 일간지 비즈니스 부문은 늘어나는 중산층 투자가들의 욕구를 돋우었고 비즈니스를 더욱 흥미롭게 만들었다.

하지만 인터넷이 등장하며 디지털 주식 목록과 연결된 판독 장치가 생겨나 상당한 지면을 차지하던 표들은 실시간 디지털 포트폴리오로 대체되었다. 처음으로, 우리는 한눈에 우리의 순자산을 대부분 파악할 수 있게 되었다. 그것은 주식 시장 붐이 지속되면서 하나의 재밋거리였다. 다음 순간 사람들은 많은 비즈니스 뉴스가 전국적이고 세계적인 범위에서 다뤄진다는 사실을 깨달았다. 이로 인해 디지털 12기업이 지역 고객들에게 직접 뉴스와 데이터를 제공하게 된 것이다.

고객과 자금은 재빨리 온라인으로 옮겨갔고, 그로 인해 지역 일간지의 비즈니스 보도는 크게 줄어들었다. 세인트피터스버그타임스(St. Petersberg Times)부터 오렌지카운티 레지스터와 덴버포스트에 이르는 여러 유명 일간지들은 지난해 독자적인 비즈니스 부문을 축소시켰다. 그 외 다른 일간지들도 이전에 잘 나가던 섹션이었던 비즈니스 뉴스 지면을 4면으로 축소하고 관련 보도 직원도 줄였다.

하지만 웹 기반 비즈니스와 금융 분야의 광고는 호기를 맞고 있다. 미국 인터넷 광고협회(U.S. Interactive Advertising Bureau)는 비즈니스와 금융 분야의 광고가 두 번째로 가장 큰 수익을 낼 수 있는 목록(가장 큰 수익을 내는 소매업 광고 다음 자리다)으로 제시하고 있는데, 이는 온라인 광고소비의 약 15퍼센트, 즉 30억 달러 이상을 나타낸다. 이제 금융 광고주들은 광고 예산의 5분의 1 이상을 온라인에서 소비하고 있다. 그 액수가 모두 비즈니스 뉴스 사이트로 가는 것은 아니지만, 1년에 약 10억 달러가 비즈니스 뉴스 사이트에서 소비되고 있다.

그런 이유로 불황 속에서도 경쟁사들 사이에는 점점 더 치열한 경쟁이 벌어지고 있다. 루퍼트 머독의 뉴스코퍼레이션은 2007년 다우존스를 손에 넣기 위해 '프리미엄'으로 56억 달러를 더 지불하면서 새로운 도전장을 내밀었다. 루퍼트 머독은 세계 최고 비즈니스 신문인 월스트리트저널을 차지했다. 그는 "월스트리트저널과 비즈니스 자매 간행물(배런스, 마켓와치)을 진정 세계적인 수준으로 끌어 올리고 크로스 플랫폼 프랜차이즈(신문, 케이블방송, 위성, 웹, 모바일)로 만들기 위한 것이다"라며 그 목적을 밝혔다. 2009년 9월 뉴스코퍼레이션은 회사 전체에 유용한 모든 콘텐츠를 망라하기 위해 만들어진 독창적인 프로그램인 '뉴스코어(NewsCore)'를 발표했다.

계속된 불황은 머독의 다우존스 투자 계획을 늦추게 했지만 여전히 월스트리트저널은 머독이 싫어하는 뉴욕타임스에 큰 총을 겨누며 경쟁을 벌이고 있다. 몇 년 동안 뉴욕타임스는 미국의 국가적인 신문이었다. 하지만 월스트리트저널은 미국의 진정한 비즈니스 신문이었다. 머독은 즉시 그 경계를 모호하게 했는데, 월스트리트저널의 1면을 비즈니스 소식과는 상관없는 미국 내 가장 큰 소식으로 채운 것이다. 또한 국내외 일반 뉴스 담당 인원을 보강하고 지면을 더 늘리기까지 했다. 그러면서 스포츠 지면을 추가했다. 뉴욕타임스는 25퍼센트의 광고 수익 감퇴로 타격을 조금 받았지만, 비즈니스와 기술 분야의 보도를 강화했다.

두 경쟁사가 매일 치열한 경쟁을 벌이고 있다는 사실은 온라인에서도 확인할 수 있다. 월스트리트저널의 상징이 된 '거리에서 듣는다'는 뉴욕타임스의 '딜북'과 경쟁을 하고 있다.

머독은 다우존스를 매입하지 않을 수 없었던 이유로, 다우존스가 비즈니스 콘텐츠에 집중되어 있었고, 그 콘텐츠는 '사람들이 돈을 내고 볼' 뉴스였다는 점을 들었다. 그것이 바로 틈새의 가치다. 틈새에 있는 정보는 사람들의 지갑을 두둑하게도 해주고 쪽박을 차게도 할 수 있는 힘을 갖고 있다.

월스트리트저널과 뉴욕타임스가 어쩔 수 없이 서로에게 집중하고 있는 동안, 다른 비즈니스 뉴스 경쟁사들 또한 나름대로 진영을 재정비하고 있었다. 대부분은 맨해튼에서 불과 몇 블록 떨어진 가까운 곳에 본사가 있었다.

경쟁사 중에는 블룸버그도 있다. 마이클 블룸버그가 뉴욕의 시장이 되기 오래전에, '블룸버그' 단말기는 포춘 선정 상위 500대 기업에 들어가는 기업들과 금융사 그리고 뉴스룸에 놓여 있었다. 블룸버그 단말기는 가장 빠르고 가장 정확한 비즈니스 데이터를 보여주었고 변화된 환경에 재빨리 적응하여, 개방된 인터넷 환경에서도 살아남을 수 있었다. 하지만 수익의 90퍼센트를 전용 단말기를 통해 올렸음에도, 블룸버그는 자사 브랜드를 TV와 라디오, 이동통신, 웹으로 확장하기 위해 수천만 달러를 투자하고 수백 명의 직원을 고용했다. 그리고 최근에는 오랜 전통을 지닌 비즈니스위크를 매입했다.

블룸버그가 TV방송 분야의 틈새를 장악했다고 볼 수 있지만, 그곳에서 비즈니스 뉴스와 실황 방송의 선두에 입지를 굳힌 것은 CNBC이다. 그리고 그 뒤를 이어 도전장을 내민 곳은 머독 소유의 작지만 착실하게 세를 불리고 있는 폭스 비즈니스 네트워크(Fox Business Network)였다.

또한 디지털 12기업 중 '통신사'인 톰슨로이터와 AP를 뺄 수 없다. 톰슨

224

로이터의 수익 중 10퍼센트만이 뉴스 제공서비스에 의해 발생하며, 나머지는 금융 보도와 정보자료 서비스에서 발생한다. 톰슨로이터와 통신 경쟁사인 AP는 수많은 비즈니스 뉴스와 정보자료 서비스를 제공하고 있다.

그다음으로는 잡지에 기반을 둔 기업들이 있다. 포춘, 머니, CNN머니를 거느리고 있는 타임워너를 비롯해 웹의 거대 브랜드들이 그들이다. 그 외에도 포브스(Forbes)가 있고, 불황으로 잠깐 나타났다 사라진 비즈니스 잡지 콘데 나스트(Conde Nast)의 포트폴리오(Portfolio)가 있다. 이들은 애써 세계 곳곳을 취재하는 직원들을 고용하고 있는 것처럼 꾸미지 않는다. 보도할 지역을 정하고, 보다 큰 전 세계 비즈니스 뉴스의 흐름을 종합할 뿐이다.

하지만 이들도 올드미디어 기업이다. 이들의 뒤를 이어 야후 파이낸스, MSN머니 센트럴, 구글 파이낸스, AOL 파이낸스 등 새로운 비즈니스 뉴스 수집 매체가 등장했다. 그렇다. 개척자들은 이곳에서 바쁘게 움직이며, 최소 비즈니스 뉴스 분야 온라인 수익의 40퍼센트를 거둬들이고 있다.

모든 틈새 안에는 또 다른 틈새가 있듯이, 비즈니스 틈새 안에도 다른 틈새들이 있다. B2B(기업 간 전자상거래), 기술, 가제트(gadget), 주식, 그 외에도 무척 다양하다. 몇 가지 브랜드를 꼽아보자면 올싱스디(뉴스코퍼레이션 소유), 테크크런치, 시킹알파(SeekingAlpha), 페이드콘텐트(가디언 소유) 등이 있다('인터뷰: 라팟 알리' 참조).

지역의 틈새 기업들도 빼놓을 수 없다. 아메리칸 시티 비즈니스 저널스(American City Business Journals)와 돌런미디어(Dolan Media) 같은 기업들은 비즈니스에 정통한 지역 독자의 욕구를 만족시키려 노력하고 있다. 대부분의 대도시에서 독자 수는 다섯 자릿수 이하로 규모가 작지만, 목표 고객의 인구 통계는 매우 매력적이어서 비즈니스 지향적인 인터넷 광고주들의 이용률이 꾸준히 늘고 있다.

색다른 저널리즘 접근 방식을 사용하고 있다는 것이 차이일 것이다. 비즈니스 뉴스 블로그인 토킹비즈뉴스(TalkingBizNews.com)를 운영하는 크리스 라우시는 "주간지는 일을 제대로 하고 있습니다. 대도시의 일간지들은 보통 기사의 95퍼센트를 상장회사에 관한 기사로 채우고 있는데, 상장회사는 전체의 1퍼센트에 불과합니다"라고 말했다. 그래서 주간지들은 일간지에 노출되지 않은 규모가 제법 큰 개인기업이나 다른 소규모 기업 등에 관한 보도를 많이 할 수 있게 되었다.

시애틀에는 각각의 특색을 지닌 사이트가 다양한 것으로 유명하다. 이를 보면 일간지 저널리스트들이 틈새시장으로 어떻게 옮겨가는지 알 수 있다. 시애틀 포스트인텔리전서는 두 개의 유명한 비즈니스 블로그로 명성을 떨쳤다. 존 쿡의 벤처(캐피털) 블로그와 토드 비숍의 마이크로소프트 블로그는 지역사회의 필독 블로그가 되었다. 하지만 그 두 블로그는 시애틀 포스트인텔리전서가 종이 신문 간행을 그만두고 예산을 줄여 온라인으로만 운영을 하기 1년 전에 독립했다. 그들은 아메리칸 시티 비즈니스 저널스의 소유이자 지역 내 40개 간행물 중 하나인 푸젯 사운드 비즈니스 저널(Puget Sound Business Journal)과 함께 온라인 테크플래시(TechFlash)를 만들었다.

이러한 비즈니스 블로그를 비롯하여 미국 내의 잘 만들어진 수백 개의 블로그들은 인터넷이 저널리즘을 변화시키고 있는 또 다른 방식을 보여준다. 비평가들은 스포츠 섹션은 (주로 남자인) 독자들이 여러 팀들과 리그에

2010 북이십일 도서목록

북이십일이
특별한 감성으로
새롭게 태어납니다.

지식과 정보의
새로운 향유 방법을 창조함으로써
여러분과 함께 즐거움을 나누고
공유하겠습니다.

누구도 대신할 수 없는 존재

린치핀

세스 고딘 지음 / 값 15,000원

당신은 꼭 필요한 사람인가?
누구도 대신할 수 없는 존재, 린치핀이 되라

"당신은 꼭 필요한 사람인가?"라는 도발적인 질문으로 시작하는 이 책은
현대 사회의 노예가 된 직장인을 위한 통쾌한 선언문이다.
세스 고딘은 평범함(이라고 쓰고 실패로 읽는다)에 안주하고 있는
당신을 눈 뜨게 할 것이다. 이 책은 성공의 가능성을 타고난 당신이
없어서는 안 되는 유일한 존재, '린치핀'이 되는 방법을 알려준다.

쓸데없는 생각으로부터 자유로워지는 법

생각 버리기 연습

코이케 류노스케 지음 / 값 12,000원

일본 열도를 뒤흔든 동경대 출신 스님의 휴뇌법

생각도 병이다! 쓸데없고 부정적인 생각은 우리를
혼란스럽게 만들어 실패를 가져온다.
하지만 이런 잡다한 생각일수록 더욱 끈질기게 머릿속을 맴돌기 때문에,
내 의지대로 멈추기가 힘들다. 일본 전서점 베스트셀러의 저자인
코이케 류노스케 스님은 우리를 괴롭히는 잡념의 정체를 짚어내며,
일상에서 바로 실천할 수 있는 생각 버리기 연습을 제시한다.

하버드 클래식 전집 50권 1년 독파 프로젝트

하버드 인문학 서재

크리스토퍼 베하 지음 / 값 14,000원

50권, 2만2000페이지, 150여 편의 작품,
아주 특별한 책 읽기가 시작된다!

인생이 흐트러지기 시작할 때쯤 크리스토퍼 베하는 자신의 할머니가
대공황 시절 학교를 다닐 수 없어 하버드 클래식을 읽으며 독학했다는
사실을 알게 된다. 할머니의 경험에 고무되어, 또 자신의 삶을
예전처럼 돌이킬 수 있기를 희망하며 베하는 1년동안
2만 2000페이지에 달하는 '5피트 책꽂이'를 독파하기로 결심한다.

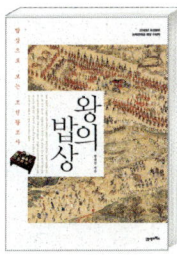

왕의 밥상
함규진 지음 / 값 14,000원

2010년 조선 논픽션대상 수상작!
왕의 식사란 자신의 입과 위장을 통해
세상을 돌아보는 행위였다.

왕실 밥상의 정치성이라는 흥미로운 시각을 바탕으로 식생활에 대한 조선시대 사람들의
철학을 고찰했다. _조선일보 논픽션대상 심사위원회

인문의 숲에서 경영을 만나다 1, 2, 3
정진홍 지음 / 각 권 값 1,5000원

인문학은 삶의 학문이자 의지의 그루터기다!

이 책의 존재 이유는 오직 하나다.
인문학의 자양분을 섭취해 저마다 삶의 밑동으로부터 통찰의 힘을
키우자는 것이다. 그것이 전부다. 그것을 키울 수만 있다면
이 책은 불쏘시개가 되어도 아깝지 않다.

영웅의 꿈을 스캔하라
김광호 지음 / 값 13,000원

꿈을 이루기 위한 단 한 가지 주문!
"그와 같이 생각하고, 그와 같이 말하고 그와 같이 행동하라"

무엇을 위해 살아야하는지 방황하고 있다면, 내 삶의 주변인으로
남는 자신이 더는 참을 수 없다면 이 책을 들어라.
당신의 영웅과 꿈을 찾아주는 것이 바로 저자가 "영웅 이야기를 하는 진짜 이유"다.

안목
강일수 지음 / 값 12,000원

최후의 승자는 보는 눈이 남다르다!
남이 보지 못하는 것을 보는 안목,
사막에서 오아시스를 찾는 눈을 가진 자만이 최후까지 살아남는다!
보는 눈이 왜 중요한가? 무엇을 보아야 하는가?
어떻게 해야 제대로 볼 수 있는가?
보는 눈을 바꾸면 당신도 최후의 승자가 될 수 있다!

김미경의 아트스피치
김미경 지음 / 값 15,000원

이제 당신도 말을 잘 할 수있다!

16년간 200만 명의 청중을 열광시킨 마법의 말하기 전략. MBC 희망특강 〈파랑새〉의 국민강사 김미경이 말하는 대한민국 말하기 교과서. 스피치에 소통, 설득, 공감을 담는 비법 대공개!
조직원에게 감동과 영향력을 주는 리더가 되고 싶다면? 이 책을 읽어라! _이승한(홈플러스 회장)

대통령의 맛집
강대석, 이춘성, 최영기 지음 / 값 13,500원

국내 최초 역대 대통령들의 입맛을 사로잡은 '그 곳'의 비밀!

'대통령'이라는 막강한 권력 주변에 얽힌 일화를 맛있게 버무린 조인스TV의 영상기획물을 단행본으로 엮은 것으로 김대중 전 대통령의 마지막 외식집 을지로 양곱창집, 박정희 전 대통령의 마지막 오찬 소복식당, 노무현 전 대통령과 이명박 대통령이 번갈아 찾은 전주 성미당 등 총 대한민국 최고의 맛으로 소문난 20곳이 소개된다.

체크! 체크리스트
아툴 가완디 지음 / 값 14,000원

"나는 IQ 300이 아니기 때문에 체크리스트를 쓴다!"

보잉의 야심작 '하늘의 요새' B-17은 왜 시험비행에서 추락했을까? 왜 체크리스트 접근법을 사용한 투자자들은 거의 실패하지 않을까? 현대의 복잡한 문제를 해결하는 단순하지만 극적인 힘, 정답은 체크리스트다!

공병호의 모바일 혁명
공병호 지음 / 값 14,000원

모바일은 혁명이자 미래다! 모바일 혁명에서 살아남는 법!

'아이폰'에서 시작된 변화는 사회의 모든 부분에 걸쳐 '혁명적'이라고 말할 정도로 무섭게 진행되고 있다. 이 책은 거대한 파도처럼 밀려오는 모바일 혁명에 떠밀리지 않고 승리할 수 있는 법을 알려준다.

죽을 때 후회하는 스물다섯 가지
감동을 남기고 떠난 열두 사람
오츠 슈이치 지음 / 각 권 값 12,000원

오직 참으면서 살아온 내 인생은 대체 뭐였을까?

우리는 한없이 참고 또 참으며 끝에 이르러서야 비로소 자신을 속이며 살아왔다는 걸 깨닫는다. 정말로 하고 싶었던 것을 미루고 또 미룬 후에야 이제 더 이상 '뒤' 가 남지않았다는걸 알게된다.

정갑영 교수의 만화로 읽는 **알콩달콩 경제학** 1, 2
정갑영 글 · 박철권 그림 / 각 권 13,800원

출구전략이 도대체 뭐지? 도요타가 몰락한 이유는?

우리집 가계부가 튼튼해지는 경제상식을 만화로 읽는다.
주식, 부동산, 은행과 친해지는 실전 경제상식부터 우리가 사랑하는 영화와 드라마의 경제적 효과까지 한층 더 강력해진 내용으로 돌아온 세상에서 가장 쉬운 경제학 강의 두번째 시간!

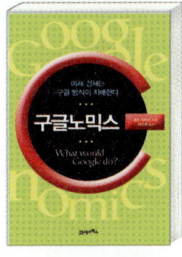

구글 노믹스
제프 자비스 지음 / 값 18,000원

미래 경제는 구글 방식이 지배한다!

역사상 가장 빠른 속도로 성장한 구글은 지금까지 없었던 새로운 시대를 열었다.
구글식 사고방식에 길들여진 소비자를 공략하는 방법은 무엇일까?
이제 기업은 기존의 관습을 파괴하고 끊임없이 도전하며
새로운 성공 기회를 찾아야 생존할 수 있다. 구글이 할 수 있다면 당신도 할 수 있다.
구글보다 먼저 구글처럼 사고하고, 행하라. 그리고 성공을 쟁취하라!

읽는 CEO
• 디자인 읽는 CEO – 최경원 지음 / 값 15,000원
• 사진 읽는 CEO – 최건수 지음 / 값 15,000원
• 시 읽는 CEO – 고두현 지음 / 값 12,000원

• 와인 읽는 CEO – 안준범 지음 / 값 13,000원
• 옛시 읽는 CEO – 고두현 지음 / 값 12,000원
• 그림 읽는 CEO – 이명옥 지음 / 값 15,000원

• 수학 읽는 CEO – 박병하 지음 / 값 15,000원
• 바둑 읽는 CEO – 정수연 지음 / 값 13,000원
• 도시 읽는 CEO – 김진애 지음 / 값 15,000원

2004 SERICEO 추천도서

설득의 심리학 ❶❷
로버트 치알디니 지음 / 각 권 값 12,000원

130만 독자를 사로잡은 '설득의 바이블'

'예스!'는 정말 단순한 말이다. 하지만 동료, 고객, 소비자, 심지어 가족들에게 이 말을 듣기란 쉬운 일이 아니다. 적어도 설득 과정의 비밀을 알지 못한다면 거의 불가능하다. 이 책은 우리에게 강력하고 가치있는 설득의 비밀을 알려주는데 그치지 않고, 빠른 시간 안에 목표를 달성할 수 있도록 도와준다.

Yes24 2004 올해의 책

칭찬은 고래도 춤추게 한다
켄 블랜차드 외 지음 / 값 10,000원

대한민국에 칭찬 열풍을 일으킨 화제의 책!

직장과 가정에 놀라운 변화를 이끄는 칭찬의 힘을 통해 성공적인 인간관계를 위한 기분 좋은 메시지를 전한다. 집안의 가장으로서, 회사의 간부로서 가족과 직원들에게 열정과 희망을 불러일으키고자 하는 사람들을 위한 훌륭한 지침서이자 안내서!

프레임
최인철 지음 / 값 10,000원

협상, 나의 한계를 깨는 마음 경영법

이 책은 서울대 심리학과 최인철 교수가 들려주는, '지혜롭게 사는 법'을 담았다. 심리학에서 '세상을 바라보는 마음의 창'을 의미하는 '프레임'은 어떤 문제를 바라보는 관점, 세상을 관조하는 사고방식, 사람들에 대한 고정관념 등을 의미한다.

Yes24 2007 올해의 책

육일약국 갑시다
김성오 지음 / 값 12,000원

사람을 낚는 마음경영의 힘

우리나라에서 가장 작은 4.5평의 약국을 마산의 랜드마크로 만들어낸 의지의 사나이 김성오. 600만 원의 빚으로 시작한 약국에서 시가총액 1조 원 기업체의 CEO가 되기까지 자신만의 독특한 경영철학으로 무일푼 성공신화를 이루어낸 그의 독창적 노하우를 밝힌다.

일본 사회를 뒤흔든 강한 아들 교육법
작은 소리로 아들을 위대하게 키우는 법

딸의 인생엔 역전 홈런이 없다!
딸을 세상의 중심으로 키워라
마츠나가 노부후미 지음 / 각 권 값 10,000원

**일본 최고의 교육 설계사로 '기적의 과외선생'으로
알려진 마츠나가 노부후미.**

공부를 하면 똑똑해진다는 것을 실감할 수 있다면,
아이들은 재미있어 하며 공부에 몰두하게 된다. 연습을 하면 할 수록
100미터 달리기가 점점 빨라지는 것이나, 혹은 피아노를 능숙하게
칠 수 있는 것처럼 공부를 해서 똑똑해지면 누구나 쾌감을 느낄수 있다.

싸이월드 육아부문 1위! 대한민국 대왕엄마
예성맘의 우리아이 10년 밥상
김은주 지음 / 값 16,000원

10만 엄마들이 선택한 예성맘 2탄
예성맘의 우리아이 평생밥상
김은주 지음 / 값 28,000원

**대한민국 엄마는 점점 행복해지고, 아이는
점점 건강해진다.**

아토피를 앓기 시작한 아들 예성이를 위해 예성맘 김은주가
팔을 걷고 나섰다. 입맛 까다로운 예성이의 입맛과 아토피를 물리쳐 줄
영양을 듬뿍 담은 1등 주부 김은주의 레시피들로 가득하다.

서울에서 30분 수도권 여행지 베스트 85
최정규 , 박정현 지음 / 값 13,500원

슬슬 떠나고 싶은 자에게 고함!

여행 전문 플래너가 콕콕 짚어 골라낸 수도권의 숨은 비경이 여기 있다. 감성과 휴식,
낭만과 풍요로움을 위한 일상탈출 수도권 여행! 오랫동안 여행 전문 플래너로 활동해온
저자가 추천하는 수도권 여행지 베스트 순위 매기기! 서울, 인천, 강화, 부천, 고양, 파
주, 양주, 포천, 가평, 남양주, 양평, 여주, 이천, 용인, 안성 순으로 구성했으며 함께 가
볼 만한 곳을 수록하여 여행자들에게 다양한 볼거리와 재미를 제공한다.

누구도 대신할 수 없는 린치핀, 당신께 이 책을 드립니다.

누구도 대신할 수 없는 존재

린치핀

"당신은 꼭 필요한 사람인가?"

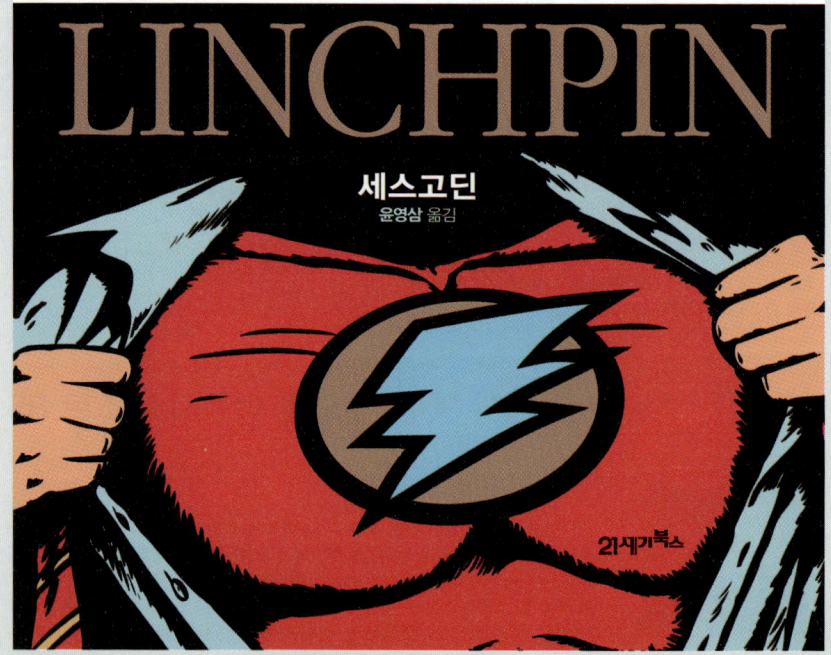

LINCHPIN

세스고딘

윤영삼 옮김

21세기북스

대해 많은 것을 안다고 가정하고 글을 쓰는 반면, 비즈니스 섹션은 가장 평이한 수준으로 '쉽게 쓴다'고 지적했다. 그런데 블로그는 박식한 해설자가 심도 있는 글을 게재해서 자신이 관심 있어 하는 주제에 정통한 독자들을 만족시킨다.

특히 디지털 비즈니스 저널리즘은 경제 붕괴상황에서 급부상하기 시작했다. 당시의 상황을 설명해줄 저널리즘이 절실히 필요한 시점이었다. NPR의 애덤 데이비드슨은 이 시대의 아주 뛰어난 비즈니스 작품 하나를 만들어냈다. 그가 제작한 '돈은 어디에 고여 있나(The Giant Pool of Money)'라는 프로그램은 2008년 5월 아이라 글래스의 '미국인의 생활'이라는 프로그램에 방송되어 최고의 방송상인 피바디상을 수상했다. 그 프로그램이 처음 방송되었을 때 청취했던 기억이 난다. 그 방송은 누구도 전혀 이해할 수 없을 것 같은 어려운 일의 진실을 밝혀내고 이해하기 쉽게 설명했다는 점에서 매우 놀라웠다. 방송은 일부 악성 부동산 담보 대출이 어떻게 세계적인 재앙을 초래할 수 있었는지를 밝혔다. 방송은 그동안 아무도 시도하지 않은 방식으로 돈을 추적했다. 그리고 데이비드슨이 구시대적이라고 생각한 비즈니스 저널리즘의 형식을 버렸다. 데이비드슨은 "나는 비즈니스 저널리즘의 목소리가 마치 신인 양 권위적인 목소리를 냈다고 느낍니다"라고 말한 뒤, "하지만 비즈니스 저널리즘에는 권위 따위가 없습니다. 그건 그저 하나의 방법일 뿐입니다"라고 덧붙였다.

데이비드슨은 현재 매주 팟캐스트로 방송되고 있는 NPR의 새로운 프로그램 '플래닛 머니(Planet Money)'에 출연하고 있다. 그 뒤를 이어 비슷한 프로그램들이 줄을 잇고 있다. 마켓플레이스의 다양한 프로그램들과 비즈니스 웹사이트, 슬레이트의 빅머니가 그 예다. 그곳에서 비즈니스 편집자 짐 레드베터와 비즈니스 작가인 대니얼 그로스, 파라드 몬주가 관련 일을 하지 않는 사람들을 위한 스마트 비즈니스 저널리즘을 감당하고 있다. 하지만 뛰어난 비즈니스 해설 보도와 비즈니스 블로그는 비즈니스 뉴스 서비스업자들이 이용하고 있는 전략 중 일부다.

이 모든 기업들은 놀라울 정도로 비슷한 접근 방식을 선보이고 있다. 그래서 차별화 정책을 끊임없이 구가하려 노력하는지도 모르겠다. 그들의 첫 번째 전략은 경성 뉴스를 '가장 먼저 입수해 제대로 정리한 다음 보도하는' 것이다. 그리고 이어서 뉴스노믹스에서 제시한 '멀티미디어를 만들고, 뉴스를 종합하고, 블로그를 운영하고, 첨단기술에 정통한 후 전염성 있는 마케팅을 하라'는 법칙들을 그대로 활용한다.

이것은 디지털 12기업이 직접 생산한 문서와 동영상, 오디오 분야의 경계를 없애는 양상을 다시 한 번 확인시켜주는 것이다. 우리는 이제 비즈니스 뉴스 라디오 프로그램(웹사이트와 팟캐스트)과 비즈니스 뉴스 웹사이트(오디오와 동영상)를 볼 수 있게 되었다.

웹에는 수많은 형태의 놀라운 틈새들이 존재한다. 모성을 예로 들어보자. 인류 역사상 젊은 엄마들은 항상 산고의 어려움과 그 요령에 대한 이야기를 주고받아왔다. 젊은 엄마들은 낮 시간에 공원이나 집에서 만나 아이들을 놀게 하고 다른 엄마들과 이야기할 기회를 가졌다. 그런데 이제 그들은 많은 모임을 온라인에서 하고 있다. 아마도 미국 전역에 걸쳐 지역 엄마들을 위한 사이트가 수백 개 이상은 될 것이다. 이 분야의 선두를 달리고 있는 개닛은 최초로 젊은 엄마들을 상대로 하는 마케팅을 벌이는 틈새 사이트를 운영하고 있다. 개닛의 맘스라이크미(MomsLikeMe.com)는 인디애나폴리스와 신시내티에 있는 지역에서 소규모로 출발했다가 75개 이상의 도시로 확대되어 전국적인 차원으로 운영되고 있다. 개닛은 미국의 가장 큰 뉴스 기업이지만, 맘스라이크미를 뉴스가 아닌 교류에 초점을 맞춘 사이트로 운영했다. 따라서 사이트에는 약간의 관련 뉴스와 함께 블로그, 공개 캘린더, 이벤트, 조언 등이 주류를 차지한다. 개닛은 모든 사이트를 하나의 플랫폼에 올려놓았기 때문에 콘텐츠와 광고가 공유될 수 있었다. 하지만 경쟁자가 없는 것은 아니다. 보스턴글로브 (BoMoms), 오렌지카운티 레지스터(OCMoms), 그리고 20개 사이트 이상의 투데이스마마(The Today's Mama) 체인 등이 개닛의 뒤를 추격하고 있다. 그 외에 많은 독립기업들도 참여하고 있다. 작년 NPR 뉴스매거진 데이투데이가 문을 닫고 난 후에는 마들렌브랜드(Madeleine Brand) 또한 맘스블로그(mom's blog)와 팟캐스트 시장으로 진출했다.

엄마 고객층으로 이루어진 사이트들은 전통적인 틈새이다. 이 사이트들은 사람들이 많은 돈을 내는 생활 주기 시장을 이용하고 있다.

개닛에 필적하는 또 다른 틈새로 하이스쿨스포츠(HighSchoolSports.com)가 있다. 신문사들은 고등학교의 '아마추어 스포츠 분야'의 시장을 어떻게 하면 소유할 수 있을까 하고 오랫동안 고민해왔었다. 하이스쿨스포츠는 바로 그 청소년 고객층을 사로잡는 데 목표를 두고 있다. 이 사이트는 모성 사이트와 비슷한 도구(블로그, 달력, 사진, 멀티미디어)를 갖추고 비슷한 틈새 철학, 즉 네트워킹을 신봉하고 있다.

개닛의 신조를 보다 발전적으로 향상시켜 '소규모의 섬세한 콘텐츠로 소규모의 섬세한 고객들을 쫓아'가고 있는 것이다.

이제 다시 원점으로 돌아가자. 일반 뉴스, 즉 대중 뉴스라는 재료가 우리 주변에 널려 있지만 광고주가 이를 회피하고 있는 상황이라면 이 상황을 어떻게 타개해야 할까?

폴리티코(Politico)가 찾아낸 문제의 해답은 다음과 같다. "우리가 다루는 것은 뉴스가 아니라 정치다."

타임과 워싱턴포스트의 베테랑들이 3년 전에 만든 폴리티코는 그야말로 혜성과 같이 등장해서 이제는 케이블방송 토론회에서 타임이나 워싱턴포스트와 같은 자리를 차지하고 있다. 폴리티코의 노련한 홍보 활동을 살펴보는 일은 법칙 10 '최적의 미디어를 만드는 새로운 방법'으로 미루도록 하겠다.

폴리티코는 언론의 쇠퇴기에도 뉴스룸에 60명 이상의 직원을 두고 있었다. 어떻게 그럴 수 있었을까? 그것은 정치를 하는 사람들과 정치를 따르는 사람들의 열정에 강하게 집중해온 결과다. 폴리티코가 온라인에서 돌풍을 일으키고 있는 것처럼 보이지만, 사실 대부분의 수익은 여전히 미국 의회와 주변에 유통되는 일간지에서 나오고 있다. 온라인에서는 일반 뉴스보다 조금 더 수익이 나은 건강이나 여행과 같은 내용의 기사들이 올리는 광고비 요율을 받고 있다.

폴리티코가 정치 뉴스를 재정립하여 틈새를 만들어냈다면, 글로벌포스트(GlobalPost)는 국제적인 뉴스를 재정립하여 틈새를 만들어냈다. 케이블방송 뉴스의 뛰어난 경영자 필 발보니와 보스턴글로브의 해외 특파원으로 오랫동안 활약했던 찰리 세노트가 2008년에 출시한 글로벌포스트 사이트는 당시에 상상도 할 수 없었던, '세상 곳곳에 70여 명의 저널리스트를 두고 수당을 지급하며 각자 하나의 국가를 맡아 취재'하는 방식을 택했다. 게다가, 글로벌포스트는 40개 이상의 나라에서 3000명 이상의 블로거들의 업무를 포함하는 프로암 모델을 적극 활용하고 있다. 나는 필 발보니(다음 인터뷰 참조)를 이 시대의 헨리 루스라고 생각한다. 왜냐하면 대공황에도 불구하고 포춘을 출시한 루스처럼 발보니도 어려운 시기에 기업을 창건했기 때문이다.

글로벌포스트는 신문사와 방송사에서 '외국 특파원'의 수를 대거 줄이는 시기에 국제 보도의 중요성에 주목했다. 발보니와 세노트에게는 '생생한 글로벌 뉴스에 굶주린 사람들이 만들어내는 틈새는 매우 거대하므로 그곳에서 비즈니스를 일구어낼 수 있을 것이다'라는 신념이 있었다.

틈새는 다양한 관점으로 세밀하게 분석해야 한다. 데이터 중심 분석은 때때로 주요 고객층을 찾기 위해 활용되며, 찾아낸 주요 고객층에게 콘텐츠를 전달하기 위해서도 활용된다. 두 경우 모두 최첨단 기술이 필요하다. 그럼 이제 다음으로 넘어가 최첨단 기술이 어떻게 뉴스를 새롭게 만드는지 알아보자.

필 발보니(Phil Balboni)

  필 발보니는 2009년 1월, 많은 신문사들이 국제 보도를 줄이고 있는 중에 글로벌포스트를 개설했다. 미국의 독자들에게 국제 뉴스를 다시 제공해야겠다는 생각을 40년 전부터 해오다가 오늘날 인터넷의 능력이라면 그 아이디어를 실현할 수 있겠다고 생각하고 실행에 옮긴 것이다. 글로벌포스트 운영은 그의 두 번째 경력에 해당한다. 이전에 그는 뉴잉글랜드 케이블 뉴스(NEC, NNew England Cable News) 채널을 창설하고 몇 년 동안 성공적으로 운영했다. 하지만 이제는 대형 범선이 들어오던 보스턴 항구에서 세계를 관망하며 세계 곳곳에서 일하는 70여 명의 해외 특파원의 네트워킹이 자라는 모습을 지켜보고 있다.

  Q 당신의 케이블방송 뉴스 경험이 글로벌포스트 계획에 얼마나 영향을 주었습니까?

  A NECN을 운영하면서 매우 중요한 교훈을 얻었습니다. 첫 번째는 하나 이상의 수익 모델을 갖춘 가치 있는 사업 모델을 만들어야 한다는 것과 광고에만 의존해서는 안 된다는 것입니다. 내가 NECN의 비즈니스 부문에서 올린 가장 중요한 성과는 유통망을 구축하고 그 네트워크를 케이블 시스템에 판매하는 데 전념하면서 결제는 항상 현금으로 하고 무상

공급은 없도록 한 점입니다. 이로 인해 시간이 지나면서 불경기에도 끄떡없었고 광고 시장의 성쇠에도 영향을 받지 않는 꾸준하고 신뢰성 있는 수익을 얻어내 엄청난 성장을 일궈냈습니다. 재직 말년에 정보통신 전문업체인 버라이즌과 같은 새 유통업체와 새로운 계약이 체결된 덕분에 방송 수신료에서 두 자릿수의 순수익을 달성했죠. 두 번째는, 효율적인 비용 관리의 필요성입니다. 그리고 마지막으로 고품질의 서비스만이 최상의 가치라는 점입니다. 저널리즘에서는 일반적으로 고품질의 중요성을 신뢰하지 않기 때문에 사실상 모든 미디어 기업은 누구나 이해할 수 있는 대중적인 콘텐츠로 많은 고객들을 확보하려고 합니다. 우리는 뉴잉글랜드에서 지역 뉴스를 방송할 때 고품질의 서비스를 제공하려는 결심으로 출발했습니다. 또한 우리는 가장 높은 시청률을 올렸다고 해서 가장 좋은 평판을 얻는 방송국이 되리란 법은 없다는 점을 깨달았습니다. 그래서 회사 전체의 운영 방식과 전반적인 사업을 수준 높은 양질의 콘텐츠를 제공하여 수준 높은 뉴스 서비스를 원했던 소수의 사람들을 만족시키는 것에 부응하도록 조정했죠.

Q 새로운 디지털 저널리즘 사업이 기존의 미디어 사업과 현저히 다르다는 점을 깨달은 순간은 언제였습니까?

A 1997년 가을이었던 것 같습니다. 미국은 물론, 아마도 세계 최초였을 것으로 생각되는데, 모든 뉴스를 동영상으로 올리는 NECN닷컴 서비스를 시작했어요. 보스턴 지역에 20~30개 정도의 광대역 무선망이 연결이 되어 있었지만, 우리는 디지털과 양방향의 전망을 믿었고, 또한 사람들이 원하는 방식으로 필요한 것만 얻게 해준다면 좋은 결과를 얻을 수

있을 것이라는 점을 확신했습니다. 그리고 이 일이 가능하기까지는 상당한 시간이 필요하고 사람들이 동영상을 전달하는 웹의 힘을 이해하는 데도 시간이 많이 걸릴 것이란 사실을 깨달았습니다. 하지만 우리가 하는 일이 옳다는 사실은 추호도 의심하지 않았는데, 마침내 오늘날 동영상의 힘이 인터넷을 휩쓸게 되었죠.

Q 놀라운 블로거의 역할과 경제학에 대해 무엇을 배웠나요?

A 나는 블로그 영역의 광범위함과 전파의 즉시성에 끊임없이 놀라고 있습니다. 블로그가 이 정도로 대단한 위력을 발휘하리라고는 전혀 예상 못했죠. 지금도 그 위력이 둔화될 징후는 보이지 않아요. 하지만 이와는 별도로, 경제적인 측면은 매우 약하죠. 광고주들은 블로그에 별 관심을 보이지 않습니다.

물론 예외는 있지만 전체적인 동향은 그리 달라질 것 같지 않아요. 블로그는 실리적인 측면보다 소셜 네트워킹과 지식인들의 참여를 위한 온라인 툴로서의 측면이 더 강합니다.

Q '프리랜서 수당' 모델은 저널리즘의 미래에 큰 의미를 줄 수 있을까요?

A 규모가 크고 재원이 풍부한 미디어 기업들이 해체되는 가운데 '프리랜서 수당' 모델이 미래 저널리스트에게 큰 의미를 주게 될 것입니다. 그 모형은 저널리즘을 업으로 삼고 살아가는 저널리스트에게는 부담을 안겨주겠지만, 한편으로는 한 기관에 소속되어 있는 것보다 더 많은 자유와 융통성과 창의력을 제공하죠. 우리는 정규직 월급에 못지않거나 그 이

상 가는 금액으로 특파원들에게 보답하기를 바라고 있고 또한 그렇게 되리라 예상합니다. 이는 물론 우리의 경제 상황 전반에 달려 있는 일이지만, 글로벌포스트의 행동 방침이기도 합니다.

라팟 알리(Rafat Ali)

라팟 알리는 콘텐트넥스트 미디어(ContentNext Media)의 창설자이자 발행인이면서 편집자이다. 로이터는 이 미디어의 성공을 다음과 같이 묘사했다. "2002년에 설립된 콘텐트넥스트의 주력상품인 페이드콘텐트는 짧은 기간에 미디어와 디지털 미디어 분야 경영진 사이에서 필독 사이트로 자리 잡았다." 페이드콘텐트는 실제로 비즈니스, 미디어, 엔터테인먼트 산업과 관련된 사람들이 매일 방문하는 사이트가 되었다. 게다가 이 회사는 영국과 인도에 유사한 사이트를 운영하고 있으며, 또한 모바일 콘텐츠도 운영하고 있다.

Q 페이드콘텐트가 공략한 틈새는 이전에는 아무도 생각하지 못했던 것으로 당신이 찾아낸 것입니다. 어떻게 그 틈새를 찾아내고 특징을 잡아냈습니까? 사람들의 주목을 이끌어낼 자신이 있었나요?

A 2002년 당시 뉴욕시는 인터넷 분야에서 심한 불황의 시기를 맞고 있었습니다. 저는 경력을 쌓을 방법을 찾고 있었죠. 그러다가 온라인 미디어와 인터넷을 취재하면 온라인 저널리스트로 제 능력을 알릴 수 있을 것 같다는 생각이 들었습니다. 저의 목표는 월스트리트저널이나 CNET와 같은 곳에 일자리를 얻는 것이었습니다. 당시 언론사 일자리를 얻는 것은

정말 어려웠죠. 하물며 온라인 미디어를 취재하는 온라인 저널리스트를 고용할 곳은 없었습니다.

당시에 저는 실리콘 앨리 리포터(Silicon Alley Reporter)에서 운영하는 온라인과 이메일 전용 매체 실리콘 앨리 데일리에서 일하고 있었습니다. 제가 일을 시작했던 때는 잡지사가 인쇄판 발행을 멈추고 온라인과 이메일 뉴스레터만 남긴 직후였어요. 저널리스트들이 해고되기 시작했지만 저는 마지막까지 남아 일했습니다. 그 몇 달 동안 기사를 스스로 편집하는 등, 매우 적은 경비로 매우 많은 일을 하는 방법을 배웠습니다.

그 일을 통해 저는 트렌드를 읽을 수 있었습니다. 온라인 광고는 완전히 불황을 맞았지만 NYTimes.com, TheStreet.com, Salon.com과 같은 사이트와 시험단계에 있는 다른 사이트들에서는 온라인 콘텐츠의 유료 구독자에게 프리미엄을 주는 것이 추세를 이뤘죠. 당시에는 그런 움직임이 불황 탈출의 유일한 방법은 아니겠지만 가능한 한 모든 수익 모델을 실험해보는 것이 필요하다고 보았습니다. 또 경기 순환이 한바탕 이루어졌으니 다양한 수단을 확보하면 개중에는 보다 효과가 좋은 것이 있을 수도 있겠다고 생각했던 것이죠.

하지만 경기가 회복되자 온라인 광고의 경기도 회복되었고 그로 인해 콘텐츠 유료화 동향은 대부분의 온라인 발행인들에서 계속 잠정적으로 미루어졌습니다. 이때 우리가 집중한 것은 온라인 미디어 자금의 추이였어요. 온라인 미디어를 위한 자금이 어디서 들어오고 어떻게 나가는지 그 흐름을 파악하는 일을 취재한 거죠. 최첨단 기술과 그 기술이 비즈니스 모델과 디지털 미디어 재정에 미치는 영향이 만나는 지점에 있는 한 우리 일은 독립 생존할 수 있었습니다. 페이드콘텐트는 어떤 콘텐츠가 어떻게 돈을 벌어들이는지를 취재하고 그 대상 분야를 무한정으로 넓혀나갔습니다. 그 말은 '콘텐츠'를 전통적인 미디어나 뉴미디어, 엔터테인먼트나 뉴스 분야 등을 막론하고 가능한 한 넓은 개념으로 이해했다는 뜻이에요. 그리고 개별 고객을 대상으로 하는 콘텐츠와 고객에 의해 만들어진 콘텐츠를 모두 집중적으로 다루었습니다.

Q 당신은 비즈니스 보도에 엔터테인먼트와 저널리즘의 분야를 통합시켰습니다. 뉴스 발행인들이 자신의 비즈니스 모델과 엔터테인먼트 비즈니스와의 연관성에 대해 생각할 때 절대로 해서는 안 되는 생각은 무엇일까요?

A 엔터테인먼트는 말하자면, 가장 낮은 곳에 매달려 있는 과일이었습니다. 따라서 소비자의 소비 유형이 변하자 디지털 미디어의 변화에 가장 먼저 영향을 받았습니다. 저는 냅스터(Napster)의 출현으로 음악 산업이 쇠퇴한 것을 직접 목격하고 취재하면서 조만간 그런 일이 뉴스산업에서도 벌어지리라는 것을 깨달았습니다. 이 두 전통 사업은 '희소성의 경제'를 바탕으로 세워졌기 때문이죠.

하지만 디지털 미디어는 그 문제를 제거했습니다. 또한 엔터테인먼트 사업에서 더 이상 하향식 포장은 중요하지 않게 되었습니다. 리믹스 문화가 대세를 이루었기 때문이죠. 곧 저널리즘과 뉴스 산업에서도 이러한 상황을 목격하게 될 것입니다. 차이가 있다면, 대단한 사건에 대한 추적 보도는 대규모 엔터테인먼트보다 훨씬 더 많은 공민적 가치가 있다는 점입니다. 하지만 그런 일을 하려면 기존의 발행인들이 보여주었던 것보다 더 많은 창의력이 필요하죠.

Q 새로운 디지털 산업이 기존의 언론과 경제적인 면에서 근본적으로 차이가 날 것이라는 생각이 갑자기 떠오른 때는 언제였습니까?

A 진부한 답이 되겠지만 블로그가 출현했던 시기였습니다. 내게 그 시기는 90년대 후반 Blogger.com이 시작되었던 때였습니다. 그 사이트는 뉴스 발행인이 되는 것이 얼마나 쉬운지 알려주었어요. 또한 블로그를 이용해 뉴스를 전달하고 의견을 올리며 다른 뉴스를 수집하는 것이 얼마나 효율적인지를 보여주었습니다. 몇 년 후 RSS 공급과 뉴스읽기 프로그램이 등장하면서 기존 뉴스 서비스는 정말 사라져버렸습니다. 그리고 사용자 개인에게 맞춰진 관심 분야에 초점을 모아야 한다는 것이 확실해졌죠. 분산된 미디어가 지배하는 이 시대를 화폐로 환산하는 것은 매우 어렵습니다. 기존의 미디어와 규모 면이나 수익 면에서도 완전히 다른 구조를 가지고 있어요. 하지만 이런 혁신을 실험하는 데 드는 비용이 그야말로 얼마 들지 않기 때문에 발행인들은 매우 적은 것으로 매우 많은 것을 하는 방법을 배워야만 했고 동시에 온라인과 경쟁해야 했습니다.

Q 디지털 미디어와 관련하여 당신이 더 일찍 알았더라면 하는 것은 무엇입니까?

A 2002~2003년에 사업을 구축하면서 저는 댓글의 가치를 과소평가했습니다. 그래서 나중에 커뮤니티를 추가했을 때 참 어려웠죠. 우리는 우리가 할 수 있는 만큼 정확하고 효율적으로 뉴스를 제공할 작정이었고 전문 독자들은 나름대로 그에 대한 결론과 의견을 낼 수 있다고 생각했습니다. 우리는 때때로 중요한 분석과 의견을 냈고 꾸준히 그렇게 하려고 노력했어요.

하지만 사용자들이 그런 일을 상당히 많이 원한다는 사실을 나중에야 깨달았습니다. 어떤 면에서 보면 우리 역시 하향식으로 일했던 셈인데, 그런 방식은 당장 수정했어야 했어요. 또 특정 분야에 대해 깊이 있는 내용을 올리다보면 조만간 (보다 규모가 크고 빠르기를 요구하는) 규모의 문제에 직면하게 됩니다. 그렇기에 다른 콘텐츠로 유사한 블로그를 또 구축해야만 하죠. 이런 점도 보다 빨리 깨달았으면 좋았을 거예요.

낸시 슈트(Nancy Shute)

US뉴스앤월드리포트에서 20년 경력을 쌓은 베테랑 낸시 슈트는 20년 이상 전국적으로 발행되는 매체에서 과학과 의학 관련 기사를 다루었다. 많은 사람들이 국내 뉴스, 지역 뉴스, 경제 뉴스 등에 집중하지만, 우리의 삶에 크게 영향을 미치는 것은 과학 뉴스다. 하지만 과학 뉴스 역시 우리가 지금 보고 있는 뉴스업계의 고통을 겪고 있다.

2007년 퓰리처상을 수상한 과학 저널리스트 우샤 맥팔링은 '미디어 위축증'으로 가장 필요한 시기에 가장 중요한 담론이 위축되어버리고 있다고 말했다. 기후 변화에 관한 기사에서는 (좌익이든 우익이든) 기존의 세력이 자신의 관심사에 부합하는 기삿거리만을 낚아채 보도할 뿐 대중 전체를 위한 기사는 없다고 말하기도 했다.

낸시 슈트도 같은 생각을 갖고 있다. 그녀는 멀티미디어 프로그램을 만들어냈고 NPR, CNN, CBS, NBC, WETA, WTOP 등의 게스트로 출연했다. 현재 그녀는 US뉴스앤월드리포트의 편집기자로 활동하고 있으며, 그곳의 블로그 온페어렌팅(OnParenting)에 글을 기고하고 있다.

Q 과학과 의학 저널리스트들에게 웹이 열어준 새로운 기회는 무엇입니까?

A 웹은 과학과 의학 저널리즘의 형태를 완전히 바꾸어 놓았습니다. 10년 전만 해도 우리는 주요 의학 저널들이 우편함에 배달되기를 기다려야 했어요. 하지만 이제는 질병통제센터에서 비상시에 제공하는 트위터, 전염병학자와 의사들이 만든 수십 개의 블로그, 보건복지부에서 제공하는 동영상, 그리고 프로메드(ProMed) 같은 이메일 네트워크가 2009년 신종 인플루엔자 발생을 진압하기 위해 세계적인 노력을 기울였다는 사실을 접하고 있습니다.

의학 정보는 공개된 저널들과 국립의약연구소 자료 같은 방대한 온라인 데이터베이스 덕분에 훨씬 더 접근하기 쉬워졌습니다. 저는 페이스북과 그 밖의 소셜 네트워크 사이트를 통해 환자들을 면담합니다. 과학과 의학 저자들 역시 페이스북과 트위터 같은 소셜 네트워크 사이트 덕분에 보다 원활한 커뮤니케이션을 할 수 있게 되어 작업의 품질과 정확성을 개선하는 데 도움을 받습니다. 이러한 사이트들 덕분에 우리의 일상생활이 보다 평등해지고 보다 재미있어졌죠.

Q 저널리스트가 한 가지 일만 하면서 전문성을 쌓는 것보다 여러 가지 직종을 결합해야 하는 현실을 보면 저널리스트라는 직업이 임시직종이 되었다고 볼 수 있을까요?

A 많은 과학 전문 저널리스트들은 이미 임시직 상태에 있습니다. 현재의 미디어 침체기가 시작하기 이전부터 이러한 일이 진행되었죠. 1980년대 초반 미국 국립과학작가협회(NASW)의 회원은 신문사나 주간지의 기자들이 주를 이루었어요. 하지만 현재 NASW 회원 가운데 3분의 2는 스스로를 프리랜서라고 말합니다. 이런 독립적인 저널리스트들 대

부분은 일반적인 언론 미디어뿐만 아니라 기업, 비영리단체, 학술단체 등의 다양한 분야에서 의뢰를 받으며 활발하게 활동하고 있습니다. 이들 대부분은 자신의 웹사이트나 블로그를 운영하여 자신의 글을 기재하고 있죠. 저 역시 이런 임시직 대열에 합류하고 있어요. US뉴스앤월드리포트에서 과학과 기술 보도에 관한 선임 작가와 편집부국장으로 12년 동안 일했었지만, 현재는 US뉴스의 블로그 기고를 비롯하여 자유기고, 저널리즘과 과학 글쓰기 강연, 건강 뉴스 사업의 비즈니스 모델 시험 분야에서 프리랜서로 일하고 있습니다.

Q 막 이 업계에 발을 들여놓은 젊은 저널리스트들에게 어떠한 조언을 하시겠습니까?

A 저널리즘에 입문하기에 딱 좋은 때다! 저널리즘의 미래를 만들어가는 일에 동참할 수 있을 것이다! 영화 '대통령의 사람들(All the President's Men)'이나 '하이스쿨뮤지컬(High School Musical)'에서 벌어지는 일들이나 구글의 창립 시기에 있었던 일들을 모두 겪게 될 것이다. 신생 기업에 뛰어들 만한 배짱이 없어도 좋다. 실력 있는 작가, 편집자, 디자이너를 위한 일자리는 여전히 많고, 상당 부분은 인쇄 매체의 일자리가 될 것이다. 독자들은 여전히 당신을 필요로 한다. 이렇게 말해주고 싶습니다.

Q 디지털 미디어와 관련하여 당신이 더 일찍 알았더라면 좋았을 거라고 생각하는 점은 무엇입니까?

A 새로운 디지털 기술을 한 달에 하나씩 배웠더라면 좋았을 거라고 생각합니다. 포토샵에서 사진이나 그림을 잘라내는 일 같은 사소한 기술

이라 해도요. 컴퓨터 관련 기술이나 툴은 끊임없이 진화하고 있기 때문에 '내년에는 오데시티(Audacity, 디지털 오디오 편집기의 일종-옮긴이)를 배워 야지' 하는 식으로 미뤄서는 안 됩니다. 새로운 툴을 계속 놓치다가는 나중에 뭐가 뭔지 모르게 되죠. 과거에는 저런 식으로 말했지만 이제는 노력할 겁니다. 이번 주말에는 워드프레스를 활용해 새로운 웹사이트를 만들어볼 계획입니다.

NEWSONOMICS

10퍼센트의 법칙 적용하기

우리는 콘텐츠의 실제 내용이 아닌 콘텐츠를 담고 있는 형태에 현혹되는 경우가 많다.

팀 오라일리, 웹 2.0 창시자

당신이 정말 훌륭한 경험을 쌓아 숙련되었다면, 고객들이 서로 그 이야기를 할 것이다. 입소문은 정말 강력한 효과가 있다.

제프 베조스, 아마존 설립자

서니베일에 있는 야후플렉스(Yahoo Plex)로 차를 몰고 가다 보면, 앞일은 걱정할 필요 없다는 듯이 쾌활한 야후 광고를 떠올리게 될 것이다. 모두가 기억하듯이 끝도 없이 이어지는 '야후우!'라는 요들송 같은 음성의 바로 그 광고이다. 아니면 약간은 제정신이 아닌 듯 보이기도 하는 노란색과 보라색이 섞인 야후의 색다른 대형 로고를 떠올릴 수도 있다.

'캠퍼스(야후에서 자신들의 부지를 일컫는 말−옮긴이)'에서는 여전히 실리콘밸리 직장의 분위기가 느껴진다. 전혀 격식을 차리지 않는 자유로운 분위기에서 훌륭한 식사를 할 수 있고 바리스타가 직접 끓인 커피를 무료로 마실 수 있다. 야후의 신임 CEO 캐럴 바츠는 새로운 질서(야후의 전통적 강점은 아니다)의 확립과 책임을 강조한다. 야후는 1995년에 설립된 이래로 많은 부침을 겪었다. 게다가, 불과 몇 킬로미터 떨어진 마운틴뷰(Mountain View)에 본사를 두고 있는, 동생 격이라 할 수 있음에도 더 성공했고 지

정도 탄탄한 구글과 비교를 당하는 수모를 겪었다. 그럼에도 여전히 연간 70억 달러를 벌어들이고 있으며, 한 달에 5억 6260만 명이라는 놀라운 수의 사람들과 접촉한다. 전 세계 온라인 인구의 절반 이상에 해당하는 수치이다. 이러한 성공의 비결은 콘텐츠도 아니고 광고도 아니다. 바로 테크놀로지다.

야후는 태생부터 테크놀로지 기반 회사였으며, 테크놀로지는 지금까지 야후가 쌓아온 모든 것의 근간을 이루고 있다. 디지털 세계에서 테크놀로지는 새로운 아이디어를 창출하기도 하고 소멸시키기도 한다. 또한 테크놀로지는 이 책에 언급된 모든 법칙에 토대를 제공한다. 테크놀로지는 디지털 독자를 탄생시켰을 뿐만 아니라 뉴스 비즈니스의 형태를 바꾸어놓은 광고 혁명을 불러일으켰고, 종래의 시공간의 장벽도 제거해버렸다. 이러한 뉴스의 수집은 테크놀로지의 조직 능력이 아니고서는 불가능한 일이었다. 온라인 멀티미디어, 블로그, 그리고 인터넷 사용자들이 만들어내는 모든 새로운 콘텐츠들은 모두 컴퓨터 스크린에서 모든 것을 창조하는, 새롭게 얻은 우리의 능력에서 유래한다. 틈새 공략도 얼마 전만 해도 손수 고된 작업을 해야만 가능했던 일로 눈에 불을 켜고 분류하는 과정을 거쳐야 했었다.

테크놀로지로 인해 과거에는 불가능했던 것들이 가능해졌을 뿐만 아니라 뉴스 비즈니스와 관련된 모든 것들이 더 신속하고 용이해졌다. 테크놀로지는 인간의 새로운 시도를 현실화하고 그 영향력을 증폭시킨다. 그러므로 나는 아홉 번째 법칙을 '10퍼센트의 법칙 적용하기'로 정하려 한다. 이 법칙에 따르면 이러한 디지털의 진화 단계에서 우리는 인간과 기계의 대결이라는 오랜 담론에서 벗어나 서로가 서로에게 기여하는 바를 높이

평가해야만 한다. 구글은 구글이 제공하는 모든 새로운 콘텐츠가 인간적인 판단의 개입에서 자유롭다는 점을 강변해왔다. 그들의 콘텐츠에는 성가신 편집자의 얼룩이 남지 않는다는 말이다. 구글 검색엔진이 검색 결과 어떠한 콘텐츠를 어떠한 순서대로 보여줄 것인지는 전적으로 검색엔진 자체의 연산방식(알고리즘)에 달려 있다. 물론 모든 콘텐츠는 인간의 판단을 거쳐야 하고, 엄격한 품질 검사를 거친 사설만이 의미가 있다고 믿는 뉴스룸 유형들의 반대 의견도 존재한다.

하지만 분명한 것은 우리가 인간과 기계의 조화에 대해 더 잘 이해할 수 있는 시점에 와 있다는 점이다. 나는 테크놀로지 전문가는 아니지만 데이터베이스, 연산방식(알고리즘), 메트릭스와 콘텐츠를 만들어내는 소프트웨어가 산업에 필수적인 부분을 충족시키는 데 기여하고 있다는 사실을 인식하게 되었다. 많은 테크놀로지 회사들과 그들이 공급하는 테크놀로지를 사용하는 발행인들과 대화를 나누면서 나는 10퍼센트의 법칙을 떠올리게 되었다.

테크놀로지로 가능한 한 많은 작업을 처리해버리고(이 부분이 90퍼센트이다) 인간은 인간의 기술과 지성, 판단으로 테크놀로지를 이용하고 지배하도록 하자는 것이다. 인간이 수행하는 나머지 10퍼센트의 역할로 인해, 이 법칙을 따른 결과물들은 테크놀로지만으로 만든 것들과 차별화될 것이다. 이 10퍼센트는 때로 뉴스와 정보의 첫머리인 '프레젠테이션 단계'의 역할일 수도 있고, 기사의 중대성을 판단하고 이해하는 역할일 수도 있고, 노련한 편집자들이 매우 능숙하게 하는 일괄 항목으로 포장하는 역할일 수도 있다. 또 때로는 테크놀로지가 피상적으로만 전달하고 있는 뉴스를 더 심도 깊게 이해하여, 뉴스의 행간을 읽고 새로운 의미를 부여하는

것이 될 수도 있다. 사실 우리는 '얼마나 많이, 언제, 왜, 그리고 어떻게'
와 같은 인간의 복잡한 방정식 또한 이제 막 이해하기 시작했을 뿐이다.
물론 이 90-10 법칙은 불변의 법칙이 아니라, 테크놀로지, 기업, 제작
결과물에 따라 유동적으로 변화하는 법칙이다. 지금부터 현재까지 뉴스
테크놀로지가 업계에 끼친 영향에서 대해서 살펴보도록 하자.

- 표적 광고. 우리가 앞서 살펴본 바와 같이 이것은 뉴스 산업 변화의 최
  대 원동력이다. 유료 검색엔진 광고가 미국과 전 세계 230억 규모의 온
  라인 광고 산업을 점령하고 있다. 그리고 이 금액의 거의 절반 정도가
  구글로 대변되는 유료 검색엔진 제공자에게 지급된다. 유료 검색엔진
  광고는 검색엔진의 콘텐츠에서 발견되는 단서에 기초하여 해당 콘텐츠
  와 관련 있는 유료 광고를 콘텐츠에 연결한다. 14퍼센트를 차지하는 항
  목별 소광고(Classifieds)는 표적 설정과 비교적 관련이 없는 배너 광고들
  에 이어 세 번째로 많은 부분을 차지하고 있는 광고유형으로, 역시 데
  이터베이스에서 관련 광고를 찾아서 연결해주는 테크놀로지에 의하여
  운용된다. 온라인 항목별 소광고를 통해 우리는 인쇄물 여기저기를 들
  춰보며 찾아야 하는 방식을 통해서는 절대로 불가능한 일을 할 수 있다.
  즉 온라인 항목별 소광고에서는 산더미같이 쌓여 있는 고용주들의 구인
  정보와 구직 정보 간의 연결고리, 예를 들어 고용주가 요구하고 구직자
  가 보유하고 있는 공통의 기술 같은 것을 찾아내는 일이 가능하다. 가
  망고객(Lead generation, 7퍼센트)도 당연히 향후 판매 전망을 예측하는
  테크놀로지에 기반을 두고 있다. 디지털 광고라는 다각적 분야에서 표
  적 광고 기술은 디지털 광고 에이전시에서부터 수천 개의 광고 네트워

크를 아우르는 광범위한 운용주체에 의하여 사용되고 있다. 그렇기 때문에 모든 인터넷 광고의 수입은 당연히 수많은 테크놀로지 기반 창조 시스템(systems of tech-based creation), 호스팅, 유통과 지불 체계에 의존하게 된다.

• 이 책의 많은 설문 응답자들은 한결같이 검색엔진 최적화를 통해 웹 비즈니스에 있어 가장 중요한 교훈, 즉 척 리처드가 앞서 말한('인터뷰: 척 리처드' 참조) 검색 가능성에 대해 배웠다고 말했다. 이제는 발행을 하는 것만으로는 부족하다. 비즈니스를 거대 검색엔진에 최적화는 것은 손에 확성기를 움켜쥐고 연예인의 재능을 귀찮을 정도로 끈덕지게 말하고 다니던 과거의 매니저를 고용한 것과 같은 효과가 있다. 단지 과거에는 확성기를 사용했다면, 지금은 구글을 비롯한 거대 검색엔진들이 어떻게 콘텐츠를 '읽는지' 그리고 다른 사람의 콘텐츠 맨 윗부분에 검색 결과가 나타나도록 '최적화'하려면 어떻게 해야 하는지를 깊이 있게 이해하고 진화하는 흐름에 발맞춰야 한다는 점만 다를 뿐이다. 이것은 당신의 책상 너머에서 1분 1초도 쉬지 않고 벌어지는 보이지 않는 전쟁이다.

• 대부분의 전통적인 미디어 기업들이 여전히 구세대를 위한 시스템과 신세대를 위한 시스템을 병용하고 있긴 하지만, 콘텐츠 관리 시스템(CMS)은 온라인 저널리즘의 생산방식을 변화시켰다('뉴스노믹스 : 신문과 우체국의 공통점' 참조). 야후나 구글의 설립자와 마찬가지로 스탠퍼드 졸업생인 존 지라드는 1999년에 뉴스 발행인들을 위한 초기 웹 전용 CMS인 클리커빌러티(Clickability)를 설립했다. 새로운 시도인 테크놀로지 기반의 CMS회사는 시간이 흐름에 따라 계속 변모했다. 필리닷컴(Philly.com)의 웬디 워런(인터뷰 참조) 같은 신생 발행인들에게 클리커빌

러티의 CMS는 뉴스와 블로그, 커뮤니티 생성 콘텐츠, 멀티미디어, 이벤트를 포함해 그들이 발행하는 모든 것의 토대가 된다. 웹의 부흥 초기에는 온라인 뉴스를 운영하기 위해서는 오랜 시간 프로세싱을 해야만 했다. 그러나 지금은 클리커빌러티와 많은 다른 회사들이 제공하는 무료 오픈소스 솔루션에서부터 더 방대한 기업용 솔루션에 이르는 발전된 테크놀로지 덕에 뉴스 전문 인력들은 고역은 모두 테크놀로지에 떠넘긴 채 독자들에게만 집중할 수 있게 되었다.

- 메트릭스가 뉴스 업계의 거래 관행을 변형하고 있다. 15년 전에 많은 신문사들은 자사 신문을 구독하는 독자들의 이름조차 알지 못했다. 그들은 심지어 독자들의 주소를 클립보드에 붙여놓았었다! 이제 신문사들도 현대 비즈니스 세계의 흐름에 동참하고 있다. 당연히 고객 관리(CRM) 소프트웨어는 필수적이다. 당신은 잠재 고객을 포함한 모든 고객을 알아야 하고 그들을 좇아야 한다. 메트릭스는 발행인들에게 그들의 사이트에서 누가 무엇을 사용하는지 혹은 사용하지 않는지를 정확하게 알려주면서 모든 것을 빠짐없이 논한다. 블로거인 직원들은 그들의 상대적인 입지를 점검한다. 물론 올바른 판단이 결부되지 않는다면 다수결에 의한 저널리즘의 함정에 빠질지도 모른다. 하지만 현재 뉴스 산업에 몸담고 있는 사람들이 지금 알 수 있는 것은 변화하는 자와 멈추어 있는 자가 한판 승부를 벌이고 있다는 사실만은 확실하다는 것이다.
- 데이터 마이닝(Data mining)은 재래식 광업을 최신식 직종으로 말하는 것처럼 들리기도 할 것이다. 하지만 우리가 여기서 채굴해야 하는 것은 지금까지 만들어진 거의 무한하다 할 정도로 방대한 양의 콘텐츠다. 그리고 우리가 말하는 그대로 만들어지는 콘텐츠들이다. 점점 더 디지털화하

고 있는 아카이브(archive)가 얼마나 많은지 떠올려보라. 몬트리올에 위치한 엔스타인(Nstein)과 애그리깃 날리지(Aggregate Knowledge) 같은 테크놀로지 회사들이 바로 신생 데이터 마이닝 회사들이다('인터뷰: 폴 마티노' 참조). 이 회사들은 컴퓨터 언어를 제공하는데, 이 언어를 사용해 고객들은 발행인의 모든 콘텐츠를 주제별, 출처별, 지역별 등으로 서로 관련지을 수 있다. 데이터 마이닝은 표적 광고와 연관될 경우 앞으로 생성될 콘텐츠와 새로운 수익 구조에 엄청난 영향을 미칠 것이다.

• 테크놀로지로 인해 간행물 발행인들은 전에 없이 유연하게 고객들에 대응할 수 있게 되었다. 월스트리트저널의 연간 온라인 구독으로 인한 수입은 1억 달러에 육박한다. 그러나 월스트리트저널의 고정 독자는 100만 명에 불과하다. 월 200만 명의 독자를 더 확보하기 위해 틈새 콘텐츠를 다각적인 관점에서 세분화하고 독자에게 액세스 포인트와 등급을 차별적으로 제공하고 있다.

• 내가 콘텐츠 IQ라고 명명한 발행인들의 능력이 향상되면서, 발행인들은 콘텐츠와 관련하여 점점 스마트해지고 있다. 즉 그들이 자신들이 제작하는 콘텐츠를 정확하게 파악할 수 있게 되었다는 말이다. 주제와 틈새, 입지, 독자, 광고주의 이익 등등을 상세하게 알고 있는 것이다. 발행인들의 콘텐츠 IQ가 높아지면 높아질수록 온라인 콘텐츠 게임을 수행하는 방식을 더 잘 통제할 수 있게 될 것이다.

• 다가오는 미래. 우리는 곧 고객 맞춤 뉴스 제작에 필요한 테크놀로지라는 새로운 장이 열리는 것을 목격하게 될 것이다. 많은 회사들이 이 성배를 찾기 위해 고군분투하고 있다.

우리가 살펴봐야 할 뉴스 산업을 변화시키는 테크놀로지들은 이 밖에도 많다. 멀미가 날 정도다. 그러나 근본적인 영향을 이해하기 위해 테크놀로지 전문가가 될 필요까지는 없다. 그저 한손에는 독자나 청취자로, 다른 한 손에는 고객 또는 소매상을 놓고 보면 된다. 이 사업 활동의 대부분은 모두 두 개의 관련된 것들을 더욱 더 가까이, 그리고 제일 많은 관련이 있는 것들끼리 맺어주는 일이라고 표현할 수 있다.

그리고 이러한 일은 단순히 종이나 픽셀에 몇 자 적는다고 가능해지는 것이 아니다. 온라인 광고 개척자인 데이브 모건(인터뷰 참조)은 시뮬미디어(Simulmedia)라는 또 다른 신생회사를 시작하고 있다. 텔레비전 산업에 주력하는 곳이다. "우리의 목표는 케이블 운영자와 공중파 네트워크 및 케이블 네트워크들이 가장 적합한 시청자들에게 그들의 스팟 광고(프로그램 사이의 짧은 삽입 광고-옮긴이)를 효과적으로 전달하기 위해 그 광고를 방영해야 하는 공간과 시점을 재지정하는 데 필요한 정밀한 데이터 분석과 예상 테크놀로지를 개발하는 것입니다"라고 데이브 모건은 말했다. 멋진 말이다.

앞서 언급했던 '편집(editorial)'에 관하여 살펴보도록 하자. NY타임스닷컴이 제공하는 '타임스 엑스트라(Times Extra)' 서비스('인터뷰: 마크 프론스' 참조)를 보면 타임스 엑스트라에서는 기사와 관련된 타임스 이외의 뉴스 공급원에 대한 초록색 작은 글씨로 된 '상황별 링크(contextual link)'를 타임스 홈페이지 자체에서 제공한다. 타임스 엑스트라는 타임스가 매입한 블로그러너(Blogrunner)에 의해서 그 동력을 제공받는다. 기본적으로 어떤 출처에서 가지고 온 어떠한 키워드를 선정할지를 기준으로 한 기사 선정은 모두 블로그러너의 테크놀로지에 의해 이루어진다. 인간, 즉 편집자들은

254

이 키워드 및 출처 관련 알고리즘을 변경할 수 있다. 이것이 바로 독자들을 위한 최선의 결과를 위해 인간의 판단을 결부하여 가장 사리에 맞는 결과물을 창출해내는 바로 그 10퍼센트 법칙이 적용된 예이다. 어디서 그들이 그러한 변화를 가져올 수 있는가? 당연히 알고리즘이다.

아, 그 알고리즘. 테크놀로지 분야의 사람들이 콘텐츠 관련 사람들의 말문을 막기 위해 "모르시겠어요? 그건 알고리즘에 있잖아요"와 같은 말을 내뱉을 때 자주 사용했던 바로 그 단어다. 알고리즘은 원래 테크놀로지가 어떻게 운영되어야 하는지 그 방식을 알려주는 일련의 지시를 말한다. 링크, 연관 검색, 최신성(recency)을 비밀스럽게 섞어놓은, 엄청난 영향력을 자랑하는 구글의 알고리즘은 최적의 결과를 내기 위해 끝없이 꼬여 있다. 그것은 검색엔진을 최적화하는 사람들에 의해 신성시된다. 알고리즘은 테크놀로지가 어떤 식으로 배치되어야 하는지를 알려준다. 알고리즘이 90퍼센트의 작업을 한다. 나머지 10퍼센트는 인간이 알고리즘에게 어떻게 일해야 하는지를 지시하는 것으로 채워져야 한다.

뉴스 비즈니스의 창조라는 측면에서 보면 테크놀로지로 인해 많은 것이 용이해진다. 먼저 절대적인 마감 시한은 더 이상 존재하지 않는다. "당신은 인쇄기가 돌아갈 때가 아니라 발행할 준비를 마쳤을 때 발행할 수 있습니다." 뉴웨스트의 조너선 웨버의 설명이다. "테크놀로지는 발행 과정을 훨씬 더 효율적으로 바꾸어놓았습니다. 광범위한 정보원에 쉽게 접근할 수 있게 해주죠."

현업 저널리스트(그리고 분석가)에게 테크놀로지는 멀티플라이어(multiplier, 증가시키는 사람―옮긴이)다. 현재 우리는 오래전 스미스코로나 타자기, 리포터의 취재수첩, 텔레타이프, 끊임없이 이어지는 교정의 시대에 비해 연구, 인터뷰, 저술, 편집, 조정, 맞춤제작, 유통 등을 빛의 속도로 할 수 있게 되었다.

이제 테크놀로지가 양상을 완전히 바꾸어놓은 또 하나의 뉴스 관련 산업을 살펴보도록 하자. 그것은 바로 미디어 모니터링 비즈니스, 언론의 반응에 관심을 갖는 기업을 타깃으로 하는 소규모 산업이다. 2000년대 초반에 나는 버렐스루스(BurrellesLuce)라는 오랜 기간 미디어 모니터링 업계의 선두주자였던 회사를 방문할 기회가 있었다. 복도를 지나가면서 나는 1930년대 이후로 그 회사가 업무를 진행해온 방식을 목격할 수 있었다. 정말 말 그대로 초록색의 보안용 챙을 쓴 선임 편집자가 가위를 손에 쥐고 신문과 잡지에서 기사들을 오려내고 있었다. 취합된 기사들은 서류철에 정리되어 모니터링 서비스를 신청한 고객사나 당사의 홍보실 직원에게 전달되는 것이다.

또 다른 복도를 지나가는데 창업주의 손자인 아트 윈 3세가 나에게 그들의 미래를 보여주었다. 그것은 스캐너였다. 스캐너가 과거의 모든 수작업을 대체하고 나면, 소프트웨어가 각각의 기사, 저자명, 간행물의 이름 등을 분류하고 있었다.

그야말로 한 건물 안에서, 문자 그대로 세기를 넘나드는 비즈니스가 이뤄지고 있었다. 다음을 보자.

뉴스노믹스 : 신문과 우체국의 공통점 ●

현재의 하이브리드 시대에 들어서면서 신문만큼이나 이야기와 관련이 있는 한 업계가 뉴스 업계가 겪었던 혼돈과 유사한 양상을 경험하고 있다.

이 사례를 통해 우리는 테크놀로지가 혹은 테크놀로지의 부재가 어떻게 잘 운영되고 있던 비즈니스를 천천히 사멸시키는지를 실감하게 된다.

그럼 우체국을 살펴보자. 작년에도 미국 우체국(USPS)은 우편료를 인상했다. 이로 인해 많은 미국인들이 영구 우표가 제일 좋은 소장품이 될 것이라는 믿음을 갖게 되었다. 하지만 같은 시기에 미국 우체국은 토요 우편배달제도를 시행하지 않겠다고 밝혔다. 계속 운영할 여력이 없다는 이유였다. 이 대조적 행보는 오늘날 미국 우체국의 입지에 대한 얼마간의 의문과 비난 여론을 불러일으켰다.

연방 차원에서 더 먼 곳에까지 영향력이 미치는 광대역 통신망을 구축하고자 60억 달러를 투자하고 있는 현 시점에서 우리 납세자들이 2세기쯤 전의 개념인 전 세계적인 우편배달(아주 멀리 떨어진 나라의 산간벽지에까지 배달하는)을 지향하는 우편서비스를 위한 재원을 조달해야 하는 것일까?

과거의 우편배달과 현대의 광대역 통신망의 확장의 목표는 동일하다. 어느 지역에 거주하는지와 상관없이 모든 미국인들이 동일한 통신 서비스를 이용할 수 있도록 하는 것이다. 우리는 여기서 18세기와 21세기의 충돌을 목격할 수 있다. 내가 지금 어디에 있는지를 가늠하기 힘든 지금과 같은 하이브리드 시대에 우리는 모든 사람들이 연락을 취할 수 있도록 하는 두 가지 방식 모두에 대한 비용을 지불할 계획을 세우고 있는 것이다. 두 가지 방식은 모두 그 실현에 막대한 비용이 든다. 확실한 것은 한 가지 방식은 10년 후에도 유용하겠지만, 나머지 한 방식은…… 글쎄, 그 유용성은 미지수이다.

이 모습은 기묘하게도 하이브리드 시대에 난항을 겪어야 했던 신문사의 모습과 닮았다. 그들은 펄프와 잉크를 이용하여 공정을 진행하는 거대한 기계 덩어리에 기름을 쳐야 하고 일요일 광고 전단과 항목별 광고를 유지하기 위해 배달 트럭에 기름을 가득 넣어야 한다. 그러면서 동시에 온라인에도 투자해야 한다. 그들은 (시의성이 뛰어나고, 더 환경 친화적이고 저렴하여) 명백히 더 우월한 온라인을 통해 뉴스를 배포해야 한다. 그들은 테크놀로지가 10퍼센트의 솔루션을 제공하지 못하는 구식의 비즈니스 모델에서 탈바꿈하기를 원하지만, 그 비용을 감당할 수가 없다.

우체국이 토요 배달을 하지 않는 사안을 고려하는 지금, 신문사가 똑같은 생각을 하고 있는 것은 우연의 일치가 아니다.

2008년 선거 이야기로 넘어가자.

배달되는 기사 다발을 기다릴 수 있는 사람이 없다고 하면 터무니없게 들릴 수도 있겠다. 그러나 정치인들은 여러 개의 기업을 설립한 기업가인 션 모건이 이끌고 있는 신생 기업 크리티컬멘션(Critical Mention)에 의존하고 있다. 크리티컬멘션의 비디오 레코드 장비와 회사의 전매특허라 할 수 있는 장비들이 버락 오바마, 힐러리 클린턴, 존 매케인, 미트 롬니뿐만 아니라 다른 많은 사람들을 위해 전 세계의 공영 방송과 케이블방송의 방영 내용을 검토한다. 그것도 하루에 한 번이 아니라 한 시간에 한 번씩, 더 심하게는 6초마다 그러한 검토가 이루어졌다.

크리티컬멘션은 비판적 언급을 했을 것이 유력한 ABC, CBS, CNN 등의 유력 매체를 검토하는 데 그치지 않고, 다섯 개의 아랍어 뉴스 네트워크를 포함한 전 세계 뉴스 매체를 검토한다!

이에 따라 암호에 의해 보안이 유지되는 사이트에 접속하는 정치가와 운영진들은 그들에 대해 어떠한 말들이 누구에 의해 오가고 있는지를 하루 24시간 내내 확인할 수 있었다.

물론 이 서비스가 유용하다고 생각하는 사람은 정치인뿐만이 아니다. 연방 안보 기관과 포춘지 선정 500대 기업들도 이 서비스를 이용하고 있다. 반복적으로 이야기하고 있듯이 여기서 90퍼센트에 이르는 업무는 테크놀로지의 힘으로 처리되고 있다. 앞서 말한 전 세대의 초록색 보안용 챙을 착용하고 있던 사람들을 기억하는가? 그들의 '편집' 업무는 다양한 종류의 IT 관련 업종들로 대체되어 왔다. 지금 세상은 구식의 신문 작업과는 상당한 거리가 있는 완전히 새로운 세상이다. 나는 1980년대에 세인트폴에서 더 많은 기사와 사진을 싣기 위해 잭 히키와 매일 협상을 벌여야 했다. 파이오니어프레스 편집부의 노련한 베테랑이었던 잭이 기사와 광고를 위한 지면을 할당했었다. 그는 그 작업을 몇 년 동안 연필을 써서 손으로 했다. 아주 중요한 기삿거리가 될 만한 상황이 발생하면 나는 그에게 전화하여 기사를 쓸 지면을 달라고 졸라야만 했다. 그는 대부분 불평 없이 가능한 한 내 뜻을 들어주었지만, 내 의사를 존중해주는 것은 그에게는 연필로 쓰고 지우는 작업을 많이 해야 한다는 의미였다. 사실, 나는 신문이 광고의 행수를 계산했던 방식도 기억한다. 몇 년 동안 재무팀의 직원들은 각 광고가 차지하는 지면이 몇 인치인지를 측정하여 이를 합산하기 위해 각각의 페이지를 자로 쟀다. 나는 이러한 작업들은 진즉에 테크놀로지의 역할로 대체되었어야 한다고 생각한다.

테크놀로지는 언제나 비즈니스를 심각하게 분열시키는 작용을 해왔다. 그러나 적절하게 사용되기만 하면 테크놀로지는 상당한 도움이 될 수 있다. 테크놀로지는 예전에는 상당한 고역에 속했던 많은 일들을 쉽게 처리하게 해준다. 너무도 유명한 찰리 채플린의 1936년 작 '모던 타임스 (Modern Times)'의 경우를 떠올려보자. 모던 타임스를 대표하는 장면은 채플린이 산업 시대의 초입이었던 당시의 거대한 전동장치와 도르래 위에 큰 대자로 서 있는 장면이다. 찰리는 희생양이자 거대한 기계의 볼모였다. 디지털 뉴스의 시대로 진입하고 있는 뉴스 관련 인력들의 목표는 새로운 디지털 기기들을 조작할 수 있게 되어, 사멸하거나 그 기기들에 휘둘리지 않는 것이라 하겠다.

새로운 테크놀로지로 인해 변화를 겪고 있는 많은 업계 중 하나가 바로 마케팅이다. 다음 장에서 새로운 마케팅 기법이 뉴스 판매 방법을 어떻게 바꾸었는지 살펴보고, 마케터들이 이 새로운 디지털 뉴스 환경을 이해하려고 얼마나 노력하고 있는지를 알아보겠다.

척 리처드(Chuck Richard)

아웃셀의 부사장인 척 리처드는 나와 함께 애널리스트로 일한 적이 있다. 그는 내가 버티컬 검색(vertical searching)을 포함한 광고비용, 가망고객, B2B 간행물, 회사 정보 등과 관련된 사안에 대해서 가장 먼저 자문을 구하는 사람 중의 한 명이다. 레드 삭스 편향이 짙은 사람이지만, 그의 경영 간부급 컨설팅은 양키즈 팬들에게조차 높은 평가를 받을 정도다.

척은 MLB의 팬일 뿐만 아니라 미국에서 가장 성공적인 유료 콘텐츠 중의 하나인 메이저리그가 운영하는 MLB닷컴의 예리한 감시자이기도 하다.

Q MLB가 그렇게 성공적인 유료 콘텐츠 상품이 된 요인이 무엇이라고 생각하십니까? 저는 1990년부터 MLB의 서비스를 이용해왔고 웹의 최고의 서비스이자 완결판이라고 공언해왔습니다. MLB닷컴은 웹 전략가들이나 분석가들이 미래를 예측하고 훈수를 두기 이미 훨씬 전에 발족했고 타석 바깥에서 야구팬들을 위한 완벽한 작업 공정(work flow) 솔루션을 제공했습니다. 물론 MLB닷컴은 엄밀히 말해 작업 공정이 아닌 '재미와 여가를 위한 공정(fun flow, leisure flow)'이지만 같은 원리에 근간을 둔 것만은 사실입니다.

매우 전문적이고 굉장히 다차원인 데이터베이스에 접근하기 위해서 인터페이스(interface)를 배울 필요가 없지요. 그저 박스 스코어를 클릭하는 일이 필요할 뿐입니다. 경기 실황을 알기 위해 핫키(hot key)를 배울 필요도 없습니다. 엄청난 데이터로 가득 찬 야구 경기장을 보다가 투수의 이름을 클릭하면 볼, 스트라이크의 볼 카운트를 알 수 있고, 타자의 이름을 클릭하면 그와 관련한 모든 통계를 볼 수 있고, 심지어는 각 투구의 궤적과 스피드, 그리고 타자가 몇 루에 있는지를 실시간으로 보여주는 K-Zone 서비스 등을 받을 수 있습니다.

저는 61년의 생애 중 단 5년 동안 내가 사랑해 마지않는 이 레드 삭스의 도시에서 지냈을 뿐이지만, 대부분의 게임을 MLB닷컴의 라디오 중계로 들었습니다. 라디오 중계는 매일 밤, 매 경기마다 이루어졌고 홈팀과 원정팀의 진행자를 선택할 수도 있었습니다. 현재 요금은 14.95달러로 제가 청취를 하기 시작한 1990년대의 첫 서비스 시절보다 소폭 인상된 가격입니다.

A MLB닷컴의 성공은 사실 몇 해 전 MLB운영 미디어(MLB Advanced Media)의 기업공개 제안을 폐기한 30명의 메이저리그 소유주들의 결정으로 인한 것이라 해도 과언이 아닙니다. 각 소유주들은 리그의 상호작용을 위한 시스템 구축을 위해 100만 달러를 투자했습니다. 향후 100만 달러씩 추가 투자할 것을 합의한 후 30만 달러를 착수금조로 투자했는데, MLB닷컴이 워낙 성공했던 나머지 추가 투자는 필요가 없었습니다. 이러한 성공은 기업공개 열기를 더욱 부추겼지만, 구단 소유주들이 기업공개에 요구되는 조건을 충족하는 과정에서, MLB닷컴의 놀라운 수익성이 만천하에 공개되면 선수조합 측에서 지분을 요구할 것을 걱정한 나머지 기업공개를 거부했던 겁니다!

Q 저널리스트가 한 가지 일만 전념하기보다는 여러 가지 직종을 섭렵하며 임시직화하는 현실에서 저널리스트가 갖추어야 할 첫 번째 덕목은 어떤 것일까요?

A 학부에서 영어를 전공하고, 고등학교 영어선생님으로 재직하고, 한때는 꿈 많은 작가였다가 지금은 전문 분야의 전업 작가인 애널리스트로서 활동하고 있는 저에게 디맨드미디어(DemandMedia), 허핑턴포스트, 올비즈니스(AllBusiness), 어바웃닷컴(About.com) 등의 성공 요인을 조명하는 것은 어려운 일입니다. 성공 요인은 '분석에만 치중한 편집'이지요.

디맨드미디어는 기도서만큼이나 즐비한 새로운 콘텐츠들을 일목요연하게 설명하긴 합니다. 그러면 검색 결과를 발견할 가능성이 기하급수적으로 높아지는 것은 사실이지만, 콘텐츠의 질은 사실, 검색 가능성과는 관련이 없는 것입니다. 댓글을 달고 콘텐츠에 관여하고 다시 사이트를 방문하고 그 사이트의 고정 독자가 되는 것은 콘텐츠의 질, 아니면 적어도 독자들을 사로잡을 만한 모종의 매력에 달려 있는 것입니다.

윈스턴 처칠의 라디오 연설이나 《트리스트럼 샌디(Tristram Shandy, 영국 작가 L. 스턴의 장편소설-옮긴이)》에 나오는 가히 천재적인 중언부언, 포고(Pogo) 및 각종 일간지에 배급된 월터 켈리의 만화에 등장했던 매카시즘 비판에 이르는 모든 형태의 언어를 사랑하는 사람으로서 미문과 훌륭한 콘텐츠들이 분석적 콘텐츠에게 우위를 내어주는 상황을 조명하는 일은 상당히 괴로운 일입니다. 그러나 여기서 우리는 저널리스트가 갖추어야 하는 가장 중요한 덕목을 확인할 수 있습니다. 저널리즘과 저작물에 대한 사랑은 유지해야 하지만, 그와는 별개로 정확한 시점에 가장 적절한 독자들을 위한 기사를 써서 독보적인 독자층을 형성하여 자신의 고용주를 부자로 만들어주는 돈을 버는 방법을 알아야 한다는 말입니다.

Q 막 이 업계에 발을 들여놓은 젊은 저널리스트들에게 어떠한 조언을 하시겠습니까?

A 젊은 저널리스트들은 지금 600년을 이어온 첫 번째 혁명적 변화가 종식되는 상황에서 이 분야에 발을 들여놓았습니다. 한 가지 확실한 점은 과거 검증되었던 규칙들과 최선이라고 생각했던 업계 관행들, 종래의 지혜가 모두 무용지물이 되었다는 것입니다. 하지만 동시에 지금의 달갑지 않은 구글뉴스, 블로그, 트위터 대화, 시민 저널리스트, 모바일 웹, 무선 네트워크, 핸드폰을 이용한 온라인 접속, 그리고 멀티미디어 광시곡이 온통 뭉뚱그려진 이 추악한 혼잡함도 일시적인 현상에 그칠 것이라는 것도 확실합니다.

아직 게임은 끝난 게 아닙니다. 과거의 인쇄 매체가 사라지면서 남긴 공백을 메우기 위해 대체 매체들이 쇄도하는 상황이 시작된 것뿐입니다. 젊은 저널리스트들은 넋을 놓고 이러한 상황을 관망하기보다는, 함께 달려들어 새로운 미디어 창출의 흥분을 함께 맛보든가 아니면 다가오는 두 번째, 세 번째, 네 번째의 국면을 선도하는 선두주자가 되길 바랍니다. 만약 당신의 꿈이 에드워드 머로나 모린 도드와 같이 되는 것이라면 분명히 실망하겠지만, 자유롭게 읽을 수 있는 매체를 만난다는 생각에 눈이 커지고 심장박동이 빨라지는 사람이라면 누구든 지금 올바른 방향으로 나아가고 있는 것입니다.

Q 현재 언론계에서 일하는 저널리스트들과 경영자들이 B2B 디지털 전환을 경험하면서 무엇을 배울 수 있을까요?

A B2B 간행물 전문가들은 대화를 할 때 언제나 광고주를 고객이라고 표현합니다. 출처가 의심스럽지만 재미있는 일화가 있습니다. B2B 발행인이 그들의 잡지에 '광고주가 서로 연합하는 것을 막자'라는 기사를 실었다고 합니다. 이 일화가 시사하는 바는 B2B거래 간행물은 언제나 '돈을 먼저 생각하고' 독자는 그다음에 고려한다는 사실입니다. 이와는 대조적으로 뉴스 발행인과 신문 저널리스트는 언제나 기사와 독자들을 먼저 고려했습니다. 그러나 이제는 저널리즘 분야도 리드 창출(Lead Generation, 계기의 발생. 가망 고객과의 커뮤니케이션의 실마리를 잡는 것-옮긴이)의 기회를 잡고 변화를 꾀해서 광고주와 상품 공급자와 연관 있는 콘텐츠를 결합하고 콘텐츠에 딱 맞아떨어지는 서비스도 연계해놓고 있습니다.

데이브 모건(Dave Morgan)

데이브 모건은 최고의 웹 광고 개척자로 꼽힌다. 모건은 간행물 기업가로서 이전에 유한회사 토코다(TOCODA)를 설립하고 운영한 바 있다. 세계 최초 광고 온라인 네트워크 회사로서 행동 온라인 마케팅 분야를 개척했던 그곳은 2007년 AOL에 의해 2억 7500만 달러에 인수되었다. 그리고 24/7 리얼미디어(24/7 Real Media)의 전신인 리얼미디어(Real Media)를 설립하고 경영했다. 이 회사 역시 후에 WPP가 6억 4900만 달러에 인수했다. 그런 후 데이브 모건은 AOL의 글로벌 광고 전략을 담당하는 부사장으로 잠시 근무하기도 했다. 현재 그는 뉴욕에 위치한 TV시장을 공략하는 신생 테크놀로지 회사인 시뮬미디어(Simulmedia)의 경영자이다.

Q 비행기 바로 옆 좌석에 호감이 가고 수다스러운 분이 탑승했다면, 그분에게 예측 테크놀로지(predictive technology)의 영향을 어떻게 설명하시겠습니까?

A 파괴력 있는 테크놀로지는 물과 같은 역할을 합니다. 즉 고객들의 최대 이익 창출에 걸림돌이 되었던 시장과 비즈니스 간의 인공 장벽을 천천히 침식해버립니다. 이런 테크놀로지는 너무 비대하고, 거만하고 게으른 시장 참여자들을 솎아냅니다. 이건 네트워킹된 디지털 커뮤니케이션

테크놀로지로 인해 신문 업계에 발생한 지각 변동과도 같은 맥락의 이야기입니다.

Q 당신은 행동 타기팅 분야에 정통하다고 알고 있습니다. 언제쯤 독자들이 자신의 클릭 패턴, 검색 히스토리, 구매 패턴 등의 자료를 기초로 선별된 기사를 읽을 수 있게 될까요?

A 제 생각으로는 5년 이내에 소비자들이 자신과 관련이 많은 뉴스, 엔터테인먼트, 정보 등을 받아보게 될 것으로 예상합니다. 특히 상업적인 커뮤니케이션 분야가 발달할 겁니다.

Q 발행인들이 놓치고 있는 중요한 사실이 무엇이라고 생각하십니까?

A 발행인들은 소비자들이 그들을 필요로 하지 않는다는 사실을 깨닫고 정신을 차려야 합니다. 고객들은 콘텐츠 제작자나 큐레이터, 플랫폼은 필요로 하지만 뉴스를 패키징하는 사람이나 배급해주는 사람은 더 이상 필요로 하지 않습니다.

Q 디지털 미디어와 관련하여 당신이 더 일찍 알았더라면 하는 사실은 무엇입니까?

A 과거 미디어 제국들은 자신들의 텃밭을 지키는 일에 나서기보다는 시장을 붕괴시키는 사람들과 고객에게 중점을 두고 그들에게서 배워야 합니다. 피할 수 없는 미래와 싸워서는 절대로 이길 수 없습니다. 우리는 단기적인 수익을 노리는 컨설턴트가 아니니까요.

폴 마티노(Paul Martino)

폴 마티노는 20년 동안 테크놀로지 분야에서 경력을 쌓은 뒤에 설립한 네 번째 회사 애그리깃 날리지의 공동 창업주이자 CEO이다. 이전에는 시스코(Cisco)가 인수한 초기의 소셜 사이트인 트라이브 네트워크(Tribe Network)도 설립했다. 애그리깃 날리지는 다방면에 걸친 데이터와 테크놀로지를 이용하여 뉴스 콘텐츠와 광고의 일대일 배송을 목표로 하는 하이퍼마케팅(hypermarketing) 디스커버리 회사이다.

Q 디지털 콘텐츠와 인쇄 매체의 콘텐츠를 비교할 때, 대부분의 발행인들이 미처 생각하지 못하는 중요한 지점이 무엇일까요?

A 독자들은 왕이고, 멈춰 있는 콘텐츠는 죽은 것이라는 사실입니다. 발행인이 독자들에게 더 많은 콘텐츠를 생산하도록 하면 콘텐츠는 더욱더 고객의 성향과 맞아떨어지는 방향으로 변화하게 되고, 그러면 다시 고객들은 더 많은 콘텐츠에 개입하고 몰입도를 높이고 재방문율도 높아집니다. 후기, 댓글, 블로그 그리고 '이 글을 읽는 사람이 읽어볼 만한 글'을 안내하는 '디스커버리 윈도'와 같은 툴 덕분에 저널리즘에서 독자 참여 현상은 더욱 커지고 있습니다.

앞서 나아가는 발행인들은 그들의 콘텐츠에 접근하는 수백만의 독자들이 다른 이들에게 가장 그들과 관련성이 있고 흥미로운 콘텐츠를 추천하는 편집자의 역할을 하도록 하고 있습니다.

Q 이 새로운 디지털 비즈니스 환경과 과거의 간행물 업계의 현저한 차이점을 절감했던 때는 언제였나요?

A 그건 웹 2.0과 소셜 네트워킹이 막 시작되었던 2000년대 초반이었습니다. 2003년에 최초의 소셜 네트워크 사이트 중 하나인 트라이브닷넷(Tribe.net)을 설립했을 때 우리는 사람들이 친구들이 하는 것을 따라 하는 것을 좋아하고, 공통의 관심사가 친구들을 뭉치게 한다는 사실을 발견했습니다.

사람들은 물밀 듯 밀려들어오는 '대중의 지혜(wisdom of crowds)'를 비롯한 모든 것을 공유하기 시작했습니다. 이 현상은 간행물업계의 새로운 질서에도 똑같이 적용됩니다. 독자들이 스스로 편집할 수 있게 하는 장치를 개발하여 일반 대중들이 본질적으로 매체를 주도하도록 하자는 것입니다. 그렇게 하면 독자들은 더 많이 개입하고 더 많은 페이지를 열람하게 되어 수익이 창출될 것입니다. 또한 자신들의 행동패턴을 기준으로 선별된 자신과 '관련'된 광고를 더 많이 사게 되고 더 빈번하게 사이트를 방문하게 될 것입니다.

Q 현재 개발되어 있는 툴을 전제로 할 때, 편집자들이 테크놀로지와 편집 기술 사이에서 타협해야 할 것과 버려야 할 것이 있다면 어떠한 것들이 있을까요?

A 편집 전문가들의 역할을 '대중의 지혜'가 점점 대신하고 있으니 편

집자들은 테크놀로지에 더 익숙해져야 합니다. 거실에서 새로운 소식을 전하는 블로거는 노련한 편집 전문가의 조언을 받고 콘텐츠를 작성하는 것이 아닙니다. 그저 자신들이 알고 있는 이야기를 전하려 할 뿐입니다. 블로그, 유튜브, 소셜 네트워크 들과 같은 지금은 저렴한 배급 테크놀로지를 숙달하는 것이 성공의 열쇠라고 할 수 있습니다. 특정 내용을 주목하고 논제로 삼는 일에는 편집 전문가의 역할이 더 중요합니다.

Q 발행인들이 반드시 감지하고 있어야 마땅한, 업계의 판도를 바꿔버릴 커다란 사건이 있다면 무엇일까요?

A 광고의 제공 방식이 바뀔 것입니다. 불분명한 목록에서 무작위로 고른 사람이 아닌 해당 개인에게 광고가 직접 제공되는 방식으로 말입니다. 이것은 발행인에만 국한된 변화가 아닌 광고시장 일반에도 해당되는 중대한 변화입니다. 광고는 수조 개의 데이터 포인트를 분석적으로 검토하여 클릭 패턴 데이터를 추적하고 제3자의 데이터를 차용하고 전후 데이터(contextual data)를 찾아내는 실시간 의사결정 도구(real-time decision engines)에 의해 결정되어 발송될 것입니다. 독자들은 자신에게 맞춤 제작된 광고를 일대일 메시지로 제공받게 될 것입니다. 지금 웹을 가득 채우고 있지만 거의 아무런 효과도 없는 광고들에 대한 유일한 대안이 바로 이 고객맞춤 메시지입니다.

광고가 타깃에 잘 맞게 설정될수록, 특정 고객군의 흥미를 끌기 위해 맞춤 제작된 콘텐츠들이 더 많은 이해를 얻게 될 것입니다. 그렇게 되면 마케터들은 최고 품질의 측정 가능한 결과를 전달받게 될 것입니다. 마케터들은 지금처럼 "야후 파이낸스의 제1면을 사고 싶습니다"라고 말하는 대신에, "주택 자금 재조달 상품을 구매할 만한 고객 100만 명을 찾아주십시오"라고 말하게 될 것입니다. 그러므로 발행인들은 언제든 제공할 수 있는 구체적인 콘텐츠를 생산하는 것보다 부가가치가 높은 고객층에게 그 내용을 전달하는 데 초점을 맞춰야 합니다.

마크 프론스(Marc Frons)

마크 프론스는 NY타임스닷컴의 디지털 부문의 최고기술책임자(CTO)로서 테크놀로지와 상품 개발을 감독하고 있다. 그가 타임스에 재직하는 동안 타임스의 테크놀로지는 괄목한 만한 성장을 이뤘다. 타임스에서 근무하기 전에는 다우존스의 컨슈머 웹사이트(consumer Web site)에서도 일했고 월스트리트저널 온라인에서 CTO로도 근무했다.

처음에는 뉴스위크와 비즈니스위크에서 저널리스트로 활동했던 그가 테크놀로지 전문가로 변신한 것이다. 그는 스마트머니닷컴(SmartMoney. com)이라는 재무 관련 신생 온라인 회사를 설립했으며, 현재 스마트머니닷컴의 편집자이자 CTO라는 독특한 직함을 갖고 있다.

Q 뉴욕타임스의 아이폰 애플리케이션은 뉴스애플리케이션 분야의 선두주자 격이라 할 수 있는데요. 이와 같은 성공적인 런칭의 비결은 무엇인가요?

A 회사의 아이폰 애플리케이션 개발 당시에, 우리는 아이폰만큼의 상품 가치가 있는 애플리케이션을 만들기를 원했습니다. 다시 말해, 사용하기가 놀라울 정도로 편리하고, 엄청난 기능을 갖고 있으면서도 아름다운 것을 만들고 싶었던 거죠. 우리는 아이폰 사용자들이 새로운 방식으

로 모바일을 통해 뉴스를 접하게 되기를 원했습니다. 아이폰의 그래픽 기능을 최대한 활용하여 당시 우리 회사의 가장 큰 장점이었던 오프라인 신문의 모습을 그대로 구현할 수 있도록 한 것입니다.

Q 디지털 간행물 업계에서는 테크놀로지가 편집이나 마케팅 등의 많은 비중 있는 업무들을 전담합니다. 이러한 변화가 일어날 것이라고 가정한다면, 당신은 지금 테크놀로지와 저널리즘의 새로운 제휴관계를 어떤 식으로 설명하시겠습니까?

A 인쇄간행물 업계가 지속적으로 명백한 하락세를 보이면 보일수록 저널리스트들은 더더욱 디지털이 바로 미래라는 사실을 깨닫게 될 것이고, 그들이 다가오는 미래에 자신의 설 자리를 확보하고자 한다면 당연히 테크놀로지와 테크놀로지 전문가들을 이해하는 것이 필요할 것입니다. 나는 많은 저널리스트들이 새롭고 매우 흥미로운 방식으로 기사를 제공할 수 있도록 도와주는 테크놀로지의 힘을 실감하고 있습니다. 테크놀로지를 통해 디지털 시대의 저널리스트들은 독자와 교감하고, 데이터를 비주얼로 만들고 동영상과 사진, 지도 그리고 다른 요소들을 혼합하여 기사를 작성할 수 있게 됩니다. 또한 테크놀로지 전문가들은 (적어도 제가 일하는 곳에서는) 저널리스트의 니즈에 더 잘 부응하도록 단련되었습니다. 현 시대에 가장 적합한 언론 매체는 소속 저널리스트들이 테크놀로지의 능력과 한계를 잘 파악하고 있으면서, 테크놀로지 전문가들이 저널리즘의 능력과 한계를 잘 이해하는 곳이 될 것입니다.

Q 지금의 새로운 디지털 비즈니스 환경과 과거의 인쇄 매체와의 현

저한 차이점을 절감했던 때는 언제였나요?

A 저는 개인적으로 1995년에 스마트머니닷컴을 출범하기 위해 인쇄 매체를 떠났습니다. 그때로부터 1년 혹은 2년쯤 전에 모자이크(Mosaic)를 처음 봤을 때 이미 그 차이를 절감했지요. 그러나 그때는 블로그, 구글 단 어광고(Google Ad Words), 애드센스(AdSense) 등의 새로운 디지털 간행 물 환경이 조성되기 이전이었기 때문에 인쇄 간행물과 디지털 간행물이 어느 정도의 차이를 보일지 정확히 가늠하지는 못했던 것 같습니다.

Q 디지털 미디어와 관련하여 당신이 더 일찍 알았더라면 하고 생각 하는 점은 무엇입니까?

A 정말 많지만, 그중에서도 검색엔진과 검색엔진 최적화의 중요성을 빨리 알았더라면 하고 생각합니다. 두 번째로는 단순함과 스피드, 용이 성이 중요하다는 것입니다. 그리고 세 번째로는 의사결정 과정에서 (일련 의 핵심적 가치들과 결합된) 데이터가 매우 중요하다는 사실을 더 일찍 깨달 았더라면 좋았을 것입니다.

10

최적의 미디어를 만드는
새로운 방법

홍보를 하지 않은 상태에서 신문을 발행하는 것은 어두운 곳에서 젊은 여인에게 윙크를 하는 것과 같다. 의도는 좋지만, 효과는 전혀 기대할 수 없다.

윌리엄 랜돌프 허스트, 신문 경영자

통제하지 말고 다 쏟아버려라. 아이디어를 무작정 쏟아내면 쏟아낼수록 회사의 가치는 올라간다.

세스 고딘, 경영 구루

살롱의 편집장인 조앤 월시는 샌프란시스코 ATT파크에 위치한 전미 최고의 야구 경기장에 왔다. 그녀는 친구인 토니를 보러 내려왔고 안내인이 그들을 본루 바로 뒤의 첫 번째 줄의 빈자리로 가게 해줬다. 토니의 부인이 전화를 걸어와 그들의 모습이 TV에 나오고 있다는 사실을 알려주었다. 그리고 그 후 무시무시한 경기가 이어졌다.

마이크 캐머런이 자이언트의 루키인 투수 조 마르티네즈의 관자놀이를 향해 직선타구를 날렸고 그는 그라운드로 쓰러졌다. 하지만 놀랍게도 몇 분 후 그는 스스로 걸어서 야구장을 나가 병원으로 갔고, 그곳에서 MRI와 CT촬영을 했다.

그 사건을 목격한 조앤은 우발적인 스키 사고로 인해 야구 게임에서와 비슷한 머리 부상을 입고 세상을 떠난 여배우 나타샤 리처드슨을 떠올렸다.

내가 어떻게 이 사실을 알고 있느냐고?

조앤은 나에게 전화를 걸지 않았다. 조앤은 이 내용을 '그냥 조앤 월시가 또 다른 블로그를 하나 더 만들었구나 하시면 안 돼요!(Not just another Joan Walsh blog!)'라는 블로그에 올렸던 것이다. 그 블로그는 살롱의 공식 조앤 월시 블로그와 연결되어 있지만, 동시에 전혀 다른 공간이다. 이 특별한 블로그의 글은 또 다른 글 하나가 더 올라간 정도가 아니었다. 웹의 마법으로 인해 이 내용은 자동적으로 트위터에 옮겨졌고, 그녀의 팔로어들은 그 포스트를 인지하고 클릭해 볼 수 있었다.

월시에게 현대의 미디어는 유비쿼터스 환경을 뜻하는 것이다. 물론 그녀는 현재 살롱을 운영하고 있고, 공식적인 블로그와 사적인 블로그 이렇게 두 개의 블로그를 운영하고 있다. 또 그녀가 트위터에서 조 바이든, 루퍼트 머독, 브루스 스프링스틴과 당연히 그녀가 사랑해 마지않는 샌프란시스코 자이언트를 팔로잉하고 있는 것을 볼 수 있을 것이다. 그리고 MSNBC 방송의 크리스 매튜의 하드볼 쇼에 채널을 맞추어보면, 종종 격렬한 논쟁이 오가는 토론에 패널로 출연하여 말하고 있는 그녀를 볼 수 있을 것이다. 월시는 일과 개인사의 구분이 없어지고 있으며 프로필이 자신의 직업에 도움을 준다는 사실을 이해하고 있는 현대의 미디어 인사이다. 그녀는 저널리즘 필드에서만 활동하는 사람이 아니다. 그녀는 소셜 활동을 하는 사람이라고 할 수 있다.

예전에 저널리스트의 일은 간단했다. 그러나 요즘 미디어의 새로운 법칙들이 등장하면서 마케팅과 광고업계에도 지각 변동을 몰고 오고 있다.

과거에는 당신이 뉴스 미디어를 운영한다면 기삿거리를 간행하거나 방송하고 그저 세상이 알아주길 기대하기만 하는 식의 마케팅만 하면 충분했다. 물론 과거에도 자신들의 간행물에 다음 호 기사나 특별 섹션에 관한 광고를 하는 신문사 자체의 광고회사가 있기는 했다. 그러나 그들은 투자를 꺼렸다. 광고는 그들이 파는 것이지, 사는 것은 아니라고 생각했던 것이다! 방송사도 마찬가지였다. 그들의 방영분 내에 광고를 여기저기에 섞어 넣는 것이 전부였다. 이들은 모두 우리가 사일로 마케팅(silo marketing)이라고 부르는 자신의 활동범위(silo) 안의 모든 사람들과 자신의 고객들에게 홍보를 하는 마케팅 방식에 익숙했다.

마케터들도 상대적으로 안정적이었던 미디어환경을 어떻게 이용해야 하는지 잘 알고 있었다. 마케터들과 PR회사들은 판도를 천천히 변화시키는 이미 검증된 방식으로 마케팅을 했다. 미디어 모니터링 회사들도 미디어 접속 자료를 수집하고, 가끔씩 업데이트를 하면서 되팔기를 반복했다. 이런 자료에는 기자회견과 전화통화가 포함되어 있었다. 신상품들과 런칭 행사는 기사화되고 방송되었다. 모두가 행복했다.

하지만 이제 마케팅 업계는 뉴스 업계가 경험한 변혁에 버금가는 변화를 마주하고 있다. 마케팅 회사들 대부분은 우리가 현재 경험하고 있거나, 혹자에게는 유행 지난 일이 되어버린 소셜 네트워킹과 유사한 바이러스성 마케팅(viral marketing)과 다양한 미디어에 적합한 PR을 고려하고 있다. 신문사와 방송사를 통해 상품과 서비스를 간단하게 판매할 수 있는 표준적인 방법이 존재했던 대규모 대중시장에서 지금은 바이러스성 웹이라는 시장으로 주안점이 옮겨가면서 마케터들과 미디어 업체들은 골머리를 앓게 되었다. 하지만 이는 예기치 못한 기회가 되기도 한다.

이것은 그 자체로도 당연히 엄청난 변화이지만 우리에게 법칙 10 '최적의 미디어를 만드는 새로운 방법'을 알려주는 일이기도 하다.

이 새로운 세상을 한번 살펴보자.

- 대부분의 언론 기관은 독자나 시청자보다도 더 느리게 소셜 네트워크를 받아들이고 있다. 그들이 아주 기본적인 댓글 달기나 블로깅 활동을 수용하고 있는 동안 고객들은 트위터를 하고 페이스북에 상주하고 있다.
- 네티즌들이 점차 많이 머무르는 공간은 '스테이터스피어'가 되고 있다. 사람들이 페이스북에서 보내는 시간은 한 달에 평균 2시간으로, 이는 지역뉴스 웹사이트에서 보내는 시간의 약 10배에 해당한다.
- 초기에는 젊은 세대들만이 소셜 네트워킹을 했으나, 이제는 그 경계도 흐려지고 있다. 가장 인기 있는 소셜 네트워크 서비스 4곳의 사용자 평균 나이를 보자. 트위터 31세, 페이스북 26세, 마이스페이스 27세, 링크드인 40세.
- 미국뿐만 아니라 전 세계적으로 신문보다는 인터넷을 통해 기사를 접하고 있는 사람들이 많은 것에 반해, TV는 여전히 그 우위를 유지하고 있다. 70퍼센트의 미국인이 여전히 그들이 선호하는 매체로 TV를 꼽는다. 이것은 'TV에 방영되는 것'은 여전히 홍보 효과가 크다는 의미이다.

미디어와 저널리스트들에게 이것은 흥미로운 진화다. 이제 훌륭한 양질의 기사를 만드는 것만으로는 부족하다. 언제나 접속 가능하고 누구나 자유롭게 정보를 얻을 수 있는 인터넷 세계는 흡사 메아리 방과 같다. 여기서는 중요 기사가 평범한 소식으로 변해버리기도 하고 대단치 않은 소식이 부풀려지기도 한다. 게이트키퍼가 없는 '주목의 경제(Attention Economy)'에는 자신만의 브랜드, 자신만의 이야기를 만들어 세상에 스스로를 알리는 것이 무엇보다 중요하다. 그렇게 해서 다른 이에게 미치는 영향력을 배가해야 한다.

조앤 월시는 많은 동시대의 저널리스트들과 미디어 전문가들이 자신과 마찬가지로 네트워크를 형성하고 있다는 사실을 발견했다. 트위터를 찾아가보면 조앤 월시가 레이첼 매도, 크레이그 뉴마크, 니콜라스 크리스토프를 포함한 100여 명이 넘는 사람들을 팔로잉하고 있는 것을 볼 수 있을 것이다. 그리고 그녀가 팔로잉하고 있는 사람들 역시 자신들만의 팔로어를 거느리고 네트워크를 형성하고 있음을 알 수 있다. 이러한 소셜 네트워크는 우리의 삶에 신종 여권을 교부한다. 똑똑한 미디어들은 이것을 이용할 방안을 모색하고 있다.

월스트리트저널에서 편집주간 대리로 일하고 있는 앨런 머레이는 전기가 처음 상업적으로 이용되던 시절인 1889년에 발간되기 시작한 그 신문에서 소셜 미디어 혁명을 선도하고 있다. 먼저 글 쓰는 것을 좋아하면서 이미 소셜 네트워크를 활용하고 있는 저널리스트를 찾았다. 그리고는 저널리스트들이 전통적으로 금기시했던 영역으로 진입했다.

"우리 세대가 활동하는 시기에는 자신의 원고를 마케팅하는 것은 지저분한 수작으로 여겼어요"라고 작년에 니만 저널리즘 연구소와의 인터뷰에서 그는 말했다. "그러니까 그런 일은 절대 시키지 말아달라는 주의였죠. 다른 사람들이 해야 하는 일이었으니까요. 그러나 지금은 마케팅이 저널리스트의 일이 되었습니다. 우리는 대놓고 마케팅이라고 하지는 않지만 그런 일을 하고 있는 것은 분명한 사실입니다. 고객을 모으기 위해 어떤 블로그를 찾아가야 할지 알아내고 트위터를 이용해서 자신의 글을 많이 사람들이 찾아 읽도록 하며 그 수단을 적절히 섞어 조정하는 일을 감당해야 하는 겁니다."

머레이에게 이런 일은 그저 단순한 마케팅이 아니다. 이런 과정을 통해 무엇에 대해 쓸 것인지를 판단하고, 본인이 쓴 기사에 대한 반응이 어떠할지를 알게 되는 것이다. "그러니까 훌륭한 블로그 운영의 비결은 검색 엔진에서 최대 히트수를 기록할 만한 글과 내가 무엇을 하고 있는가를 정확하게 알려주어 독자적인 가치를 만들어내고, 글을 적당히 섞어 배치하는 능력에 있습니다. 이 모든 일이 커뮤니티를 형성하는 과정입니다. 독자 고객을 확보하는 일이 되지요. 이런 일은 이전에는 볼 수 없었던 전혀 새로운 기술입니다." 만약 당신이 페이스북에서 앨런과 친구 맺기를 한다면, 거기서 꾸준히 업데이트되는 추천 기사목록을 볼 수 있을 것이다. 그 목록의 기사 대부분은 월스트리트저널의 글이지만 가끔은 머레이가 읽을 가치가 있다고 생각하는 외부의 글도 있다.

머레이의 이런 사고방식은 선구자격이다. 하지만 지금은 그와 비슷한 생각을 갖게 된 동료들이 상당히 많다.

미셸 니콜로시, 조너선 랜스너, 래리 슈워츠, 스콧 루이스, 앤절라 오코너. 지금까지 살펴본 이들은 모두 이러한 도구들을 받아들이고 자신들의 일상에 편입시켰다. 그들은 소셜 툴을 이용하여 취재하고, 독자들과 교감하고, PR을 한다.

하지만 보다 앞선 행보를 보이는 몇몇 신문사가 있다. 작년 중반기 무렵까지 뉴욕타임스는 25만 명에 달하는 트위터 팔로어를 확보하고 도서, 예술과 같은 분야의 트위터 계정을 별도로 마련했다. 소셜 미디어의 틈새 공략이 성공할 것이라고 생각한 것이다.

많은 뉴스와 방송 사이트에서 트위터와 페이스북 아이콘이 팝업창에 뜨는 것을 볼 수 있다. 저널리스트와 독자가 소통할 수 있는 새로운 방법을 제시해주는 일이다. 그러나 여전히 미디어는 독자들에 비해 많이 뒤처져 있다. 이러한 현상은 디지털 혁명이 일어나는 과정에서 계속 반복될 것이다. 그리고 소셜 미디어에서 발생하는 수익이나 추가되는 접속 트래픽 수가 얼마나 되는지는 아직 측정하기 어렵다.

그럼 올드미디어가 이처럼 랙이 걸려 꾸물거리는 이유는 무엇일까? 이러한 상황을 개괄적으로 보여주는 일에는 데이비드 스콧만 한 적임자가 없다. 그는 거대 미디어 기업 출신으로 나이트리더 인포메이션의 사업개발 부서에서 근무했었다. 데이비드는 미국의 뉴스 콘텐츠의 아시아 판매와 국제 마케팅에 적응하는 과정에서 미국 기업이 겪고 있는 고충에 대한 충분한 설명을 해줄 수 있다. 하지만 지금은 그의 전문지식을 동원해 웹에서 마케팅 분야의 혁신이 어떻게 이루어졌는지를 설명 듣는 것이 급선무이다. 왜 올드미디어들은 그렇게 느린 발걸음으로 엇박자 춤을 출 수밖에 없는 걸까?

이에 대해 스콧의 의견은 이렇다. "소셜 미디어 테크놀로지는 브랜드에 관한 입소문을 퍼뜨리는 데는 도움이 되지 않는다. 다만 좋은 브랜드에 대해 고객들이 말하도록 할 뿐이다." 사실 올드미디어도 그들의 결과물을 페이스북에서 볼 수 있게 하거나 트위터에 올릴 수 있게 하는 등의 웹에 올리려는 시도를 했었다. 그러나 여기서도 그들은 새로운 방식의 새로운 툴을 그다지 사용하지 않았다.

스콧은 그의 신작 《오! 레이브(World Wide Rave)》에서 '수백만의 사람들이 나의 사상을 퍼뜨리고 내 이야기를 공유하게 하려면' 웹을 어떤 식으로 사용해야 하는지에 대하여 말하고 있다. 그는 기본적으로 올드미디어를 매체로 활용하는 일은 모두 끝났다고 말한다. 다른 매체와 비교해볼 때 올드미디어는 비싸고, 시간을 많이 잡아먹고, 비효율적이다. 그는 독자들에게 광적인 인기를 끈 현상들의 예로 IBM의 판매의 기술(Art of the Sale) 동영상, 올랜도대학교의 해리포터의 마법 세계(Wizarding World of Harry Potter), 반격하는 소녀들(Girls Fight Back) 동영상 등을 언급했다. 대중의 인기를 한 몸에 받은 이런 콘텐츠에는 언론 기업의 영향이 전혀 미치지 않았다.

스콧은 이 분야에서 세일스에 관한 좋은 시작을 보여준 예로 전자책 시장을 말했다. 틈새 콘텐츠를 무료로 제공한 다음 독자들이 다른 콘텐츠를 더 사도록 부추기는 식으로 운영했던 것이다. 하지만 e북이나 e매거진은 건강이나 여행 분야와 같은 틈새 관련 상품을 판매하고자 하는 신생 회사들에게는 독자들을 감질나게 하는 훌륭한 미끼가 될지언정 아직 성공사례를 목격한 바는 없다.

아니면 데이터에 대해 생각해보자. 사람들은 데이터와 리스트를 사랑한다. 리얼 클리어 폴리틱스(Real Clear Politics, RCP)의 여론조사 사이트는 2008년 선거 기간에 많은 사람들이 꼭 들러보는 사이트였다. 영리하게도 RCP의 사이트로 돌아올 수 있는 링크를 걸어 웹에 이 여론조사를 배포했던 것이다. 이처럼 발행인들은 자신들의 콘텐츠가 인기를 누릴 수 있도록 하려면 좀더 많은 유인책을 마련할 필요가 있다.

블로깅과 더불어 소셜 마케팅도 유용한 툴 중의 하나다. 이 부분에 대해서는 다음 장에서 살펴보겠다.

소셜 미디어에서 입소문이 제아무리 중요하다고 해도 트래픽 수를 올리는 데는 구관인 TV만 한 명관이 없다. 미디어 가족의 후계자인 로버트 올브리튼도 이 사실을 알고 있었다. 그래서 유서 깊은 미디어 출신인 두 명의 새로운 중역과 함께 그는 3년 전 폴리티코를 설립했다. 매체 간 상호

프로모션(media cross-promotion)이 회사 출범 당시의 계획이었다. 사실 CEO인 올브리튼과 편집자인 짐 벤다이와 존 해리스는 폴리티코의 뉴스를 '뉴스 방영 시간대(news cycle)'에 맞추어 내보냈다. 그리고 자신들의 보도를 조절했다. 그로 인해 동종 업계의 비난과 조소로 약간의 위협을 받기는 했지만, TV와 블로고스피어, 유선방송의 니즈를 파악하고 정확히 언제 그 니즈를 충족시켜줘야 하는지를 알아낸 다음, 자사의 기사나 견해를 적절한 시간을 골라 내보냈다. 법칙 8 '틈새를 공략하라'에서 우리는 이미 폴리티코가 어떻게 정치 뉴스를 섹시하게 포장하고, 스포츠로 돌변시켜 떼돈을 벌었는지를 살펴보았다. 지금은 유사한 컨셉트의 프로그램이 케이블방송에 넘쳐난다. 아름답게 디자인된 폴리티코 로고는 TV에서 자주 볼 수 있다. 캐피톨 힐(Capitol Hill)에 위치한 폴리티코의 사옥을 방문하면 로고와 똑같은 브랜드 배너를 볼 수 있다. 이제 그 배너는 미국인들의 정치의식에 깊이 박혀 있다.

폴리티코는 그들이 이해하고 있는 미디어의 속성에 비추어 그들의 기사를 방영 시간대를 골라 미디어에 내보내는 데 그치지 않고 미디어 자체를 공략했다. 폴리티코의 직원이 100명밖에 없었을 때도 그들은 미디어에 집중했다. 미디어를 사전에 섭외하고 그 관계를 유지하는가 하면 다른 한편으로는 방송사들이 무엇을 찾고 있는지 파악하고 그 내용을 취재해서 자신들의 보도 내용을 홍보하고 또 홍보했다.

물론 대부분의 미디어 기업들은 그들의 매체 자체에서 자체 웹사이트를 PR하고 있으며 오랜 세월 그렇게 자신이 갖고 있는 메가폰 소리를 높여서 외치는 것으로 충분하다고 여겨왔다. 반면 폴리티코는 자사 웹사이트의 내용이나 웹사이트가 알려진 바가 없음을 인식했다. 그래서 다른 브랜드를 폴리티코의 기사로 알리거나 다른 브랜드에 폴리티코의 기사를 배치하는 것을 통해 폴리티코라는 브랜드를 독자들에게 각인시킬 필요가 있었고, 그들은 천재적이라 할 만큼 성공적으로 그 일을 수행했다. 지금 현재 폴리티코의 웹사이트 인기 순위는 마이애미헤럴드, 새너제이 머큐리뉴스, 미니애폴리스의 스타트리뷴을 앞서는 수준이 되어 전국 20위 안에 들어 있다. 취재 대상이 되려면 괜찮은 이야깃거리에 괜찮은 인지도를 갖춘 명사가 나름 독특한 소재를 제공해야 한다. 폴리티코에는 이런 일의 취재에 탁월한 기술을 가진 기자들이 많다.

폴리티코의 친구 격인 정치 전문 신생 매체 하나를 더 살펴보면, 당신은 유명인사의 결정적인 역할을 알게 될 것이다. 윌리엄 랜돌프 허스트나 오프라처럼 아리애나 허핑턴도 그녀의 이름을 회사를 위해서나 회사의 기사나 제작물에 사용할 수 있게 하고 있다. 그녀의 인지도는 독자들을 유인하고 블로그에 무급으로 컨트리뷰팅 기사를 쓰는 기자들을 끌어들이는 자석과 같은 역할을 한다. 이런 식으로 시작된 기업이 결국에는 폴리티코와 같은 상위 20위권에 드는 뉴스 사이트가 된 것이다.

여기서 우리가 얻을 수 있는 교훈은 폴리티코, 허핑턴포스트, 글로벌포스트, 슬레이트, 살롱과 같은 뉴미디어들은 이 떠들썩한 세상에 자신들을 각인시켜야만 한다는 사실을 깨닫고 있었다는 점이다. 뉴욕타임스나 월스트리트저널과 같은 올드미디어들은 이러한 사실을 좀 더디게 배우고 있다. 하지만, 점차 NPR이나 케이블 뉴스쇼에서 그들의 기사를 접할 수 있는 빈도가 늘고 있기는 하다. 미디어 환경이 격렬하게 분화함과 더불어 오랫동안 유지되어온 독점 체제가 붕괴되고 진입장벽이 낮아져 수많은 뉴미디어들이 도움을 얻고 있는 이 상황에서, 우리는 새로운 미디어에서 중요한 요소는 사람들의 눈에 띄어야 한다는 것과 공유되어야 한다는 것임을 알 수 있다. 그래서 구관이지만 명관인 TV에 정통해야 한다. 그리고 더불어 새로운 소셜 툴들을 반드시 배워야만 한다.

자, 이제 이 격렬한 분화의 현장을 마케터의 시선으로 한번 바라보자. 나의 회사에 대해 최적의 미디어에서 최적의 사람이 말하게 말하려면 어떻게 해야 할까?

샌프란시스코 메리어트 호텔의 방 하나가 인바운드(In Bound) 마케팅 수뇌부 회의를 위해 모인 200여 명의 사람들로 가득 차 있었다. 나는 '급변하는 미디어: 민주화된 세계에서의 뉴스의 미래'라는 주제의 토론자로 선정되어 그 회의에 참석했다. 관련 토론은 전에도 해본 적이 많았지만 그전에는 청중이 대부분 언론계의 근거리에 있는 사람들이었다.

하지만 이번에는 언론업계를 보다 잘 이해하고 웹에서 시작된 바이러스성 마케팅의 위력을 알고자 하는 마케터들이 대상이었다. 미디어가 바이러스성 마케팅을 이용하는 방법을 알려고 했다면 마케터들은 새롭게 등장해 널리 보급된 다양한 미디어를 어떻게 활용할지 알고자 했다. 그래서 그 회의에는 입장이 대조적인 사람들이 모여 있었던 것이다.

청중들은 우리 토론자들이 하는 말을 트위터에 올렸다. 그들은 우리가 말하는 바를 140글자 이내의 내용으로 편집해서 자신의 팔로어에 전송하기도 했다. 예를 들어 "새로운 비즈니스 모델을 알아낼 사람이 아무도 없을 것 같다. 커다란 뉴스룸은 역사적 사고에 불과하다"와 같은 식으로 글을 올리는 것이다. 수치를 해석해서 아무런 설명 없는 그 정보를 트위터로 휙 올려놓는 이도 있었다. 토론자의 현실 인식에 즉각적인 비판 글을 올리는 경우도 있었다. 모든 트윗(Tweet)들은 #IMS09라는 해시 태그 아래에 가지런히 정렬되었고, 그날의 회의 내용 트윗은 트위터에서 상위에 랭크되었다(트위터에서는 모든 것에 순위가 매겨진다).

회의나 토론 내용을 대중에게 알리는 데 이보다 더 좋은 장치를 찾아낼 수 없을 것이다. 그리고 이 장치를 이용하는 데는 돈이 한 푼도 들지 않는다. 그리고 모든 것은 사용자들이 열심히 만들어낸 것이다.

이 회의를 통해 마케터들이 구사하는 신생 기술을 개략적으로 살펴볼 수 있었다. 트위터, 페이스북, 어떤 측면에서는 링크드인까지 포함하는 새로운 바이러스성 커뮤니케이션은 꽤 강력한 효과가 있을 수 있다. 그러나 이 매체에 보내지는 모든 메시지는 분 단위로 참여하는 모든 사람들에게 흘러가다가 끝도 없어 보이는 깊은 심연을 가진 디지털 바다에 그저 던져지는 것이다.

마케터들이 이러한 소셜 네트워킹 혁명에 동참하고 있기는 하지만 고객사와 그들의 서비스 상품을 위해서 이 소셜 네트워크를 어떻게 활용할지 비결을 몰라 회의에 참석해야 했던 것이다. 모든 식순이 끝나자 그들은 한 질문에 대한 해답을 얻기를 원했다.

"미디어 자체가 분열하고 쪼개지는 상황에서 우리는 미디어에 어떻게 접근해야 할까요?"

어려운 질문이었다.

난 이 질문을 미디어와 마케터 양측의 입장에 서서 생각해볼 수 있었다. 나는 몇 년 동안 뉴스룸에 있으면서 기사를 홍보하는 것이 비난받을 일이란 말을 들어왔다. 그리고 지금은 추세에 맞춰 분석가, 컨설턴트, 작가, 블로거 등의 여러 가지 일을 하면서 반대 입장에서 문제를 보게 되자, 내가 원하는 대로 일의 결과를 얻기 위해 어떻게 해야 할지를 생각할 필요가 있었다.

여기서 새로운 세상에서 마케터들에게 필요한 일 몇 가지를 제안하겠다.

- 직접 할 것(DIY): 예전 마케터들은 대부분 거대한 조직 속에서 일하면서 외부와의 접촉, 메트릭스 점검, 정교한 메시지 작성 등의 업무를 담당하는 다른 이의 도움을 받았었다. 하지만 새로운 미디어 환경에서는 다른 사람이 뛰어들기를 기다릴 일이 별로 없고, 혼자서 해낼 수 있는 일들이 더 많다. 사실 이 점은 구시대에도 마찬가지였다. 일대일 혹은 일대다수 간의 직접 커뮤니케이션이 새로운 테크놀로지의 대표적인 특징이다. 이 특징을 이용해 스스로 일하라. 직접 연결망을 구축하고 학습하라(사람들은 놀라울 정도로 개방적이고 적극적이다).

- 당신에게 필요한 네트워크를 찾아라. 트위터의 해시 태그를 찾아도 되고, 페이스북 그룹 중에서 연관성이 있는 것을 찾아내도 좋다. 찾아내고자 하는 영향력 있는 사람들이 이미 조직을 이루고서 자신들에게 유익한 홍보 내용을 듣고 싶어할 가능성이 많다. 하루만 시간을 내서 이런 소셜 네트워크 활동에 집중해보면 비용을 하나도 들이지 않고도 중요한 사람과 접촉할 수 있다는 사실에 놀랄 것이다.

- 링크만 걸어놓지 말고 진정한 소셜 족이 되어 보라. 실리콘밸리에서는 이런 것을 '애완견의 사료 먹기'라고 표현한다. 정확히 이해해야만 하는 제품을 실제로 매일 사용해본다는 의미이다. 인쇄 매체에서 디지털로 이동하고 있는 뉴스 산업을 분석하는 일이 직업인 나에게 블로깅은 내 견해를 피력할 강단이기도 했지만 블로깅이 어떻게 저널리즘을 바꾸

어놓을 수 있는지를 알려준 선생님이기도 했다.

- 무료로 얻을 수 있는 고객 피드백을 찾아라. '모두 베타 버전이에요'라고 말하는 구글을 배워라. 소셜 네트워크에서 하는 말, 메시지, 홍보, 서비스는 모두 '실험'이 될 수 있다. 웹을 이용하라. 웹에서 새로 사귄 친구를 이용하여 홍보 내용을 테스트하고 그 결과에 따라 재조정하라. 구시대의 마케터들은 표본 집단이 되는 포커스 그룹을 비싼 돈을 주고 고용해서도 신뢰할 수 없는 결과를 얻곤 했다. 포커스 그룹을 통해서는 제품의 시장성에 대한 제한적인 의견만 들을 수 있었다. 하지만 이제는 끊임없이 테스트하고 재조정하고 또 의견을 구할 수 있다.

- 성공의 척도를 새롭게 마련하라. 이 항목에서는 데이비드 스콧의 《오! 레이브》의 내용을 그대로 인용하겠다. 아래 새로운 미디어 환경에서 새로운 성공의 척도 여섯 가지를 소개한다.

1. 얼마나 많은 사람들에게 당신의 아이디어를 노출했는가?
2. 얼마나 많은 사람들이 당신의 글을 다운받았는가?
3. 얼마나 자주 블로거들이 당신과 당신의 생각에 대한 글을 쓰는가?
4. 그리고 그 블로거들이 쓴 글의 내용은 무엇인가?
5. 중요 문장으로 검색했을 때 당신에 대한 검색 결과는 화면의 어느 위치에 뜨는가?
6. 얼마나 많은 사람들이 당신에게 대화를 청하고 있고, 당신이 제안한 화제에 대해 이야기하고 있는가?

이 항목들은 세일스 리드(sales lead, 판매 프로세스의 첫 단계로 우리의 상품이나 서비스에 관심을 가질 만한 사람이나 집단을 찾아내는 과정 – 옮긴이)를 조사하는 것과는 전혀 상관이 없다.

뉴스 수집 플랫폼을 두고 치열한 경쟁을 벌였던 현명한 수집 매체들이 새로운 미디어 마케팅 격전지로 옮겨가게 될 것이라는 판단에서 이야기한 것이다.

그리고 이미 실제로 그런 활동을 벌이는 사람도 몇 있다. 피터 생크먼의 경우를 보자. 그는 자신을 고양이와 스카이다이빙 그리고 마라톤을 사랑하는 사람이라고 말해왔다. 그의 회사 기크 팩토리(Geek Factory)는 아메리칸 익스프레스(American Express)와 디즈니(Disney), 그 밖의 많은 회사들의 PR을 담당하는 등 전통적인 방식의 PR업무를 진행해오고 있다. 이제 그는 박애주의적인 이름을 가진 '리포터 돕기(Help a Reporter Out)'라는 사이트를 운영하고 있다. 이 회사는 자선단체가 아니다. 생크먼은 새로운 형태의 중개인이 되었다. 그는 취재원을 찾고 있는 2만 5000명의 기자 명단을 작성했다. 또한 그는 광고를 필요로 하는 7만 5000명의 마케터들도 확보했다.

생크먼은 웹을 이용해 취재원을 찾는 사람들과 합법적으로 그들 자신이 매우 유용한 취재원이라고 여기는 사람들을 연결해주는 디지털 천재성을 발휘했다. 매우 시급한 사안인 경우 생크먼은 가장 확실한 연결 방책인 트위터를 사용한다.

그의 1차 수입원은 이 두 집단에게로 보내는 이메일에 삽입되는 광고다. 하지만 모르긴 몰라도 그가 수집한 데이터와 마케터들과 기자들을 활용하고 사이트의 고유명이 달린 글이 유명해지면서 돈을 상당히 벌게 될 것이다.

바이러스성 마케팅은 이 시대의 요구에 부응하기 위해 꼭 필요한 수많은 뉴스 기술 중 하나다. 새로운 저널리스트들이 업계에 진입하고 중견 저널리스트들이 어느 방향으로 가야 할지 고민하는 요즘, 익혀야 할 기술이 한두 가지가 아니다. 다음 장에서는 이렇게 새롭게 필요성이 대두되고 있는 기술 역량에 대해 살펴보도록 하자.

NEWSONOMICS

저널리스트여,
멀티태스커가 되라

모세가 십계명의 원고료를 신문 원고 요율에 따라 받았더라면, 2000계
명을 썼을지도 모른다.

아이작 싱어, 소설가

신문기자라는 사실은 약간의 성격적 결함이 있다는 사실을 증명한다.

린든 존슨, 미국 36대 대통령

1954년에 세워진 앨런 홀(Allen Hall)은 뉴스와 광고계의 혁명을 주도할 만반의 채비를 갖추고 있다.

유진에 있는 오리건대학교 언론대학원의 중심지인 이곳에서는 미국 내에서 꽤 규모가 있는 축에 드는 미디어 연구과정을 운영하고 있다. 오래전부터 개설되어 있던 뉴스, 잡지, 광고, 방송, 홍보 등에 대한 연구과정은 역사적 전통이 있으며 과거 강단을 지켰던 쟁쟁한 교수진들은 지금도 학생들의 기억 속에서 생생하게 살아 있다. 여기에 2002년에 들어서면서는 물리적 업데이트도 이루어졌다.

과거의 뉴스룸은 새로운 디지털 뉴스룸이 대신하게 되었고, 실습에 필요한 현대 테크놀로지 도구들도 적재적소에 갖추어져 있다. 하지만 무엇보다 가장 큰 변화를 겪고 있는 것은 대학원의 커리큘럼이다. 팀 글리슨 학장과 교수진은 대학원의 연구과정과 요동치는 실무 현장을 연계하려 노력하고 있다. 그와 관련하여 많은 노력을 기울여왔음에도 글리슨 학장의 걱정은 여전하다. "과거에 학부모님들은 이렇게 말하곤 했습니다. '아이가 영문학이 아닌 언론학을 전공해서 기뻐요.' 하지만 이젠 달라진 것 같습니다."

이것은 저널리즘 교육의 핵심 문제다. 이 학생들이 진입하게 될 세상은 정확하게 어떤 모습일까? 실질적으로 그들이 담당할 일자리가 있을까?

일자리는 중요한 문제다. 학교를 막 졸업한 이들이나 베테랑 기자 모두에게 심각한 일이다. 하지만 '기술'이라는 또 다른 큰 문제가 있다. 새로운 디지털 시대에 생계를 꾸려나가야 한다면, 어떤 종류의 '기술'이 필요한 걸까?

이런 문제의식에서 법칙 11 '저널리스트여, 멀티태스커가 되라'를 생각해보겠다.

다음을 살펴보자.

- 잘 알려진 바와 같이 전통적인 미디어의 판로가 막혀 있는 상황에서도 저널리즘 교육기관에는 여전히 많은 학생들로 넘쳐나고 있다. 약간 퇴조하는 경향이 있는 것 같기는 하지만 컬럼비아대학교와 스탠퍼드대학교에서 콜로라도대학교(11퍼센트 증가)와 메릴랜드대학교(25퍼센트 증가)에 이르기까지 지원 학생이 두 자릿수로 늘어나고 있다. 1995년에 미국의 언론대학원에서 받아들인 학부생은 13만 명이었지만, 2007년에 이르러서는 그 수가 거의 20만 명에 달했다.
- 세대별로 나뉘는 현상이 뚜렷해지면서 과거의 언론인과 미래의 언론인 사이의 소통이 불가능해지고 있다. 새로운 툴과 테크놀로지를 수용하

는 정도에서 큰 차이가 나기 때문이다.

• 저널리스트라는 직업은 중산층으로 살 만한 수준의 정기적인 급여를 받던 것에서 프리랜서 경제 활동을 벌이는 쪽으로 변화했다. 이로 인해 언론계에 진입하고자 하는 이들은 온갖 어려움을 겪게 되었다.

앞으로 펼쳐질 언론계 전망에서 복고적 특징이 발견된다. 제2차 세계 대전 이후에 일간지 종수가 줄고 독점적 지위를 행사하는 매체가 등장하면서 거대한 뉴스룸이 탄생했다. 언론은 매력 있는 일자리가 되었고, 중산층에게 어울리는 적당한 보수와 평생 직업에 가까운 안정성을 보장하는 일이 되었다.

하지만 '신문 일면 시대(Front Page era)'라고 하는 20세기 초반 언론계를 되돌아보면 경제적으로 매우 힘든 상황이 벌어졌다. 기자들은 배우들과 마찬가지로 이곳저곳을 떠돌아다녀야 했다. 부모들은 딸을 언론계 종사자와 결혼시키려 하지 않았다. 보수도 디킨스 소설에나 나올법하게 적었다. 정기적인 급여를 받기보다는 단어당 고료를 받거나 기사 건당 얼마를 받는 식이다. 주5일 근무에 주당 노동시간을 40시간으로 해야 한다는 이야기는 남의 나라 이야기였다. 언론인이라는 말보다는 다소 격이 떨어지게 들리는 기자로 불리던 그 시절, 저널리스트들은 이런 저런 일을 여러 매체에서 의뢰받아 닥치는 대로 해서 생계를 이어갔다('뉴스노믹스 : 신문에서 다뤄서는 안 되는 금지어 일곱 가지' 참조).

그런데 지금 우리는 그 당시로 되돌아가고 있는 것 같다. 외투 주머니에서 위스키 병이 떨어지곤 했다는 부분 말고, 생계를 간신히 이어나갔다는 부분에서 말이다.

이 책에서 이야기한 여러 언론사의 수많은 프로암 기고가들을 생각해보라. 글로벌포스트, 뉴웨스트, 폴리티코, 민포스트, 보이스오브샌디에이고, 마켓플레이스 등을 비롯한 수많은 언론사의 기고가들은 정규직 임금 노동자보다 적은 보수를 받고 있다. 상황은 천차만별로 달라서 한 달에 100달러를 받거나 1000달러까지 받기도 한다. 또는 기사 꼭지당 돈을 받기도 한다. 허핑턴포스트는 기고가의 이름을 노출하는 것으로 보상을 대신한다. 그래서 이름이 알려진 그의 글이나 연설, 컨설팅에 대해 다른 누군가가 돈을 지급하게 한다.

이제 언론의 경제 체제는 '임시 경제(Gig Economy)'가 되었다. 프리랜서로서 살아가게 되었다는 말이다. 이런 사실은 아직 공무원과 비슷한 중산층 일자리를 유지하고 있는 현직 저널리스트들을 불편하게 한다.

22살의 청년이 언론 시장에 진입하려 한다면 그것은 도전이다. 하지만 52살이나 되어 수천 통의 해고 통지서 중 하나를 받고 몇 달 버티다가 마침내 회사를 나온다면 그것은 끔찍한 일이다. 수많은 저널리스트들이 이런 아이러니한 상황을 믿을 수가 없다고 고백한다. 자동차 근로자나 철강 근로자, 임산물 가공업자와 수산업자같이 대량 실직으로 처참한 최후를 맞이한 업종을 취재하던 그들이 같은 일을 당하게 된 것이다. 이제 퇴직할 때까지 일할 수 있는 자리는 더 이상 존재하지 않게 되었다.

더 슬픈 일은 그렇게 없어진 일자리의 상당수는 앞으로도 영원히 볼 수 없다는 사실이다. 앞서 보았듯이 새로운 뉴스노믹스 체제에서는 과거 저널리스트 세대가 누렸던 수준의 임금과 일자리를 제공받을 수 없다. 그렇다고 해서 저널리즘이 제 역할을 못하거나 저널리즘의 극적인 변화로 인해 독자들이 계속 괴로움을 겪었다는 말은 아니다. 그저 현대 저널리스트들이 반드시 익혀야 하는 기술 역량이 급격히 변했다는 뜻이다. 이것은 매체를 막론한 현상이다. 이런 기술은 크게 두 가지로 볼 수 있는데, 하나는 현재 언론계가 필요로 하는 저널리즘 툴이고 다른 하나는 독립 계약직 노동자로 살아남아 성공을 거머쥐기 위해 필요한 경영 수완이다.

이러한 진언은 앞으로도 여기저기서 반복적으로 듣게 될 것이다.

월스트리트저널의 앨런 머레이도 이렇게 말했다. "하루에도 글을 몇 개씩 써낼 수 있거나 그 일을 즐기는 사람 또는 그런 일을 하고 싶어하는 사람을 찾아내라. 적합한 업무에 적합한 인재를 배치하는 것이야말로 관리자의 능력이다."

적합한 인재, 적합한 업무, 적합한 기술. 인력 감축의 시대에 일자리를 유지하거나 새롭게 고용되는 사람들이 갖추고 있는 것들이다.

그렇다면 여기서 말하는 적합한 기술이란 무엇인가?

트위너(tweener) 기술, 즉 '사이' 기술이라 생각하면 될 것 같다. 트위너라는 말을 처음 들은 것은 1997년에 캘리포니아주 새너제이에 도착해서 나이트리더 뉴미디어에서 일하기 시작했을 때였다. 그 말은 편집자와 기술자의 정신과 기술을 고루 갖추었다는 의미로 초기 웹의 시대에 상당히 중요한 개념이었다. 콘텐츠를 생산하는 사람들도 디지털 지면에 원하는 것을 구현하기 위해 포맷을 설정하고, 프로그래밍하고, 버그를 수정하고 보완하는 등의 일을 상당 부분 담당해야 했다.

그러니 트위너란 전통적인 기술 사이에 끼여 있는 유용한 기술이라고 말할 수 있다. 우리 저널리스트들은 이제 저널리즘 생산자, 소프트웨어 사용자, 커뮤니케이션 테스터, 마케터 같은 수많은 감투를 써야 한다. 현대 언론인의 롤 모델로 멀티태스킹에 능한 버락 오바마를 꼽을 수 있다.

"대통령은 동시에 여러 가지 일을 해내야 한다"라고 한 그의 선언은 존 매케인과는 전혀 다른 업무 접근방식을 보여준다. 나는 이것이 이 시대를 상징한다고 생각한다. 대통령도 멀티태스킹을 하는 마당에 저널리스트가 생각과 글쓰기, 커뮤니케이션을 모두 능숙하게 하는 것은 당연한 일이다.

사실 현재의 트위너 기술은 매일 저널리즘 영역과 저널리즘 사업의 영역을 넘나든다. 인쇄 매체에서 온라인 매체로 변신한 어느 기업의 편집자는 자신이 맡은 새로운 업무 중에 자사의 콘텐츠를 웹에서 잘 배포하는 방법을 찾아내는 일도 있다고 말해주었다. 그것은 판매자와 면담하고 회사 평판을 점검하며 계약을 체결해야 한다는 뜻이다. 54세인 그가 전혀 새로운 기술을 익혀야 한다는 것이다. 하지만 이런 경우는 비일비재하다. 나이트 디지털 미디어 센터와 같은 단체에서도 '언론사를 위한 부트 캠프(News Entrepreneur Boot Camps)'를 마련해 다양한 트위너 기술을 가르치고 있다.

이런 트위너 기술 중 가장 먼저 머리에 떠오르는 것은 최신의 소셜 네트워킹 기술이다. 트위터나 페이스북, 링크드인과 같은 소셜 네트워크는 어느새 저널리스트들이 사용할 수 있는 훌륭한 툴이 되었다. 그곳에서 정보원을 찾고 독자와 접촉하고 유용한 팁을 얻는 것이다. 어려울 것이 전혀 없다. 오랫동안 일간지에서 일한 저널리스트 지나 첸은 이 새로운 툴의 사용에 관해 유용한 충고를 해주었다. 그녀의 웹사이트 세이브더미디어닷컴(savethemedia.com)에는 저널리스트가 어떻게 트위터를 시작해야 하는지, 또 블로그는 왜 운영해야 하는지 등이 소개되어 있다('인터뷰: 지나 첸' 참조).

뉴웨스트의 조너선 웨버는 지난봄에 만났을 때 막 트위터를 시작했다고 말했다. 그는 트위터가 재판을 보도하는 데도 매우 효과적인 툴이라며 매우 놀라워했다. "늘 했던 일을 그대로 하면 됩니다. 재판장에 가지요. 변호사들과 이야기를 합니다. 무슨 일이 벌어지고 있는지를 파악하죠. 그리고 재판 내용을 트윗합니다. 이건 전에는 하지 않았던 일이지요. 그건 뉴스라기보다는 (독자들이 좋아하는) 논평 같은 형태의 글입니다. 제 친구는 이렇게 말하더군요. '자네는 무슨 일이 벌어지고 있는 알아내서 사람들의 귓가에 속삭여주는 사람 같군.'"

이것은 상황을 단적으로 보여주는 예이다. 뉴스란 단순한 사실을 알리는 것 이상이다. 관점과 정보가 있어야 한다. 앞서 보았던 블로깅의 역할을 보면 소셜 네트워킹이 근사한 저널리즘 툴이란 사실을 알 수 있다. 소셜 네트워킹은 저널리즘의 형태를 바꾸었지만 그 근간까지 바꾼 것은 아니다.

한편 캠코더와 디지털 오디오 장비를 능숙하게 다루는 것도 트위너 기술이다. 최근 몇 년 동안 멀티미디어를 이용하는 저널리스트가 다수 목격되는 추세다. 그중에서 특히 기억에 남는 사례가 있다.

2008년 봄, 세라 페일린이 모든 사람을 놀라게 하면서 공화당 부통령 후보가 되었던 그때, 나는 앵커리지 데일리뉴스(Anchorage Daily News) 사이트에서 발견한 카일 홉킨스의 동영상을 떠올렸다. 정치부 기자였던 그는 많은 기자회견 동영상을 찍었는데, 그 사실이 주지사 시절 세라 페일린이 주 경찰에 부당한 정치적 압력을 행사했다는 주장보다 더 흥미로웠다. 그는 때로 흔들거리기도 한 캠코더 영상을 찍은 유일한 신문기자였다. 하지만 이것 역시 저널리즘이었고, 그것이 차이를 만들어냈다. 때로 저널리스트가 적절한 툴을 가지고 자리를 지키고 있는 것이 필요한 법이다.

그러나 새롭고 유연하며 멀티미디어 기능을 가진 다양한 기술 가운데서도, 가장 기초적인 저널리즘 기술이 근본을 이뤄야 한다.

보도, 인터뷰, 편집, 기사 작성과 같은 기본 툴은 여전히 중요하다. 다만 그 일을 하는 방식이 바뀌고 있을 뿐이다. 메일을 통해 인터뷰하고 실시간 제공되는 깊이 있는 자료에 접근하고, 웹에 맞게 간결하게 보도하는 것을 상상해보라.

그럼에도 불구하고 이런 기본적인 기술의 유용성은 저널리즘 스쿨에서 여전히 강조되고 있다. 커리큘럼을 모두 뜯어 고치는 상황에서도 기본은 지켜지고 있다.

간단히 말해 저널리즘 교육자들이 말하는 한 가지 변하지 않는 것이 있다. 저널리즘의 변화를 감당하고 있는 뉴스룸 최고의 편집자들 역시 한목소리로 강조하는 그것은 저널리즘이 스토리텔링이라는 사실이다. 이야기를 잘 전달하기 위해 오디오와 비디오, 플래시, 독자 교류(reader interaction) 등의 프로그램을 활용하는 것뿐이다.

바로 이런 근본적인 특성 안에 오랫동안 인정받아 온 저널리즘의 가치와 고결함이 있다. 그것은 오래전 뉴욕타임스의 애돌프 옥스가 "그 누구도 두려워하지 않고 누구의 앞잡이도 하지 않겠다"라고 선언했던 것에서도 볼 수 있다.

멀티미디어로 누구나 발행인이 될 수 있고 신뢰와 사실이 남용될 여지가 많은 이 시대에, 저널리스트들이 절대 잊지 말아야 하는 사실은 자신이 어디서 왔으며 자신이 왜 이 일을 하는가 하는 것이다.

앞서 언급한 기술들이 개발되는 곳 중 하나는 저널리즘 스쿨이다.

오리건주에서 2학기 과정의 실전 입문 과목으로 개설되어 운영되는 것도 '통합 기술'에 관한 것이다. 노스웨스턴대학교에서는 언론학 석사과정을 '콘텐츠-수용자 비즈니스' 모델에 관한 내용으로 시작하기로 했지만, 이 분야는 아직 상당 부분 체계가 잡혀 있지 않다. "우리는 콘텐츠-수용자 비즈니스 모델을 어떻게 만들어야 할지 잘 모릅니다. 언론 산업 현장에서도 잘 모르죠." 리치 고든의 말이다. 디지털 이노베이션 분야의 교수이자 연구소장이기도 하면서 훌륭한 사상가로서 활약하는 그가 해당 분야가 미지의 영역임을 인정하고 있는 것이다. 새로운 산업이 끊임없이 재창조되는 과정을 거치듯이 노스웨스턴대학교의 프로그램과 주안점 역시 마찬가지다.

오리건대학교의 팀 글리슨 학장은 시대의 급격한 변화를 우려하고 있다. "(전통적인) 미디어를 사용하지 않는 학생이 등장하는 것이 언제쯤일까요? …… 우리는 시대에 낙오될 수도 있는 위험에 직면해 있습니다."

컬럼비아 언론대학원 학장인 니콜라스 레만의 지적에 따르면 경제적 성공을 위해 언론계에 투신하는 사람은 거의 없다고 한다. "지난 35년 동안 경제적인 이유만으로 저널리즘에 투신하겠다는 사람은 한 명도 보지 못했습니다." 그러나 언론학 학위를 위해 공부하는 이유를 찾기 어려운 지금도 좋은 기관에서 교육을 받으려면 5만 달러 이상의 투자가 필요하다. 저임금 고용 상태로 일하는 저널리스트로 몇 년을 일해야 그 비용을 상쇄할 수 있을까?

비용문제와 관련해 고든 학장은 학생과 학부모에게 저널리즘 기술은 뉴스 비즈니스 외에 다양한 분야에 유용하고 전환 가능하다는 점을 강조한다.

저널리즘 분야에 세대별 격차가 커지고 있다는 사실에는 의심의 여지가 없다. 저널리즘 툴을 불편해하지 않고 수용하는 정도는 나이에 따라 크게 다르다. 물론 예외는 상당수 있다. 중견 저널리스트들에게 가장 심각한 도전은 뉴스 업계 자체의 디지털 격차다.

X세대와 베이비붐 세대인 중견 저널리스트들, 또는 최소한 5년 이상 같은 업무에 종사했던 사람 중 80퍼센트에게 이것은 근성을 시험해보는 시간이다. 기존에 해오던 방식을 완전히 바꿀 의지가 있는가?

뉴욕타임스 칼럼니스트인 모린 도드는 2009년 한 칼럼에서 트위터를 반대하는 목소리를 냈는데, 여기에는 시사점이 있다. "트위터 계정을 개설하느니 칼라하리 사막에 가서 꿀을 뒤집어쓰고 말뚝에 매달린 채 앉아 개미들이 내 눈알을 파먹게 하겠다."

뉴스룸의 문화도 한몫 단단히 하고 있다. 우리는 지난 수십 년간 그곳에서 장인 정신을 보아왔다. 무슨 일이 있어도 매일 마감을 사수하면서 완전하고 정확한 기사를 만들어내던 곳이다. 동시에 자기 파괴적인 장인 정신도 있다. 특권의식, 내부에서 만들어지지 않은 것에 대해 배타적인 태도를 보이는 NIH 증후군, 수동적 공격성(자기보다 더 열등한 면을 보면 지나치게 기뻐하고 그렇지 않으면 굉장히 무기력해지고 자책하면서 타인을 공격하는 경향 – 옮긴이) 등이 그것이다. 후자와 같은 태도는 인쇄 매체나 방송 매체의 뉴스룸이 하이브리드 시스템으로 변화하는 것을 지연시켰다. 이러한 태도에 경영자의 전략적 실책이 더해지면서 언론계는 현상유지만을 하게 되었다.

그렇다면 문화를 어떻게 바꿀 수 있을까? 올드미디어는 10여 년 동안의 노력 끝에 혼합된 결과를 얻었다. 파산, 대량 해고, 운영손실이 언론 노동자들을 놀라게 한 데는 의심의 여지가 없다. 충격이 차츰 가라앉을 즈음 내부로부터의 변화(기존 인력이 새로운 방식과 기술을 수용) 혹은 외부로부터의 변화가 일어난다. 노련한 중견 인력을 보다 다양한 기술과 유연성을 갖춘 젊은 세대로 빠르게 교체하는 외부적 해법이 이미 진행되고 있다.

이런 세대적 변화는 저널리즘의 형태를 바꾸고 있다. 신선한 관점과 보다 자유로운 스토리텔링이 가능해졌다. 또한 거대한 창고도 기억의 뒤안길로 사라져버렸다. 25년차 이상의 저널리스트들이 순식간에 데스크에서 자취를 감추면서 업계의 내밀한 비결과 비밀을 더 이상 들을 수 없게 되었다. 안정적인 시기에 뉴스룸은 사실상 도제제도로 운영되면서 젊은 저널리스트들은 베테랑들의 노하우를 습득할 수 있었다(물론 나쁜 습관도 같이 물려받았다). 하지만 이제 그런 제도는 모두 사라졌다.

현재의 뉴스노믹스 지형을 놓고 보면 이러한 손실은 피할 수 없는 일이다. 하지만 혈기왕성한 신세대 저널리스트들에게 현장에서 물러난 이들의 경험과 지식을 결합해줄 수 있는 방법을 찾아낼 수 있다면 좋겠다.

물론 모든 학습은 쌍방향이어야 한다. 우리는 지금 새로운 세계를 받아들이는 면에 있어서는 젊은이가 연장자에게 가르칠 것이 많은 시대를 살고 있다.

우리 모두 가르치면서 배우고 배우면서 가르치게 된다. 팀 글리슨이 새로운 과정을 개설하면서 한 말을 생각해보자. "우리가 바라는 것은 공간을 만들어내는 일입니다. 그 속에서 그들이(학생들이) 우리를 가르치기도 하고 서로를 가르치게 되기를 원합니다."

기술과 문화에 관해 이야기할 때 생각해볼 문제가 하나 더 있다. 바로 수학이다. 큰 비중을 차지하지는 않지만 그 의미심장함은 생각해볼 가치가 있다. 샌안토니오 익스프레스뉴스(San Antonio Express-News)에서 컨설팅을 마친 어느 날이었다. 나는 언론업계의 추세선(trend line)에 대한 프레젠테이션을 하면서 질문을 받았다. 사람들은 예상했던 반응을 보였다. 지대한 관심을 보이며 걱정하는 사람들이 있었고 패배주의와 희망적인 태도가 뒤섞인 모습을 보이는 사람들도 있었다.

프레젠테이션을 마치자 뉴스 섹션의 편집자 한 사람이 다가와 감사하다는 말을 했다. "정말 흥미로운 시간이었습니다. 전에는 저 많은 숫자들을 보면서도 문제가 얼마나 심각한지 이해하지 못했습니다. 저는 수학을 못하거든요."

뉴스노믹스 : 신문에서 다뤄서는 안 되는 금지어 일곱 가지 ●

조지 칼린(George Carlin)은 꼭 필요할 때 없더라.

신문 사업은 말로 하는 일이다. 할 말, 못할 말 다 쏟아내야 하는 일이다. 뉴스룸에서 일해본 경험이 있는 사람이라면 누구라도 그곳에는 금지어가 없다고 말할 것이다. 사실 내 친구 데보라 하웰이 1990년 세인트폴 파이오니어프레스의 수석 편집자로 있다가 뉴스룸을 떠날 때 직원들은 기운찬 작별 인사를 건네면서 데보라가 고별사에서 그 좋아하는 욕설을 몇 번이나 쓸지에 내기를 걸었다고 한다.

하지만 이제는 그러한 일이 곤란해졌다. 그렇다면 오늘날 신문에서 말해서는 안 되는 금지어 일곱 가지는 무엇일까?

신문 이 말 자체가 지나간 시대를 의미한다.
뉴스 '뉴스'라는 말 자체에 문제가 있다. 뉴스 기업들은 일반 뉴스를 생산하기를 원하지 않는다. 광고를 팔 수 있는 뉴스, 즉 틈새를 원한다. 일반적인 뉴스를 찾는 사람들이 아니라 기업 독자, 기술 전문가, 건강 마니아, 액션 영화 팬들을 공략한다는 뜻이다.

종이 이것은 '뉴스'라는 말보다 더 나쁘다. 신문사들이 5년 전에 사용했던 종이의 반절 정도만 사용하고 있기 때문에 이제 종이의 시대는 끝났다. 대세는 픽셀이다.

발행부수 예전부터 존재했던 동맥경화증이라는 병이 (동맥이 퇴행적으로 변화하는 이 병의 특징은 혈관 벽이 두꺼워져 탄성이 사라지면서 칼슘이 축적되어 혈관 흐름이 원활하지 못하게 되는 특징이 있다) 심화되면서 (지난 5년 동안 6개월마다 3퍼센트씩 구독률이 떨어졌다) 신문 발행인들은 종이 매체와 온라인의 독자 수를 합해 기억할 것을 요구하고 있다. 그것은 발행부수가 아니다. 독자의 수다.

직원 기자들은 눈엣가시처럼 성가시지만 없애버리기 어려운 존재에서 별로 필요 없는 존재가 되었다. 기사를 채워야 할 신문 용지가 줄어들고 임금으로 지급할 돈이 적어지는 상황에서 '직원'을 원하는 이가 어디 있겠는가?

편집자 다음날 아침 우리가 만나는 신문의 뉴스 내용을 정하는 사람으로 법칙 1에서 말했던 게이트키퍼를 기억하고 있을 것이다. 작년 5월에 오리건주 펜들턴에 있는 이스트 오리고니언(East Oregonian)은 수석 편집자를 해고하면서 그 직위를 유지할 여력이 없다고 밝혔다. 편집자들에게는 기자들보다 더 많은 돈을 주어야 한다. 알고리즘이 그 자리를 대신할 수 있지 않을까?

부도 이 말은 영어로 보면 두 가지로 해석할 수 있다. 먼저 디폴트(default),

즉 빚을 지고 청산할 수가 없게 되었다는 의미의 부도가 있다(파산하거나 파산에 가까운 상황에 처한 신문사를 수도 없이 많이 볼 수 있다). 그리고 (de)fault, 즉 내 잘못(fault)이 아니다(de-)라는 의미의 부도다. 구글의 에릭 슈미트와 크레이그스리스트의 크레이그 뉴마크는 이렇게 말했다. 이봐요, 뉴스와 게임이 달라진 게 우리 잘못은 아니잖아요.

"저는 수학을 못하거든요." 편집자 한 명이. 수학을 못한다는 사실이 큰 문제가 될 수는 없다. 하지만 그녀의 말로 인해 1980년대 중반에서 1990년대 중반까지 10여 년 동안 세인트폴 파이오니어프레스에서 일했던 시절을 떠올리게 되었다. 직원 중에 쓸 만한 경제부 기자를 찾는 일은 어려웠다. "저는 수학을 못 하거든요"와 비슷한 말만 무수히 들었다.

스스로 수학적 머리보다는 언어적 머리가 뛰어나다고 생각하는 저널리스트들에게 세상살이는 힘든 일이었다. 하지만 숫자와 그 분석이 중요하다는 사실은 굳이 금융 붕괴 사태를 들지 않더라도 모두 인정할 것이다. 수학을 한다는 것을 지금 말로 바꾸면 '돈의 흐름을 따른다'는 것이다. '돈의 흐름을 따르지' 않으면서 시정이나 행정 계획 입안 또는 지역 스포츠 구단 소유권에 대해 기사를 쓸 수는 없다. 재정적인 일에 대한 무지는 과거 저널리즘 세대에게는 명예스러운 훈장과도 같은 것이지만, 지금은 금융지식이 다양한 경력을 쌓고 직장을 유지하는 데 꼭 필요한 요소이다.

데이터베이스를 능숙하게 다루고 (과거에는 탐사보도 전문 기자들만의 영역이었다) 연간 예산안을 해석하고 기업의 연례보고서를 분석하는 일은 이제 저널리스트들에게도 필수적인 일이 되었다. 노스웨스턴대학교의 언론대학원은 "이와 관련된 과정을 늘리고 있다"라고 리치 고든은 말한다. "우리는 학생들이 경제 분야에 박식해지고 데이터를 활용해 일할 수 있기를 바랍니다." 이러한 기술로 저널리즘이 개선된다고 하지만 동시에 저널리스트 개인의 능력 향상을 위해서도 필요한 기술이라 하겠다.

임시직에 머물고 있는 저널리스트들은 각자의 경력, 재정상태, 연금, 의료 서비스 등을 스스로 책임져야 한다. 그런 일에 대한 계획에 회사의 도움을 바랄 수가 없다. 중견 저널리스트들은 이제 독학으로 모든 기술을 습득해야 한다. 일간지인 월스트리트저널에서부터 더미 시리즈에 이르는 모든 분야에 관한 집중적 연구가 필요한 시점이다.

뉴스 업계가 시대에 뒤떨어져 있는 것은 뉴스룸에서 사용하는 기술뿐만이 아니다. 뉴스는 과거부터 지금까지 늘 중요했었다. 하지만 오랫동안 안정적인 위치를 구가하면서 고립되고 편협하게 되었다. 이제 고사 직전에 놓인 신문사와 방송사는 새로운 웹 비즈니스가 요구하는 기술을 보유하고 있지 못하다는 사실을 깨닫게 되었다. 부족한 기술을 네 가지만 살펴보자.

첫째, 마케팅 기술이 부족하다. 신문사 예산 중에 마케팅 비용을 위한 자리를 발견했다면 운이 무척 좋은 경우다. 방송사나 인쇄 매체 역시 새롭게 부상하는 디지털의 위상을 제대로 마케팅하지 못하고 있다. 이들은 과거에 마케팅은 거의 하지 않고 조직 내 프로모션을 위한 예산만을 마련했다.

다음은 사업 개발 기술이 부족하다. 무슨 말일까? 광고 판매를 의미한다. 훌륭한 파트너가 될 수 있는 다시 말해 상품을 유통하고, 기사의 링크를 퍼트리고, 기자들을 대중에게 노출해주는 기업들과 협력하는 새로운 방식을 찾는 일은 그동안 저널리즘과는 상관없는 일이었다. 먹잇감을 향해 달려드는 광란의 비즈니스가 사방에서 벌어지고 있던 초기에도 신문사 경영진은 새로운 지형에서 어떻게 일해야 할지에 대해 무지해서 세간의 조소거리가 되기도 했다. 나중에 핵심적인 관리자들이 관련 기술을 익히기도 했지만 빠른 의사 결정으로 신속하게 반응하지 못하는 회사에 절망감을 느껴야 했다. 이들 중 상당수는 현재 올드미디어계를 떠나버렸다.

그리고 고객 개발 기술이 부족하다. 발행부수를 말하는 것이 아니다. 웹에서 성공하려면 수많은 데이터를 처리하고 검색엔진의 최적화 기법과 마케팅 기술 그리고 광고 판매 수익 최적화와 전환비율을 통해 배우고 그 내용을 실행에 옮겨야 한다. 이것은 창업자들에게 반드시 필요한 기술이어서 돈을 내고라도 배워야 하는 것들이다. 하지만 올드미디어 업체들은 이런 기술에 투자를 충분히 하지 않았다.

마지막으로 컨설팅 영업 기술이 부족하다. 올드미디어에서 영업사원들은 주문 접수처라는 놀림을 받아왔다. 모두가 그랬던 것은 아니지만 틀린 말은 아니었다. 현대의 저널리즘 영업은 소매상인이 말하는 시장의 니즈에 귀를 기울여, 거기에 맞게 새로운 광고 프로그램을 만들어낼 것을 요구한다. 야후 뉴스페이퍼 컨소시엄이 이 분야에서 작은 혁명을 추진하고는 있지만 아직 갈 길이 멀다.

한마디로, 새로운 뉴스노믹스는 저널리즘 산업을 소생시키는 데 도움이 될 경험 많고 박식한 사업가 집단을 필요로 하고 있다.

물론 미디어 산업계가 스스로 많은 정규직 직원을 거느리고 있는 것처럼 보이고 싶어할지는 모르지만, 현실은 그렇지 않다. 마켓플레이스를 청취하면 '그날의 뉴스에 관한 전문 해설자의 의견'을 들을 수 있다. 그들은 권위가 있고 신뢰할 만하며 당연히 정규직 인사인 것처럼 의견을 내놓는다. 하지만 사실 그들 전부가 정규직은 아니다.

저널리즘이 시대와 조우한 느낌을 주는 대표적인 예라 하겠다. 새로운 경영진은 통신원을 활용하고 있다. 통신원이라는 사람들은 때로 비상근 신문기자 노릇도 한다. 비상근 신문기자란 과거에 기사 편당 돈을 받는 저널리스트를 부르던 말이다. 통신원, 즉 건당 수당을 지급받는 인력으로 유지되는 저널리즘은 돈에 쪼들리는 새로운 경영진에게 적은 돈으로 더 많은 일을 할 수 있게 해준다. 통신원으로서는 수많은 일터에서 일감을 받아 잘 엮어 수지를 맞추는 일이 중요해진 것이다.

임시직 경제 체제가 만들어지면서 기술 전문 작가인 글렌 플레시먼처럼 다작하는 저널리스트가 많아졌다('인터뷰: 글렌 플레시먼' 참조).

글렌 플레시먼의 이야기는 잡지 저널리스트들에게 전혀 낯선 이야기가 아니다. 잡지 일은 오랫동안 프리랜서의 업무였다. 현재도 잡지 저널리즘 예산은 더욱 빡빡해지고 있다. 이런 걸 보면 신문 저널리스트들도 잡지사 동료들과 같은 삶을 살게 될 것임을 예견할 수 있다.

이런 임시직 체제는 앞서 논의했던 신생 사업자들에게서도 볼 수 있다. 인상적인 디지털 보도의 산실로 급부상하고 있는 글로벌포스트, 민포스트, 뉴웨스트 같은 신생 언론사들은 기고가들에게 과자 부스러기 값 정도의 원고료를 지급하고 있다. 이들은 수당을 지불하면서 정규직 기자를 고용할 수 있는 수준으로 간행물이 팔리기 전까지는 저널리스트들이 가욋일을 해서 생계를 유지하기를 바라고 있다.

데이비드 빌과 같은 전문가들에게 이런 변화는 참 기묘하고 신기한 일이다. 빌은 세인트폴 파이오니어프레스에서 12년간 경제 칼럼을 썼다.

현재는 매주 민포스트에 글을 올리고 있다. 그러면 그곳 10명의 직원 중한 명이 매달 600달러 정도의 돈을 지급해준다. 매주 한 편 이상의 글을쓰며 일을 더 하면 돈을 더 받는 식이다. 비슷한 방식으로 민포스트에 매주 글을 기고하는 저널리스트는 그 외에도 40명이 더 있다.

빌은 베테랑 저널리스트가 이런 일을 하게 된 데 대해 이렇게 말했다."(조엘) 크레머의 일은 어려운 건이었지요. 다른 파일럿 프로젝트도 다 그런 편이고요. 하지만 좋은 사람들이 참여하는 작업이라 권유를 뿌리치기어려웠습니다. 잠입취재로 뉴스에 잘 다뤄지지 않은 진짜 뉴스를 찾아내는 일은 완전히 제 타입이었어요. 그래서 잘해내기 무척 어려운 일임에도많은 사람들이 민포스트와 제휴를 하게 됩니다." 이 암울한 시대에 저널리스트들에게 희망을 주는 것이 이런 식의 제휴인 것이다.

그러나 어쩌면 어려운 일 속에서도 좋은 점 하나는 찾아볼 수도 있지 않을까?

언론계가 임시직 경제 체제로 바뀌면서 새로운 일자리가 많이 생겨나리라고 기대할 수도 있다. 하지만 미국노동통계국의 예측을 신뢰한다면2016년에는 경력 작가와 편집자의 일자리가 10퍼센트 증가하는 반면, 신입 기자와 뉴스 앵커의 일자리는 2퍼센트 증가에 그칠 전망이다. 기간을고려하면 무척 적은 증가폭이다. 이러한 사실은 일자리를 개편하기는 하지만 크게 성장하지는 않을 것임을 시사한다. 그렇다면 2016년 예측은 집시의 점괘와 같다는 애널리스트들의 말에 귀를 기울이며 상황이 더 좋아질 거라 낙관하기로 하자.

하지만 더 얄궂은 일은 새로운 프리랜서 직종으로 부상하고 있는 저널리스트들이 무섭게 성장하는 아마추어 대중과 자신을 차별화해야 하는 의 무까지 부여받았다는 사실이다. 특정 분야의 전문가나 특정 주제에 각별한 관심과 열정을 품은 사람들이 거의 공짜로 자신이 잘 아는 분야에 대한 글을 쓰고 있다. 나는 그런 회사를 몇 개 주목해왔는데, 그중 헬륨은 허스트와 같은 주류 미디어 회사와 파트너십을 맺고 이러한 사람들의 글이 쉽게 발행되도록 돕는다. 허스트가 헬륨을 통해 보다 저렴한 콘텐츠를 '구매'할 수 있게 되면서 전문 프리랜서 작가들에게는 문제가 생겼다. 생계를 유지할 정도는 되면서 동시에 가격경쟁에서 이길 수 있는 정도의 가격을 부르는 것이 가능할까?

이 책을 시작할 때 우리 시대의 뉴스가 크게 변화하고 있다는 이야기를 했다. 이제는 다시 뉴스의 기본인 보도에 대해 이야기하겠다. 우리가 접하는 보도와 우리에게 필요한 보도 사이에 존재하는 균열이 점점 커지고 있다. 뉴스노믹스 순방을 마치면서 그러한 균열과 다른 요소들을 어떻게 볼 것인가에 대해 이야기해보자.

지나 첸(Gina Chen)

지나 첸은 사회적 문제에 관심이 많은 다작 저널리스트다. 그녀가 운영하는 세이브더미디어(SavetheMedia.com) 블로그는 많은 정보를 담은 보물 상자로 특히 소셜 미디어에 대한 내용이 많다. 뉴욕 시러큐스에 있는 포스트스탠더드(The Post-Standard)에서 20년간 기자와 편집자로 일하다가 현재는 시러큐스대학교의 뉴하우스 공공 커뮤니케이션대학원(S.I. Newhouse School of Public Communications)에서 박사 과정을 밟고 있다.

Q 트위터를 하다가 생각지도 못한 재미난 일을 겪은 적이 있습니까?

A 트위터를 통해 내 블로그를 홍보할 수도 있고 사람들이 가장 흥미 있어 하는 화제가 무엇인지도 알고 새로운 블로그를 발견할 수도 있을 거라고 생각했어요. 하지만 딸아이의 스웨터에 묻은 껌을 떼는 법이나 저널리즘의 정의에 대한 질문에 즉시 답이 달리는 것 같은 즉각적인 효과는 상상도 못했습니다.

Q 젊은 저널리스트들이 소셜 미디어를 활용하는 것을 지켜보면서 깨달은 점이 있다면 무엇입니까?

A 저널리스트가 페이스북이나 트위터를 어떻게 활용할 수 있는지에

대해 대학교에서 몇 번 강의한 적이 있습니다. 몇몇 젊은 친구들은 소셜 미디어에 대한 자신의 광범위한 지식을 전문 영역에 접목하는 일에 적극적이었습니다. 하지만 놀랍게도 소셜 미디어를 과거의 방식대로만 사용하면서 스스로 한계에 갇히는 경우도 볼 수 있었습니다. 아마도 소셜 미디어가 개인적인 삶의 영역에 일부가 되어 있어서 저널리즘의 도구로 바라보지 못하는 것 같습니다. 저와 같은 구시대 사람들은 소셜 미디어를 저널리즘에 적용해야 비로소 그것이 삶의 일부로 느껴집니다. 그렇게 하는 게 자연스럽고 잘 어울리는 것 같죠.

Q 이제 막 입문하는 젊은 저널리스트들에게 언론계에 대해 해주고 싶은 말이 있다면 무엇입니까?

A 젊은 저널리스트들에게 지금 언론계에 뛰어드는 일이야말로 재미있고 신나는 경험이 될 것이라고 말해주고 싶군요. 모든 것이 불안정하고 유동적이니까요. 지금은 기존에 저희가 생각했던 저널리즘이라는 개념이 새롭게 재정립되는 시점이므로, 신입 저널리스트들은 새로운 세상을 만들어나가는 데 일조할 수 있습니다. 참 흥미로운 경험이 될 것입니다. 하지만 동시에 고단하고 어려운 시기이기도 합니다. 과거의 저처럼 이 업계에 대해 충분히 배울 시간이 없을 겁니다. 지금의 젊은 저널리스트들은 처음부터 보도나 작문, 인터뷰 기술을 완벽하게 갖추어야 하고, 거기에 각종 멀티미디어 툴과 소셜 미디어에 대한 전반적인 지식과 소비자에게 다가갈 수 있는 마케팅 전략까지 구비해야 합니다. 이제 저널리스트들은 기업가 정신을 지녀야 하고 스스로를 브랜드화할 수 있는 홍보 기술까지 익혀야 합니다.

Q 디지털 미디어와 관련하여 당신이 더 일찍 알았더라면 하는 사실은 무엇입니까?

A 2년 전에 처음 블로그를 시작했을 때는 관련 지식이 하나도 없었습니다. 그때 링크를 공유하는 것의 위력을 이해하고 특정 분야의 블로거들이 모인 커뮤니티에 가입했더라면 좋았을 거라고 생각합니다. 기존의 커뮤니티에 가입하는 것이 혼자 커뮤니티를 개설하는 것보다 훨씬 더 유용합니다. 그리고 검색엔진을 최적화하는 방법을 더 빨리 알았더라면 하는 아쉬움이 있습니다. 그랬다면 제 블로그를 구글과 연동시켜 트래픽 수를 늘리는 일을 조금 더 일찍 시작할 수 있었겠지요.

글렌 플레시먼(Glenn Fleishman)

글렌 플레시먼과 처음 만났던 것은 그의 아버지 찰리가 내가 세운 대안 주간지 윌래밋 밸리 옵저버의 광고 판매를 맡아주었을 때였다. 몇 년 후 다시 만난 글렌은 10대였던 1970년대 후반에 우리 회사의 뉴스룸을 방문하면서 일찍 저널리즘 세계에 눈뜬 것을 계기로 이 분야의 일을 하게 되었다고 말했다.

글렌은 웹의 거의 모든 매체에 테크놀로지 분야의 글을 기고하고 있으며 일곱 개의 블로그를 운영하고 있다. 나는 그에게 프리랜서로 지내기가 어떤지 물어보았다.

Q 여러 신문과 일을 하거나 사이트를 운영하면서 다양한 직함을 갖고 있는데 직함은 모두 몇 개나 되나요?

A 여러 가지가 있습니다. 일단 전통적인 프리랜서죠. 이코노미스트, 시애틀타임스, 파퓰러 사이언스(Popular Science), 맥월드와 같은 최고의 간행물에 부지런히 정기적으로 글을 올리고 있습니다. 이코노미스트에는 1년에 1~3편 정도의 기사를 쓰고 파퓰러 사이언스에는 2~4개, 시애틀타임스에는 6~8개, 맥월드에는 12개 이상의 글을 쓰지요.

다음으로 전통적인 비상근 기자 일이 있습니다. 발행인들이 전화를 걸어 기고를 요청하는데 대부분 좀 전에 말한 잡지사들이지요. 하지만 몇 몇 웹사이트, 혹은 주제를 정해놓고 원고를 요청하는 한 인쇄 매체에서 작가를 원할 때도 일을 합니다. 이런 경우는 물론 원고료 협상에서 제가 더 큰 영향력을 발휘하게 되지요.

시애틀타임스의 칼럼니스트 일도 있습니다. 맥에 관한 칼럼을 4주에 한 번씩 쓰고 있지요.

또 와이파이 블로그를 운영합니다. 2001년에 와이파이 네트워킹 뉴스를 창설했지요. 예전에 사업이 잘 되었을 때는 파트타임으로 일하는 동료 프리랜서 작가와 함께 일했는데, 지난 8년간은 저 혼자서 편집기자 일을 하고 있습니다. 한때 한 달 페이지뷰가 30만에 달하기도 했습니다. 지금은 관련 페이지뷰가 6만 정도로 떨어졌는데, 이는 산업이 성장하면서 유용한 생산품이 사용하기 쉽게 만들어져 소비자에게 유통되었기 때문이죠. 제 블로그 독자들에게는 좋은 일이지만 저에게는 안된 일이죠! 이제는 뉴스 탐방 기사 사이트에서 관련 업계 소식을 알려주는 사이트로 탈바꿈했습니다.

마지막으로 맥 메일 매거진인 티드비츠(TidBITS)의 편집자이자 프로그래머 일이 있네요. 티드비츠(www.tidbits.com)는 정기적으로 발행되는 최장수 이메일 뉴스레터입니다. 1990년에 시작했죠. 웹사이트가 생긴 건 그 이후의 일입니다. 지금은 이메일 정기 회원이 3만 명 정도 되고 월간 페이지 노출 수는 25만 건 정도 됩니다. 그리고 이메일 뉴스레터가 우위를 점하던 초기보다는 웹 간행물의 형태에 더 가까워지고 있습니다. 현재 사용하고 있는 콘텐츠 관리 시스템도 제가 만들었고 정기적으로 글도 쓰고 있습니다. 또 조직의 사업적 결정에도 참여하고 있지요.

Q 새롭게 나타난 임시직 저널리즘 세계에 본인이 속해 있다고 보십니까? 단일 고용주가 주는 '일자리'보다 도급계약이 주를 이루는 것이 현실 아닌가요?

A 그렇기도 하고 그렇지 않기도 합니다. 1995년부터 제가 세운 회사 일을 해오기도 했고(아마존에서 6개월간 일을 했던 기간은 예외), 1994년에는 무역 잡지의 프리랜서 일을 시작하기도 했으니까요. 제 경력의 상당 부분은 저널리즘 세계에 현저한 변화가 일어나기 이전으로 거슬러 올라가 시작되고 있습니다. 지난 10년 동안 제가 일하는 방식에는 크게 변화된 것이 없습니다. 간행물의 형태가 다소 변화무쌍했다는 정도 말고는 말이지요. 처음 10년 동안에는 와이어드(Wired), 비즈니스 2.0(이곳은 4주마다 글을 쓰는 칼럼니스트에게도 수당을 주었습니다), 이컴퍼니 나우(eCompany Now), 포춘, 뉴욕타임스에 글을 썼습니다. 하지만 비즈니스 2.0은 주안점이 달라지면서 전부터 알고 지내던 편집자들이 모두 자리를 떠났지요. 이컴퍼니 나우는 비즈니스 2.0과 합병 비슷한 일을 했지요. 와이어드의 편집자들도 자리를 떠나거나 성향이 달라졌습니다. 나는 강매를 할 수 없게 되었지요. 참 팍팍한 세상이 되었어요. 잘 알고 지내던 포춘의 편집자들은 프리랜서를 고용할 수 있는 예산이 줄었다고 합니다. 뭐 이런 식이죠.

NEWSONOMICS

간격이 넓으니 조심하세요

금융을 재미있게 다루려는 마음은 이해하지만, 이건 게임이 아니지요. 이런 모습을 보면 얼마나 화가 나는지 모르겠습니다. 은행이 무슨 일을 벌이고 있는지 알면서도 몇 달 동안 그저 칭찬만 하고 있다는 생각이 듭니다……. 거대한 해일이라고는 하지만 아무도 본 적이 없으니 문제없다는 식은 좋게 봐줘야 불성실이고 나쁘게 보면 범죄입니다.

존 스튜어트(CNBC의 짐 크레머에게 한 말 중에서)

문제를 일으켰을 때의 사고방식으로는 문제를 해결할 수가 없다.

알베르트 아인슈타인

거품경제가 한창일 때였다. 나이트리더의 새로운 디지털 사업이 곤두박질치고 2년이 지난 후인 1999년에 나는 레드우드 시티에 있는 익사이트(Exite)의 본사에 가게 되었다. 익사이트는 거품이 대단한 기업으로 사람을 흥분시키는 급성장을 거듭하면서 소액의 수익을 무분별하게 관리하면서 도취상태에 빠져 있었다. 익사이트 건물 안을 걷다 보면 마치 유원지의 도깨비 집에라도 들어온 것이 아닌가 하는 생각이 들 정도였다. 천장에 자전거가 매달려 있는가 하면 직원들이 아래층으로 내려올 때 타는 커다란 미끄럼틀도 있었다. 벽은 화려한 색으로 칠해져 있고 회의실에도 요란한 색감을 자랑하는 이름표가 붙어 있었다. 모든 것을 다 갖춘 종합 선물세트였다.

이런 유의 실리콘밸리의 이야기를 한 번쯤 들어본 적이 있을 것이다. 아니면 여섯 명의 스탠퍼드 졸업생이 기숙사에서 만나 졸업 후 '현실에 구애 받지 말고' 같이 사업을 해보자고 재미삼아 이야기했었다는 식의 이야기를 들어보았을 것이다. 그들은 로지타 태커리어(멕시코 식당)에서 부리토를 먹으면서 '회사'를 시작했다가 순식간에 부자가 되어 유령 혼합물을 만들기 위해 유령의 집을 부술 수 있는 정도가 되었다는 이야기다.

당시 나는 익사이트의 '사람들'과 미팅을 하고 이메일 답장을 30분 정도 쓴 다음 사무실로 돌아왔다. 익사이트는 로비에 방문객이 사용할 수 있는 사무실을 지정해놓고 인터넷 접속이 가능하게 해놓고 있었다. 나는 거기서 컴퓨터를 사용했는데 정작 일은 그리 많이 하지 못했다. 사무실 창문을 통해 내다보이는 광경이 너무 재미있었기 때문이다.

거의 몇 분마다 새로운 방문객 무리가 찾아왔다. 당연히 그들은 정장을 빼입고 넥타이를 매고 총알도 막아낼 것 같은 튼튼한 서류가방을 들고 있었다. 그러면 들뜬 분위기에 번잡스럽기 그지없는 이 인터넷 신생 기업의 어디에선가 한두 명의 경영진이 나와 악수를 청하고 방문객을 잘 꾸며진 회의실로 데려가곤 했다.

그런데 익사이트 경영진은 정장에 넥타이 차림이 아니었다. 청바지에 폴로셔츠 차림에다 팔에는 찜질팩 하나를 얹고 있는 식이었다. 일터였지만 여가를 즐기고 있었다.

나의 관음증적 모험은 끝났지만 그때 받은 인상은 뇌리에 오래 남았다. 그 익사이트 로비에서 보았던 것은 위병 교대식이었다. 신진세력으로 등장하는 인사들(배관을 소유한 남녀)과 세가 기울어가는 인사들을 함께 볼 수 있었던 것이다.

세가 기울어가는 무리의 마지막에 내가 다니던 회사 나이트리더가 있었다. 당시 미국에서 둘째가는 신문이자, 올드미디어를 통틀어 당당히 2위를 차지하는 기업이었다. 세가 기울어져가는 이들은 정장을 차려 입어야만 했다(어쩌면 그래야 한다고 생각했던 것 같다). 왜냐하면 그들은 판매를 해야 했기 때문이다. 신진세력은 구매자여서 자신들 마음 가는 대로 옷을 입을 수 있었고 실제로도 그랬다. 의상의 선택은 힘의 균형이 달라지고 있음을 분명하게 보여주고 있었다.

익사이트에서의 경험은 언론계 지형이 달라지고 있음을 깨닫게 해주었다. 그리고 그곳에 상당한 균열, 즉 과거에 힘을 가졌던 자들과 현재 힘을 가진 자들 사이의 균열이 있음을 알 수 있었다.

언론계에 새롭게 등장한 뉴스노믹스에 관해 생각할수록, 나는 균열을 더 많이 목격하게 되었다. 지하철에서 나오는 안내방송처럼 '간격'이 넓으면 조심해야 하는 법이다.

오늘날 그 균열은 빙하의 크레바스처럼 끝이 없어 보이기까지 한다. 아이맥스 영화관에서 본 산악 영화에서 한 번은 보았을 그 크레바스 말이다. 끝을 헤아리기 어려운 얼음 틈새를 내려다보면 이런 말이 절로 나온다. "도대체 저런 곳을 어떻게 건널까?"

이것은 크레바스 같은 균열이다. 수익은 너무 적고 기술은 불완전한데 거대한 문화적 이슈를 다루어야 한다.

하지만 균열의 다른 편에는 맑고 푸른 하늘이 있다. 훌륭한 보도를 해내고, 감각을 만족시키는 재미있는 이야기를 전하고, 권력가들이 절대로 우리에게 알려주고 싶어하지 않는 비밀과 자료를 깊이 파헤쳐 알릴 수 있는 능력이 우리에게 있음을 깨닫는다. 또한, 이야기를 얻을 수 있는 능력, 이야기에 더 빨리 접근하고 과거에는 불가능했던 규모와 속도로 훨씬 더 훌륭하게 만들어내는 능력이 우리에게 있음을 깨닫는다.

하지만 저 위에 푸른 하늘이 보이나 도대체 그곳으로 어떻게 건너가야 할지 알 수가 없다.

하나의 세계가 산산조각 나는 것을 보았고 새로운 세계를 건설하는 데 사용될 벽돌을 살펴보았으니, 이제 균열을 간단히 살펴보고 어떻게 해야 할지 알아보자.

첫 번째는 돈의 균열이다. 모든 사람들의 관심사이니 이 문제부터 이야기해보자. 수만 명의 저널리스트를 먹여 살리며 뉴스 비즈니스를 지탱했던 수백억 달러는 이제 시대의 뒤안길로 사라져버렸다. 디지털 광고 혁명이라는 새로운 벽돌은 점점 더 무거운 짐을 감당하게 될 것이다. 전문가들이 더 많은 뉴스를 보도하고 기사를 작성하도록 돕기 위해 천천히 오랫동안 돈을 지불하게 될 것이다. 2015년이면 과거 인쇄 매체가 부담했던 운송료는 전혀 부담하지 않아도 되겠지만, 그래도 여전히 지금보다 더 많은 돈을 부담하게 될 것이다. 이들이 감당하는 비용 외의 필요비용은 어떻게 할 것인가?

지금 당면한 문제는 우리가 필요한 뉴스를 전문가들이 보도해주는 것에 대한 비용을 어떻게 지불할 것인가 하는 것이다. 앞서 살펴보았듯이 새로운 펀딩 기법은 실험 중에 있다. NPR과 같은 연회비 모델도 있고, 지역사회와 국가적 차원에서의 펀드 조성이나 공익을 염두에 둔 투자자들, 이벤트 지향적인 사업 모델 등의 실험도 벌어지고 있는 중이다. 비영리로 운영되는 곳도 있고 지역의 공익 신탁으로 운영되는 곳도 있다고 한다. 디지털 12기업에서 살펴보면 뉴스 비즈니스를 다국적 기업이 흡수하거나 차입금을 통해 매수하거나 (어쩌면) 보호하는 경우를 목격할 수 있다. 서부 유럽에서 수십 년 동안 시행해왔던 제도를 검토하며 뉴스와 정보를 위한 기금 마련을 위해 조세 항목을 마련하는 방법도 논의되고 있다. 소액 지불이나 새로운 온라인 기부금 형식으로 실험을 하는 것도 볼 수 있다. 또한 거대 검색엔진 업체들과 계산을 할 가능성도 타진 중이다. 거대 검색엔진 업체들은 현재 파이의 상당 부분을 잠식하고 있으면서도 분배의 문제를 잘 해결하지 못하고 있기 때문이다.

하지만 나는 이런 모든 아이디어가 정착되리라 보지 않는다. 확실한 것은 강력한 해법이 필요하다는 사실이다. 이 수많은 아이디어를 활용한 해법을 찾을 수도 있겠지만 분명 수억 달러의 자금이 소요되는 일이니 몇 푼씩 모으는 것으로는 어림도 없을 것이다.

하지만 수준 높은 민주주의를 누리는 우리는 신뢰할 수 있는 뉴스와 정보가 우리가 꼬박꼬박 마시는 스타벅스 커피만큼은 가치 있다고 생각해야 한다. 이런 맥락에서 다음의 균열을 살펴보자.

멍청이의 균열. 타임의 편집장을 역임했으며 CNN 뉴스의 CEO인 월터 아이작슨의 이야기는 시사하는 바가 있다. 곤경에 처한 그의 옛 고용주 타임(아이러니인 것이 타임은 뉴스라는 카테고리에서 신문보다 더 어려운 형국에 있는 유일한 매체인지도 모른다)은 2009년 2월호 커버 기사로 행동을 촉구하는 아이작슨의 선동적인 칼럼 '어떻게 신문을 구할 것인가?'를 실었다. 저널리즘의 사회적 가치를 수도 없이 지적해온 그는 뉴스 미디어가 어떻게 해서든 온라인 서비스에 대한 사용료를 받아야 한다고 주장했다. 하지만 어떻게? 그도 방법을 알지 못한다. 하지만 적어도 경보를 울려주는 역할은 잘해냈다.

문제의 핵심은 이렇다. 그는 "뉴욕타임스(그가 인정하는 훌륭한 신문)를 웹에서 무료로 볼 수 있는데 왜 종이 신문을 사겠는가"라고 말했다. 왜냐고? 뭘 잘 모르는 멍청이가 되고 싶지 않으니까!

월터의 말에서 멍청이의 균열이 무엇인지를 알 수 있다. 친구나 가족 또는 지인들에게 이렇게 말한 적이 있을 것이다. "신문 구독을 취소해야겠어. 이제는 신문을 그리 많이 읽지를 않아서 말이야. 게다가 신문은 온라인으로도 볼 수 있잖아? 그렇게 해도 되는 거잖아?" 나는 이러한 말을 심심치 않게 듣는데 언론계에 있거나 그 언저리에 있는 사람들로부터도 꽤 듣는 편이다.

지당한 말씀이다.

그런데 여기에 문제가 있다. 우리가 돈을 지불한 뉴스와 정보는 분명히 질이 높을 것이다. 디지털 광고 혁명의 변덕에 그 질(그리고 양)을 맡길 수는 없는 노릇이다. 우선 새로운 광고 비즈니스가 얼마만큼의 돈을 풀어놓을지 알 수 없다. 다음으로 지금껏 뉴스노믹스를 통해 살펴본 것처럼 광고 비즈니스의 돈은 뉴스 비즈니스로부터 벌써 멀어지고 있다.

그러니 우리는 멍청이가 아니라 챔피언이라고 말해야 한다. 케이블방송과 브로드밴드 인터넷을 유료로 사용하고, 온갖 종류의 커뮤니티와 글로벌 단체를 지원하는 것처럼 뉴스와 정보를 지원해야 한다. 그렇다고 적선하듯 동전 몇 푼을 깡통에 던져주라는 말이 아니다. 한걸음 더 나아가 자랑스레 재정적 원조를 선언하라는 것이다. 특히 지역사회 저널리즘이나 탐사보도 분야를 지원해야 한다. 민포스트가 이런 기반을 실험하고 있고 약간의 호응을 얻고 있다. 하지만 공익을 생각하는 많은 미네소타 주민이 멍청이 이슈 때문에 머뭇거릴까 봐 걱정이다. 이 균열은 우리의 입과 지갑으로 얼마든지 없애버릴 수 있다. 만약, 그러니까 정말 만에 하나, 뉴스 매체가 우리에게 그들을 세우거나 재건축할 수 있는 기회를 주기만

한다면 말이다. 샘 젤과 딘 싱글턴 같은 언론 재벌보다 저널리즘을 우선 생각하는 비영리 기업, 그리고 영리를 추구하는 신생 기업이 이런 일을 더 잘할 수 있을 것이다.

기술의 균열. 진화하는 콘텐츠의 시대에 우리는 기술의 균열을 목격하고 있다. 또한 전 세계 뉴스룸에서 자연선택설이 진행되는 것도 목격하고 있다. 10년이 넘는 기간에 저널리스트들은 기존의 편안한 영역을 벗어나 블로그, 동영상 촬영 그리고 인터뷰 녹음을 하는 능력을 요구받으면 헛기침을 하거나 우물쭈물했다. 예외는 있겠지만 뉴스룸 관리자들은 이러한 행동을 방조했다.

예산이 날로 줄어드는 요즘 이러한 기술력의 균열은 더욱 벌어지고 있다. 그래서 유연한 태도와 기술을 갖춘 이들은 업계에서 우월한 지위를 누리게 되었고 그렇지 않은 이들은 갑자기 경력을 마감해야 했다. 미국의 방송저널리즘 스쿨에서 공부하는 학생 20만 명 이상이 더 낮은 임금을 받고도 언론계에서 일하겠다는 의지를 불태우고 있다. 현직 언론인들로서는 선택의 여지가 별로 없다. 빨리 새로운 기술을 익히거나 당장 자리를 비워줘야 하는 것이다.

노사관계의 균열. 파이오니어프레스에서 편집장으로 있는 동안 나는 뉴스룸의 대규모 구조조정을 마쳤다. 그때 나는 구조조정에 직원들이 당연히 참여해야 한다고 생각했다. 우리는 몇몇 위원회를 만들고 여러 집행 계획의 문제점을 함께 헤쳐 나갔다. 그러던 어느 날 아침 인사과에서 걸려온 전화로 신문사 조합이 부당 노동 행위로 나를 고소하겠다고 협박을 했다는 말을 전해 들었다. 죄목은 다음과 같았다. "1935년에 제정된 노사관계법령인 와그너 법(Wagner act)에 의하면 오직 조합만이 '작업장 개선

위원'을 임명할 수 있다"라는 것이었다. 나는 재판정에 서지 않고 직원들과 함께 그 폭풍을 견뎌냈다. 그리고 더 좋은 신문과 더 좋은 작업장을 만들어냈다.

그때의 일을 떠올리니 얼마나 많은 것이 달라졌는지 새삼 느끼게 된다. 현재 신문사 조합을 이끄는 이는 당시 파이오니어프레스에서 일하던 버니 런저다. 그는 작년에 조합 총회에서 기조연설을 해달라고 나를 초청했다. 무엇보다 중요한 것은 현재 신문사 조합은 뉴스 산업의 특성과 도전과제, 그들이 직면한 어려운 선택의 문제를 분명히 인식하고 있다는 점이다. 조합은 회원들을 제대로 대변하고 있다. 수많은 신문사가 인력 감축을 감행할 때 단호한 협상가로서의 역할을 톡톡히 해왔다. 하지만 지금은 소유주가 누구든지 뉴스 기업과 좋은 협력관계를 유지하는 것을 목표로 하고 있다.

우리(조합을 포함)는 조직화된 노동조합이 새로운 뉴스노믹스에서 어떤 역할을 감당하게 될지 알지 못한다. 하지만 이 균열은 필요에 의해 좁혀지고 있다.

대화의 균열. 모든 사람들이 골머리를 앓는 문제이기도 하다. 연인과 가족 사이, 또는 직장에서 모두들 대화가 부족하다고 한다. 때로 긍정적이고 훌륭한 대화를 나누기도 하지만, 때로는 안 하느니만 못한 진 빠지는 대화가 되기도 한다.

인터넷이 뉴스에 변화를 가져오기 시작하자마자(익사이트 같은 기업들이 우리를 당황스럽게 하기 시작하자마자) 언론인들은 엉뚱한 것에 초점을 맞춰 대화를 시작했다. 종이 매체와 온라인 매체에 무엇을 언제 발행할 것인가를 두고 여러 가지 말들이 오갔다. 전문가들은 '인쇄 매체 사람들'이 무엇을 가지고 있고, '온라인 매체 사람들'에게 허용할 수 있는 여지가 무엇인지 논쟁했다. 누가 무엇을 언제 해야만 하는가. 논쟁은 끊임없이 이어졌고, 그러는 사이 올드미디어를 둘러싼 세상은 숨 가쁘게 발전했다.

이러한 논쟁은 현재 심각한 재정 압박으로 인해 대부분 종결되었다. 하지만 아직도 남아 있는 자기 파괴적인 대화를 생각해봐야 한다. 가장 큰 관계를 맺고 있는 세 가지를 집중적으로 살펴보자. 이것들은 올드미디어 대부분에 영향을 미치며 괴롭히고 있다.

신문과 AP. 일간지들은 연합신문(AP)을 만들면서 오랫동안 애증의 관계를 유지해왔다. 불협화음은 역시 재정 압박이 원인이 된 저항을 불러왔고, 신문사들은 자신들이 만든 가장 효율적인 네트워크인 조합을 탈퇴하고 해체하겠다고 위협했다.

지역 방송 제휴사와 그들이 만든 네트워크. 둘 사이의 실랑이는 AP의 불협화음과 비슷한 점이 있다. 이 때문에 지역 방송은 네트워크의 효율성을 제대로 활용하지 못하고, 네트워크는 네트워크대로 광범위한 영향력을 제한적으로만 활용할 수밖에 없다.

공영 라디오와 860개의 제휴사. NPR은 디지털 12기업과 경쟁하기 위해 그들이 택한 새로운 스타일, 즉 멀티미디어와 팟캐스트와 자사 웹사이트를 적극 활용하는 태도를 제대로 정착시켜야 했다. 하지만 NPR은 자신의 가장 큰 제휴사와의 갈등에 발목 잡혔고, 경영진 교체라는 시련을 겪으며 결국 좌초하고 말았다.

다른 기업들과 마찬가지로 경기 침체로 타격을 입은 것은 물론이다. 하지만 NPR 웨스트의 대대적인 축소는 제휴사들과의 협력을 통해 피해 갈 수 있었고, 그래야만 했던 일이다.

이 모든 논의와 논쟁의 뒤에는 그럴 만한 역사적인 이유가 존재한다. 그럼에도 사람들과 기업들은 그것을 뛰어넘을 때까지 너무 안일했다. 새로운 뉴스노믹스는 보다 적극적으로 움직일 것을 요구한다.

편견의 균열. 디지털 정보 혁명의 의도되지 않았고 예상하지 않았던 결과 중 하나는 누구나 발행인이 될 수 있다는 점이다. 언론의 자유에 대한 믿음(디지털 이전 시대의 헌법이 그것을 보장한다)은 굉장히 매력적인 것이다. 그리고 이뤄질 수 있는 것이다.

문제는 누구나 발행인이 될 수 있다는 점이다. 화이자는 CIA나 혼다 (Honda)처럼 발행인이다. 기업들은 광고비를 지출할 곳만 바꾸는 게 아니다. 그들은 자신과 고객 사이에 있는 성가신 중간업자(그리고 훨씬 시끄러운 저널리스트들)를 건너뛰고 직접 고객과 공급업자와 대중에게 다가간다. 물론 그렇게 하는 것이 잘못은 아니지만, 그것은 저널리즘이 아니다. 그것은 그저 발행일 뿐이다. 이 책을 읽는 독자 대부분은 즉시 그 두 개의 차이를 감지할 수 있지만, 수십억에 달하는 월드와이드웹 사용자들은 그렇지 못하다.

따라서 여기에 편견의 균열이 있다.

뉴스를 만드는 사람들은 언제나 자신이 하는 일과 그 일의 가치를 설명하는 데 애를 먹었다. 우리는 법칙 1에서 저널리스트들이 신뢰성 순위에서 변호사와 배우 바로 위에 자리하고 있음을 확인했다. 시민들에게 정보의 출처를 구분하는 법과 출처의 이익을 파악하는 법, 뉴스를 만드는 이들이 서로 다른 공정성 기준을 적용하려 하는 이유 등을 제대로 가르쳐주는 세계 시민 강좌가 있다면 바람직할 것이다. 애석하게도 우리가 살고 있는 세계는 그런 곳이 아니다.

따라서 우리에게는 편견 없는 뉴스와 정보가 무엇인지를 새롭게 고쳐 쓸 도전 과제가 남았다. 또한 조직의 목표와 기준, 자금 조달에 관해 설명해놓은 뉴스 웹사이트에 보편적이고 기준이 되는 출처를 공개할 것을 요구해야 한다.

재미의 균열. 뉴스룸은 지독한 농담이 난무하는 재미난 곳이다. 끔찍한 뉴스를 그래도 참을 만하게 만드는 데는 지독한 농담만큼 효과적인 것도 없기 때문이다. 그럼에도 종종 뉴스는 '경성 뉴스'와 '연성 뉴스'로 분명히 갈린다.

지금까지 나는 뉴스 비즈니스를 최소한 대안 언론, 월간지, 특집기사, 뉴스, 디지털 저널리즘, 애널리스트의 여섯 가지 측면에서 살펴왔다. 이제 오랫동안 뉴스 비즈니스를 특징지었던 그러한 경계가 사라지고 있음을 고백해야겠다.

하지만 경계가 사라지는 가운데 우리는 굉장한 혼란과 자기 정체성에 대한 의문을 목격하게 되었다. 우리는 과거 '신의 목소리'를 내던 저널리즘과(CBS의 최고경영자 레스 문베스는 저녁뉴스의 앵커가 당신에게 세상의 생각을 들려준다고 말하기도 했다) 자유롭고 격의 없는 블로그 성향의 뉴스 세계와의 균열을 보고 있다.

존 스튜어트에게 책임을 묻자.

그의 데일리쇼(Daily Show)는 주류 뉴스 미디어가 귀 기울여 들을 만한 이야기들을 해주었다. 한편으로는 지독히 미디어 비판적인데, 그 일은 오랫동안 미디어 업계의 선택받은 소수의 영역이었다. 쇼에는 풍자, 고결함과 비열함, 방송용으로는 적합하지 않은 익살이 섞여 있다. 쇼는 점점 그 자체로 뉴스가 되었다. 이처럼 기묘한 뒤섞임을 가장 잘 설명할 수 있는 일화는 스튜어트가 2009년 일주일 동안 CNBC를 비난한 일이었다. 금융 붕괴를 코앞에 두고도 계속해서 주식시장을 띄워주고 자주 바보짓을 한 데 대한 비난이었다. 데일리쇼의 시작에는 보통 시간의 흐름에 따라 진술이 변해가는 모습을 담은 장면들이 펼쳐졌다. 마지막은 코미디 센트럴의 기슭에서부터 타임스, 포스트를 비롯한 모든 거대 뉴스 네트워크와 전 세계 뉴스 미디어까지 휩쓴 '뉴스'로 장식했다.

스튜어트는 주식 시장 투자에 대해 터무니없고 진실성이 결여된 주장을 계속 반복한 CNBC의 부조리함을 알아보았고, 나아가 그 점을 따졌다. 그는 '범죄'라는 단어를 사용했다. 며칠이 지나지 않아 그는 금융 붕괴 사태에 대해 사람들이 어떻게 생각하고 느꼈는지를 새롭게 알려주었다. 그는 우리들 마음속에 분명히 존재하지만 겉으로 드러내지 못했던 어떤 것에 관점과 목소리를 부여했다.

언론은 2009년 이스라엘이 가자지구를 침략한 사건을 미디어가 어떻게 보도했는지를 두고 그가 미디어 비평이라는 새로운 지평을 열었을 때도 그에게 주목했다. 당시 그는 미국 언론이 이스라엘에 편파적인 보도를 한다고 꼬집었다. 유대인으로서 그는 반유대주의라는 반사적인 비난을 받지 않고 자신의 의견을 전달할 수 있었다. 코미디언으로서 그는 보도가 엉터리임을 보여주고 우리를 웃길 수 있었다. 언론 비판가로서 그는 주목을 받았고, 자신의 시청자와 뉴스 구독자들을 좀더 똑똑하고 좀더 세상에 신경을 쓰는 사람들로 만들었다.

그는 심각하다. 그리고 재미있다. 그는 심각하게 재미있다. 그리고 그 일은 겨우 30초라는 짧은 시간 안에 일어난다.

그러한 행위를 통해 그는 끊임없이 심각한 것과 웃긴 것 사이의 균열을 조롱하고 재미나게 만든다. 스튜어트와 그의 동료 스티븐 콜버트는 재미의 균열을 메우는 단출한 콤비였다. 매일 밤늦게 두 사람이 다리를 놓으면, 낮 동안에 나머지 미디어들이 비슷한 일을 하려고 주위로 몰려드는 셈이다.

그것은 험난한 변화이다. 베이비붐 세대는 이 때문에 무척 많은 혼란을 겪었다. 그들은 불경(不敬)의 시대에 어른이 되었지만, 자신들이 생산하는 뉴스 상품에 불경스러운 요소를 거의 포함하지 않았다. 그들은 기존의 뉴스 조직을 몇 년간 지배했지만 자신들이 물려받은 오래된 벽을 거의 대부분 유지했다. 경성 뉴스는 매트로 A면과 비즈니스 섹션에 배열하고 저녁뉴스 첫머리에 내보낸다. 특종, 연예, 스포츠는 별도의 섹션을 이용하거나 늦은 시간 방송에 내보낸다.

과거 뉴스룸의 편집자 데스크에서 웃음소리를 듣는 유일한 순간은 데이브 배리의 칼럼이 전송되었을 때였다. 하지만 크고 중요한(그리고 물론 어이없는) 사건의 엉뚱한 면을 꼬집는 초기의 스튜어트 방식을 사용했음에도, 그의 칼럼은 안전하게 라이프스타일 면에 배치되었다.

이제 상황은 급격히 변화하고 있다.

일주일에 2500만 명 이상이 듣는 공영 라디오가 재미의 균열을 메우고 있다. NPR의 '세상만사'가 중국에서 발생한 엄청난 규모의 지진에 관한 가슴 아픈 소식을 현지에서 전한다. 한 번만이 아니라 특집으로 여러 번. 그렇다고 불쾌감을 주지는 않고 그저 인생이 어떠한 것인지를 알릴 뿐이다. 청취자들은 그것을 듣는다. 그들은 배경음과 간주곡, 이따금 나오는 풍자를 사랑하고, NPR을 포함한 올드미디어 통신원들이 자신들의 경험을 개인적인 친밀감을 담아 전하는 이야기에 빠져든다.

신문과 방송은 그동안 재미의 균열을 메우는 데 느린 행보를 보여왔다.

그들은 늘 객관적이어야 한다는 속삭임을 듣는다. 객관성은 그것이 좋은 것이라고 가르치는 학계에 의해 부추겨지고 지원받는 독점 저널리즘의 가공품이다.

우리 모두는 객관성이 무엇인지를 안다. 모든 문제에 대해 양쪽 측면을 보는 것. 그가 말했다. 그녀가 말했다. 동등한 취급. 이론적으로는 참 인상적이다. 하지만 무슨 일이 일어났는지를 알고 싶은 독자들은 답답할 뿐이다. 제2차 세계대전 이후 일간지들은 도시들을 차례로 독점해가면서 객관성이란 녀석을 단단히 그러쥐었다. 그 전에는 좀더 의견을 내는 편이었고 종종 당파적이기까지 했다. 케이블 뉴스 방송과 지금의 일부 라디오 토크를 생각해보라. 독자들은 다른 요소와 비슷하게 성격에 비중을 두고 일간지를 선택했다. 도시에서 차례로 단 하나의 신문만 보게 되자 편집자들은 엄청난 책임감을 느꼈다. 그들은 현대의 거대한 뉴스를 중재하는 유일한 사람이었다. 진정한 게이트키퍼였던 셈이다.

많은 편집자들은 반대되는 두 개의 관점에 마이크를 갖다 대기만 하면 (실제적으로 또는 상징적으로) 독자들이 알고 싶어하는 것을 알려줄 수 있다고 생각했다. 하지만 그들은 잘못 짚었다. 독자, 시청자, 청취자들은 같은 시간이 아니라 공정함을 원했다. 그들은 일어난 사건과 이슈를 알고 싶어했다.

우리는 독자 혁명까지 디지털 시대가 탄생시킨 사이클을 완성했다.

인터넷은 우리 모두를 위해 독점 저널리즘의 족쇄를 깨뜨렸다. 그리고 우리 스스로 편집자가 되게 했다. 이제 더는 뉴스를 얻기 위해 하나의 상품을 '구독'하는 일에 목매지 않아도 된다. 우리는 올드미디어, 신생 기업, 블로그, 팟캐스트를 마음대로 고르며 스스로 균열을 메웠다. 우리는 그것을 어느 때라도 바꿀 수 있고, 우리 삶과 주변, 바로 가까이 또는 수 킬로미터 떨어진 곳에 있는 미디어 가운데 마음에 드는 것을 골라 한껏 칭찬해줄 수도 있다. 폴리티코에서 허핑턴포스트, NYT 블로그, 새로운 '거리에서 듣는다' 와 슬레이트브이(SlateV)까지, 우리는 케케묵은 방식으로 돌아가는 대신, 눈앞에 보이는 것을 솔직히 표현하고 싶어하는 저널리스트들의 열망을 발견한다.

이것이 바로 새로운 뉴스 세계이다.

디지털 뉴스의 시대가 열리는 한가운데서 우리는 무엇이 가능한가에 대한 경이로움과 무엇이 보도되지 않고 사라지는가에 대한 두려움을 동시에 느끼고 있다. 지금까지 살핀 뉴스노믹스의 법칙이 그 두 가지를 모두 알려줄 수 있을 것이다. 그리고 시민이자 독자인 우리들은 이 새로운 뉴스 경제학이 우리에게 유리하게 발전하도록 도와야만 한다.

나는 지금까지 여섯 개의 직장을 거쳐오며 우연히도 항상 저널리즘과 관련된 분야에서 일을 했다. 그리고 '미디어 분석가'란 미디어 기업이 아닌 다른 주체에게서 돈을 받는 사람이라는 사실을 깨달았다. 거의 5년간 미디어 분석가로 일하면서, 우리가 직접 겪으며 만들어가는 뉴스 변혁의 정점에 있었다는 사실은 대단한 행운이었다. 돌아보니 그 이전의 직장에서는 수련기간을 보낸 것 같다. 어떤 직장에서는 상당한 소득을 얻었고 어떤 곳에서는 그러지 못했다. 현재의 내 사고를 형성한 그 일을 모두 헤아려보기란 거의 불가능하다.

그럼에도, 우리 자신의 모습을 비추고 있는 이 중독성 강한 뉴스 세계의 이야기는 끝나지 않는다. 저널리즘의 세계는 하루 24시간, 일주일 내내 펼쳐진다. 거기에다 뉴스에 관한 뉴스의 세계는 어디에나 널렸고 거의 실시간으로 소통이 이뤄진다. 저널리스트들이 집단 해고통지를 받고(따라서 자유로운 시간을 갖고) 현 추세에 관한 글을 쓰기 이전에도 수백 명의 작가와 블로거, 비평가, 분석가들은 저널리즘에 관한 다양한 문제를 놓고 자신들의 의견을 담아내기 위해 웹으로 몰려들었다. 이제는 트위터와 페이스북이 빛보다 더 빠른 속도로 새로운 사고의 이동과 변형에 가속페달을 밟고 있다.

이 책의 많은 아이디어는 이러한 것들이 집단 발효되어 형성된 것이다. 그 요소를 낱낱이 밝히는 일은 으레 그렇듯 위험한데, 자칫 뉴스 진화에 관한 나의 사고를 형성하는 데 일조한 요소들을 빠뜨릴 수도 있기 때문이다.

그럼에도 여기에 몇 가지 핵심 요소를 밝힌다.

때로 힘들 때도 있지만, 나는 매일 아침 뉴스업계의 추이를 따라잡는 여러 사이트를 방문하는 일을 거르지 않는다.

짐 로메네스코는 미디어뉴스 '웹로그'라는 것을 창안했는데, 포인터연구소(Poynter Institute)에 있는 그의 블로그는 지금까지 현재의 추세와 변화에 관해 예리한 시각을 전달하는 것으로 정평이 나 있다. 라팟 알리와 스테이시 크레머가 만든 페이드콘텐트(PaidContent)와 에디터 앤 퍼블리셔(Editor & Publisher)의 새로 생긴 핏츠앤젠(Fitz & Jen) 블로그, 올싱스디(AllThingsD)도 꼭 읽어야 할 사이트다. 여러 사이트가 있지만 그중에서도 주목할 만한 사이트는 온라인 뉴스 어소시에이션(Online News Association)의 사이버저널리스트(Cyberjournalist), 세계신문협회의 에디터스웹로그(Editor's Weblog), 마크 글레이저의 미디어시프트(MediaShift), 니만 저널리즘 연구소 사이트인 마우스트랩 미디어(Mousetrap Media)의 저널리즘(Journalism.co.uk), 실리콘 앨리 인사이더(Silicon Alley Insider), 퓨스 인터넷 앤 아메리칸 라이프 프로젝트(Pew's Internet and American Life Project),

테크크런치 앤 매셔블(TechCrunch and Mashable)이 있다. WNYC의 '온더 미디어(On the Media)' 역시 매주 한 번은 꼭 들러야 하는 사이트다.

또한, 새롭게 형성되는 뉴스 미디어의 전망과 관련해 변화의 의미를 찾고, 의견을 내거나 다르게 사고하는 것을 지지하는 개인 비평가들이 있다. 그들은 우리를 진보하게 하는 놀라운 교류의 한 부분을 맡고 있다. 다시 한 번, 그들의 이름을 밝히고자 한다. 존 바텔, 코리 버그만, 존 블러섬, 앤절라 코너, 빈 크로스비, 댄 길모어, 베리 그로바트, 로이 그린슬레이드, 앨런 제이콥슨, 제프 자비스, 피터 크루질롭스키, 앨런 머터, 피터 프레스턴, 스콧 로젠버그, 마이클 마이너, 스티브 아웃팅, 마크 파츠, 제이 로젠, 스티브 루벨, 잭 셰이퍼, 클레이 셔키, 그레그 스털링, 존 템플, 에이미 웹, 데이비드 웨스트펄, 프레드 윌슨, 스티브 옐빙턴이 그들이다.

개인 비평가들은 자신의 의견을 개진하고 서로 지적인 전투를 벌이는가 하면, 혼자 글 쓰는 이들이 종종 간절히 바라는 개성 있는 편집을 가하기도 한다.

그동안 스스로를 엄호하는 데 엄청난 시간을 쏟았던 언론은 최근 들어 자신들의 운이 다했음을 알리는 기사 때문에 뉴스 피로감(news fatigue)에 시달리고 있다. 그것은 뉴스에 있어서도 낯선 문제가 아니다. '신선한' 시각이 결여된 뉴스에 관해 어떻게 신선한 이야기를 할 수 있을까? 나는 그동안 수많은 미디어 기자들과 이야기를 나눴다. 베를린, 볼티모어, 방갈로르를 막론하고 기자들은 우리가 맞닥뜨린 이 시대의 본질적인 이야기를 전하려 노력하고 있다. 그리고 나는 그들과의 대화를 통해 종종 통찰력을 얻곤 한다.

지속적으로 관계를 맺고 있는 프로젝트가 있을 때만 한시적으로 만나든

나는 내 모든 고객에게 감사를 전한다. 고객들은 돈을 내는 것 이상의 일을 해주었다. 그들이 있었기에 이 시대에 일어나는 전략 및 전술적인 결정에 깊이 관여할 수 있었다.

아웃셀(Outsell)과의 작업은 특히 주목할 만하다. 5년 전, 나는 아웃셀의 CEO 앤시아 스트레티고스를 만나 회사의 뉴스 산업 보도에 관해 논의했다. 아웃셀은 오랫동안 정보산업 출판업자와 관련한 보도 기준을 보다 광범위하게 설정해온 회사였다. 나는 다시 일을 시작할 때는 고용인이나 고용주가 될 생각이 없다고 말했다. 우리는 계획을 꼼꼼히 살핀 뒤 계획을 개선했고 서로에게 좋은 결과를 냈다. 늘 좋은 가르침을 주는 앤시아와 아웃셀의 동료들에게 감사를 전한다. 그들에게서 뉴스 산업이 무역, 과학, 교육, 의료 출판 같은 분야에서 배울 것이 있다는 점을 배웠다.

미디어 분석가는 온라인으로 일하고, 여행 중이거나 통화 중일 때가 많다. 나는 지난 몇 년간 수백 명의 사람들과 얘기를 나누었다. 최근에 뉴스룸을 나왔거나, 신생 기업이나 떠오르는 중견 기업, 과도기에 있는 기업에서 일하는 사람들이었다. 그들은 내 전화와 이메일에 참을성 있게 응답해주었으며 자신들의 관점과 견해를 제시해주었다. 분석가는 그러한 사람들의 도움 없이는 아무 일도 할 수 없다. 물론 비밀을 유지해달라는 요청이 있었으므로 이름을 거론하기는 곤란하다. 당사자들은 아실 것이다. 여러분 모두에게 감사한다.

이 책에 나오는 질문들에 시간을 들여 구체적인 답변을 해준 수십 명의 업계 사람들에게도 감사를 전한다. 그들의 답변을 참고해 뉴스노믹스의 법칙 대부분을 완성할 수 있었다. 바쁜 와중에 귀한 시간을 내준 데 감사한다.

나이트리더에서 21년간 얻은 경험은 역사 저편으로 빠르게 사라지고 있지만, 거기서 알게 된 수백 명의 사람들이 뉴스 사업에 대한 나의 관점에 지대한 영향을 미친 것만은 분명하다. '타임스'나 '포스트'의 명성에는 못 미치지만 오랜 세월, 업계 내 대안적 기준이 되었던 나이트리더는 저널리즘이 나아갈 올바른 방향을 제시하고 있다. 나이트리더의 편집자가 된 것은 매우 뜻깊은 일이었다.

언급할 사람이 몇 사람 더 있다. 나이트리더의 전 CEO 짐 베튼은 아주 오래전 어느 날 저녁, 늦게까지 사무실에 남아 회사에 계속 있어달라며 나를 설득했다. 그러면서 몇 년 안에 괜찮은 직책을 보장하겠다고 약속했다. 그리고 얼마 지나지 않아 세인트폴 파이오니어프레스(Saint Paul Pioneer Press)의 편집자인 데보라 하웰을 트윈시티스 공항에서 만났다. 우리는 만나자마자 뜻이 맞아 지금까지도 친구로 지내고 있다.

다음은 데보라 하웰이 준 가장 큰 교훈이다(우리 중 상당수가 그녀가 알려준 교훈 여럿을 기억하고 있다). 당신이 독자와 직원들에게 막중한 책임이 있는 편집자라면, 당신의 등 뒤에서 들리는 소리에 관심을 기울여라. 그 소리가 재확인하고 재방문하고 다시 생각하라고 요구하면 절대 무시하지 마라. 저널리즘에서도 인생에서도 훌륭한 교훈이 아닐 수 없다.

데보라 하웰의 후임인 워커 런디는 나를 편집주간으로 승진시켰다. 그는 남부의 물고기가 물 밖을 나와 미네소타 북부 한가운데 있는 것 같은 느낌을 주는 사람이었다. 그의 소박한 아포리즘에는 종종 깊이 있는 통찰력이 숨어 있곤 했다.

한번은 그가 이런 말을 한 적이 있다. "나는 가끔 일이 잘못되리라고 기대해. 그러다 일이 잘 풀리면 무척 기쁘니까. 반대로 잘되리라고 기대했는데, 그렇게 되지 못하면(뉴스룸에서는 늘 있는 일이다) 실망스럽지."

그의 말이 나의 불멸의 낙관주의에 손상을 입히지는 못했지만, 가끔은 수위를 조절하고 현실감각을 되찾는 데 도움을 주었다.

나이트리더에서의 경력은 상당 부분 오리건주 유진에서 격주간지 윌래밋 밸리 옵저버(Willamette Valley Observer)의 발행인이자 편집자로 일하며 얻은 경험이 바탕이 되었다. 온라인 저널리즘의 싹이 파릇하게 돋은 지금의 상황과 당시의 상황이 상당히 비슷한 것 같다.

오리건대학교에서 저널리즘을 전공했기에 유진에서 지낸 시간도 나의 형성기라고 할 수 있다. 분석가인 내게 그때 배운 지식은 수십 년이 지난 지금까지 유용하다. 최근에는 디지털 시대의 저널리즘 교육 혁신가 중 한 사람인 딘 팀 글리슨을 통해 오리건대학교 저널리즘 스쿨과 다시 연결되는 행운을 얻었다.

당연한 말이지만 이 모든 일은 내 가족이 없었다면 불가능했을 것이다. 아내 케이시는 직업적으로나 사적으로나 모든 일에 관해 상식을 제공해주는 특별한 정보원이다. 아내는 모든 사람이 조금만 더 관심을 기울이면 세상은 살 만한 곳이 되리라고 확신한다. 그녀가 옳다.

나는 이제야 아빠가 돼야 할 또 하나의 이유를 깨달았다. 다행히 자녀가 성인이 된 후까지 직업을 유지한다면, 당신은 자녀에게서 일에 활기를 불어넣는 새로운 것들을 배우게 될 것이다.

나는 종종 우리 가족 중에 수익을 내는 기업에서 일하는 사람은 나 하나라고 농담을 하곤 한다. 1:4의 비율이 적당하다는 말도 한다. 케이시, 제니카, 케이티, 조는 모두 비영리 기관의 서비스 분야에서 일하고 있다. 의료보건, 수산 생태, 글로벌 연구, 교육 개혁 분야의 일을 통해 그들은 홀륭한 저널리즘이 지역사회를 비롯해 더 넓은 세상에 얼마나 중요한 역할을 하는지 상기시킨다. 아이들은 초창기 인터넷 시대를 누리며 자란 세대답게 놀랄 만한 디지털 친숙도와 창의력을 보여주었으며, 내 일에 귀중한 피드백을 제공해주었다. 제니카는 일찍이 이 책의 편집을 도우며 나를 바른 방향으로 이끌었다.

책의 출간까지 어려움을 해결하는 데 있어 에이전트인 빌 글래드스톤에게 많은 도움을 받았다. 워터사이드 프로덕션스(Waterside Productions)에서 일하며 출판업의 세세한 부분까지 꿰뚫고 있는 빌은 내게 훌륭한 편집자를 소개해주었다.

세인트 마틴스 프레스(St. Martin's Press)의 필 레브진을 만난 것은 천운이 아닐 수 없다. 필은 정말 현명한 사람이다. 오랫동안 월스트리트저널에서 일하며 뛰어난 성과를 냈던 그는 시대 변화의 흐름을 꿰뚫어 보고 기회를 포착하는, 업계의 보기 드문 베테랑이다. 그는 첫 책을 출간하는 저자에게 다음 세대에 가서도 빛을 발할 시의 적절하고 꼭 필요한 조언을 해주었다.